审判业务研究文丛

LIANGXING
GUIFANHUA
YANJIU

量刑规范化研究

梁旭 著

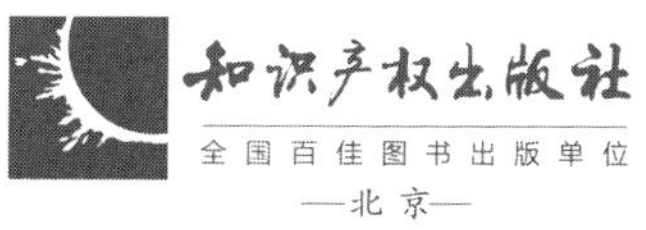

图书在版编目（CIP）数据

量刑规范化研究／梁旭著．—北京：知识产权出版社，2022.1
ISBN 978－7－5130－8069－9

Ⅰ.①量…　Ⅱ.①梁…　Ⅲ.①量刑—规范化—研究—中国　Ⅳ.①D924.134

中国版本图书馆 CIP 数据核字（2022）第 025128 号

责任编辑：齐梓伊　　**责任校对：**谷　洋
封面设计：sun工作室　韩力君　　**责任印制：**刘译文

量刑规范化研究

梁　旭　著

出版发行：知识产权出版社有限责任公司　　**网　　址：**http://www.ipph.cn
社　　址：北京市海淀区气象路 50 号院　　**邮　　编：**100081
责编电话：010－82000860 转 8176　　**责编邮箱：**qiziyi2004@qq.com
发行电话：010－82000860 转 8101/8102　　**发行传真：**010－82000893/82005070/82000270
印　　刷：天津嘉恒印务有限公司　　**经　　销：**新华书店、各大网上书店及相关专业书店
开　　本：720mm×1000mm　1/16　　**印　　张：**14.5
版　　次：2022 年 1 月第 1 版　　**印　　次：**2022 年 1 月第 1 次印刷
字　　数：226 千字　　**定　　价：**68.00 元

ISBN 978－7－5130－8069－9

序

多年前，梁旭是我指导的法律硕士，那时我还在教书，她就读于中国政法大学研究生院。时光荏苒，我已退休多年，她也成长为当地政法系统的骨干力量。难能可贵的是，尽管工作多年，审判任务繁重，但她仍然持续保持学习的热情，2012 年始攻读香港城市大学法学博士，今年取得法学博士学位，作为老师甚是欣慰。她的学术兴趣总是与其从事的刑事审判工作密切相关。当年她的硕士论文关注和研究的是新的庭审模式下法官如何审查判断证据；如今呈现在我眼前的这篇博士论文，又是围绕量刑规范展开的研究，通过司法实践捕捉实际发生的“真问题”，并围绕如何解决司法实践中的量刑难题进行思考，从审判者视角来检视“量刑指导意见”的成功和缺陷，并提出相应的改进方案。该书虽有挑战权威之嫌，但我猜想这更多的是基于她对自己所从事的审判工作热爱，她将自己观察到的问题依次呈现出来，无非是想引起理论界和实务界对量刑问题的深度关注和系统思考，起到抛砖引玉的作用。

本书具有以下三个显著特色：一是从审判活动出发，剖析量刑指导意见存在的不足，为法官合理行使自由裁量权寻找出路。二是从量刑原理出发，梳理司法实践中的量刑难题，以实践应用效果来检视量刑指导意见的优劣。三是以法官的视角，来研究切合实际需要的量刑指导意见的修正方案。

该书对健全和完善具有中国特色的量刑制度有所帮助，无论对实务者还是研究者都有一定的参考价值，是为序。

中国政法大学退休教授

周士敏

2021 年 10 月 6 日

前　言

聚焦“量刑规范化”这个主题，并非偶然，它与笔者的本职工作密切相关。作为从事刑事审判工作30多年的法官，笔者几乎经历了20世纪90年代至今我国刑事司法改革的整个过程，对于刑事审判各个方面诸如“庭审程序”“证据规则”“罪名的确定”“量刑”等都很熟悉。将“量刑规范化”作为研究课题，是因为量刑问题一直以来是一个不被理论界重视但却是与司法实践密切相关、被公众广泛关注的问题。相对于定罪问题，我国的刑事理论界在量刑思维、量刑原则、量刑方法等基本理论方面尚未形成系统。一直以来，我国刑法对量刑的规定相对笼统，法定量刑幅度较大，给予了法官较为宽泛的裁量空间。量刑时，审判人员凭借自己对法律的理解和办案经验，应用“估堆”量刑方法对犯罪案件进行综合估量。其主要操作过程是，审判人员首先审理案件、掌握案情，然后在定罪的基础上、在法定刑范围内，参照过去司法实践的经验，大致地估量案件应判的刑罚，接着再考虑案件中存在的从重、从轻、减轻和免除处罚的情节，最后综合地估量出犯罪人应当执行的刑罚并加以宣告，或者先不作出大致应判的刑罚，而是根据案件的性质和情节，一次性综合估量出犯罪人应当执行的刑罚并加以宣告。[1] 这种量刑以估算为主，对法官的自由裁量权不加限制，导致实践中出现量刑不均衡的现象。

随着法治社会建设的推进，人们对量刑均衡也越发关注。2009年被媒体热炒的几个交通肇事类案件中，致1人死亡的“杭州飙车案”被告人胡某，以交通肇事罪被判处3年有期徒刑；醉酒驾车致6死7伤的河南王某斌，以

[1] 刘胜超：《中国量刑规范化的基本问题研究》，武汉大学2015年博士学位论文。

交通肇事罪被判6年6个月有期徒刑；四川成都的孙某铭无证醉酒驾车致4死1重伤案一审被以以危险方法危害公共安全罪判处死刑。从3年到6年半有期徒刑再到死刑，量刑结果的差距竟如此之大，引起了社会的关注。理论界和司法界开始研究分析量刑差异的原因，认为是因刑法规定的法定刑空间过大，法官量刑凭自己的刑罚价值取向、理念和经验进行估堆量定所导致的。

作为从事刑事审判工作30多年的法官，笔者深知量刑公正在刑事司法审判中的重要性。量刑公正不仅包括形式公正，还包括实质公正，要求案件的量刑适用统一标准，还要求量刑结果要真正反映出案件的犯罪行为该当性与犯罪人人身危险性，符合个案正义。追求量刑公正的首要条件是要制定统一具体的量刑规则，实现规范化量刑，明确量刑原则、量刑方法、量刑情节适用标准，给法官提供行之有效的指导。我国量刑规范化改革已有十余年，2008年，最高人民法院颁布《人民法院量刑指导意见（试行）》［2008年8月实施，以下简称《量刑指导意见》(2008年版)］，在东、中、西部地区指定了12家中级、基层人民法院进行试点，在取得经验的基础上，于2009年4月颁布《人民法院量刑指导意见（试行）》，并于同年指定了120多家法院进行试点；2010年，最高人民法院颁布《人民法院量刑指导意见（试行）》［2010年10月1日实施，以下简称《量刑指导意见》(2010年版)］，在全国中级、基层人民法院全面试行；2013年，最高人民法院颁布《关于常见犯罪的量刑指导意见》［2014年1月1日实施，以下简称《量刑指导意见》(2014年版)］，在全国中级、基层人民法院正式实施量刑规范化工作；2017年，最高人民法院在总结实践经验的基础上，对量刑指导意见作了进一步修改、完善，修订颁布《关于常见犯罪的量刑指导意见》［2017年4月1日实施，以下简称《量刑指导意见》(2017年版)］；同年，为了深入推进量刑规范化改革，最高人民法院颁布《关于常见犯罪的量刑指导意见（二）（试行）》［2017年5月1日实施，以下简称《量刑指导意见（二）》(2017年版)］，扩大了量刑规范化范围[1]；2021年6月16日，最高人民法院、最高人民检察院

[1] 《量刑指导意见（二）》补充了8种罪名，后被《量刑指导意见》(2021年版）全部吸收。

联合印发《关于常见犯罪的量刑指导意见（试行）》［2021 年 7 月 1 日实施，以下简称《量刑指导意见》（2021 年版）］，该意见正式将规范的罪名从原来的 15 种增加至 23 种，将常见量刑情节的适用从原来的 14 种增加至 18 种，进一步推进幅度量刑规范化工作，以期更好实现精准量刑。《量刑指导意见》[1] 历经第二次修改，以回应各种问题。从我国的量刑实践来看，改革在一定程度上实现了规范化量刑，达到了“同案同判”的形式目标，但这与理想中的规范化量刑还有差距。笔者不得不重新审视量刑规范化的相关文件，对量刑规范化的理论，特别是有关量刑规范化在量刑理论中的地位与作用、量刑规范化与刑罚的关系、量刑规范化与自由裁量权的关系等进行分析。另外，笔者又对量刑规范化在实践中存在的问题进行全方位的梳理，因为有些问题只有在实践中才能发现，其常常以具体问题形式呈现，背后的原因深刻复杂，也需要进行深入系统的研究。为解决这些问题，笔者展开了大量的理论研究与调研工作，试图以法官的视角，根据量刑实践中存在的亟待解决的突出问题，寻找适度规范量刑的方法和路径，探索量刑目的、量刑原则、量刑方法、量刑情节之间的层级和内在逻辑，归纳与规范量刑方法相匹配的量刑步骤。以解决如何在规范法官量刑自由裁量权的同时，充分发挥法官裁判思维的作用，以实现量刑公正的终极目标，为完善我国量刑规范化尽一份力量，为我国法官量刑活动提供一份科学的指引。

本书尝试以法官的视角为切入点研究《量刑指导意见》的内容，寻找适度规范量刑的方法和路径，探索量刑目的、量刑原则、量刑方法、量刑情节之间的层级和内在逻辑，归纳与量刑方法相匹配的量刑步骤，在规范法官量刑自由裁量权的同时充分发挥法官裁判思维的作用，以实现量刑公正的最终目标。本书的创新之处体现为以下三点。

创新之一：从审判实践的角度出发，剖析《量刑指导意见》的问题，并为法官合理行使自由裁判权寻找出路。以往对于量刑问题的研究多以量刑原理、量刑基准、量刑程序等独立问题为研究对象，多是对西方量刑理论的引

---

[1] 在本书中，没有年代标注的《量刑指导意见》，统指最高人民法院制定的指导量刑规范化改革的规范性文件。

述和介绍，并没有形成适用于我国量刑实践需求的量刑理论体系。这种研究不贴近司法实践，对实践中的量刑难题缺乏准确的定位和系统的梳理。

《量刑指导意见》中的许多规则带有明显的“摸着石头过河”的痕迹，缺乏系统的量刑理论的支撑，存在诸多值得研究的问题。作为在司法审判一线的法官，笔者个人的实际感受是，量刑的问题不仅仅是法官裁判权大小的问题，而且是量刑制度本身科学设置的问题，加强量刑制度的科学化、规范化、体系化建设是解决量刑问题的关键。定罪与量刑是个复杂的动态过程，法官应该靠经验和知识来审视个案，要考虑历史、习惯、人们的接受程度等多方面的因素，从横向和纵向进行比对，最终得出正确合理的量刑。本书写作是按照从宏观到微观的顺序展开论述的，先介绍量刑理念和量刑目的，进而对量刑方法和量刑情节展开介绍，注意区分量刑制度各个层级之间的逻辑关系，围绕公正这根主线结合司法实践，从刑事司法裁判实务中法官的视角提出能够符合刑事司法实践的《量刑指导意见》。

创新之二：通过对量刑原理的深入分析，来讨论《量刑指导意见》的问题。量刑原理是研究量刑的理论基础。研究量刑原理需要回答：量刑的理想状态是怎样的？法律是如何规定的？司法实践是怎么运行的？存在哪些问题？该如何回应司法难题？本书也是循着这样的逻辑关系进行写作的，围绕量刑目的，聚焦量刑的本质、规范化量刑的内涵、量刑的原则、量刑的方法、量刑的情节等量刑原理，以量刑原理的标准来检视法律的规定和司法实践的运行情况，以解决司法实践难题为导向来梳理法律规定的缺陷。因此本书关注的点是细微和具体的，而非宏大和抽象的，聚焦的问题是实践总结出的量刑难题，努力在理论、实践中不断往返穿梭，遵循理论指导实践、实践验证理论的辩证逻辑规律，努力为自己的立论找到理论的支撑和实践的验证。法官背景决定了笔者更了解刑事法官所思所想，也希望本书的立论能为他们的审判工作提供一些有益的助力。

创新之三：结合理论与实践的研究成果，提出《量刑指导意见》（2021年版）的修正方案。最高人民法院在介绍量刑规范化改革的背景时谈道，一直以来的粗放式的“估堆”量刑方法，给法官的自由裁量权过大，导致了量刑失衡。[1] 为约束法官的自由裁量权，规制量刑失衡、达到“同案同判”的理想目标，最高人民法院开始推行量刑规范化改革，按照设计者的初衷，量刑规范化提倡的定性分析和定量分析相结合的“精细化”的量刑方法成了破解量刑难题的“良药”。那么“该药”是否能治愈量刑不公的“顽疾”？笔者试着在司法实践中进行验证。笔者发现，在犯罪形态千差万别、个罪的社会危害性不同，被告人的人身危险性不同的前提下，量刑规范化实施以后，出现了新的量刑不公和机械化倾向，这表明规范后的量刑方法对部分案件是失灵的。只有在量刑原则的指导下遵循量刑思维的规律，保障法官充分行使量刑自由裁量权，才能达到量刑公正的目标。本书以实证的方法验证并发现：规范后的量刑方法从多方面约束了法官的自由裁量权；从表面来看，标准统一达到形式上“同案同判”，但从结果来看，机械化倾向明显产生新的量刑不公。在此基础之上，笔者对《量刑指导意见》（2021年版）提出了一个全新的版本，以期为政策制定提供相应的参考。

为了使本书的研究能够掌握基层的第一手资料，使得结论更具有“本土化”的特征，能够更好地指导实践，笔者进行了大量的实地调研工作。笔者通过仔细观察周围法官的量刑活动，与各年龄段的刑事法官进行座谈，了解其裁判的思维模式和量刑习惯，探寻其行使自由裁量权的空间和尺度。同时，通过对案例的分析，揭示量刑制度在司法实践中的实际适用情况和成效，从实践角度检视量刑规范化存在的问题，并针对实践需求提出行之有效的改进路径，使得研究结论更加有说服力。笔者调研对象的来源有两方面。

一是HB省特别是BD市量刑规范化改革后（2010—2019年）常见犯罪案件，以此为对象研究《量刑指导意见》在司法实践中的应用情况以及量刑规范化取得的效果。关于选取地区的考虑，HB省作为中部地区较大省份，设有11个地级市和一个新区，市下辖172个县（市、区），其中23个县级市、115个县、34个市辖区。BD市曾经下辖25个县（市、区），至2017年调整为21个县（市、区），样本相对丰富，且BD市SX区法院曾是量刑规范

---

[1] 熊选国主编：《〈人民法院量刑指导意见〉与“两高三部”〈关于规范量刑程序若干问题的意见〉理解与适用》，法律出版社2010年版，第2~3页。

化改革试点法院，具有典型性。尽管上述研究对象无法代表全国各省份的量刑情况，但能够确保其代表性和典型性。关于选取案例情况的说明，笔者根据文章分析的问题，重点选取了高发的盗窃案件、伤害案件、强奸案件、交通肇事案件、危险驾驶案件、抢劫案件等案件，对其量刑规律进行了总结分析，同时选取了在量刑过程中存在较大争议、备受关注的案件来分析研究《量刑指导意见》在实践中存在的问题，这些案件的判处结果和价值选择对量刑制度研究具有很强的示范作用。

二是从中国裁判文书网上选取了关于抢劫、受贿等案例，且按照地域及经济发达程度分别选取。关于选取案例的时间范围，既有量刑规范化改革前的案例，也有量刑规范化改革后的案例，从时间跨度上，能够反映改革前后的变化。

此外，以上案例都发生在量刑规范化改革的过程之中，通过观察和对比改革前后量刑的变化以及各时期的《量刑指导意见》的调整，了解《量刑指导意见》在实践中的适用情况，前后各阶段量刑规范的总体情况是否发生变化，量刑文本的修改对量刑的影响，量刑规范化的初衷是否得以实现，相关规定的实践效果到底如何等。通过上述实证研究，揭示《量刑指导意见》的实际适用情况及成效，从不同的角度去检视量刑制度问题，对学理研究得出的结论加以印证，弥补单纯学理研究的不足，使得出的研究结论更加具有说服力。

目　录

第一章

导　论

长期以来，我国各级人民法院严格依法办案，认真贯彻落实宽严相济的刑事政策，但由于刑法规定的法定刑幅度过于宽泛，对一些具体量刑情节规定得比较原则性，在司法实践中没有统一遵循的量刑方法和量刑步骤，所以法官往往凭经验“估堆”量刑。2012 年前《中华人民共和国刑事诉讼法》（以下简称《刑事诉讼法》）对量刑程序亦没有具体规定，法庭审理中缺乏相对独立的量刑程序，有的量刑事实在法庭上没有得到有效的调查和辩论，再加上法官认识水平参差不齐，裁量权没有得到有效规范，导致有的案件量刑不均衡。一些本来公正的判决也因量刑活动公开不够，受到当事人和人民群众的质疑，在一定程度上影响了司法的公信力和权威性。[1] 随着我国经济社会的快速发展和人民群众法治意识的增强，人民群众对人民法院量刑工作提出了一系列新要求、新期待：不仅要求定罪正确，还期待量刑均衡公正；不仅要求量刑规范，还期待量刑公开透明；不仅要求公开裁判文书，还期待增强裁判说理；不仅要求参与法庭审理，还期待对量刑发表意见。在这种大背景下，最高人民法院作出了量刑规范化改革的部署要求。具体而言，主要体现在以下三个方面。

一是追求量刑均衡与规范。我国量刑规范化改革的直接动因就是针对量

---

[1] 黄晓云：《量刑规范化改革：在实践中前行　访最高人民法院刑三庭庭长戴长林》，载《中国审判》2011 年第 10 期。

刑失衡。❶ 本书所称的“量刑失衡”是指在司法运行层面案情相似，但是量刑却不一致。在我国，量刑失衡一般表现为三种情况。第一，不同时期量刑的失衡。第二，不同地域的量刑失衡。如经济发达地区与经济欠发达地区，对经济犯罪量刑不同。第三，量刑没有系统的规范文本，加之法官自身对于法律的理解各有不同，导致行使自由裁量权后对相似案件的量刑不一致。我国地域广阔，社会多元，在不同案件、不同地域、不同法官、不同社会治安背景之下，案件的量刑存在一定的差异，也属正常。但是这种差异并没有明确的立法依据，在判决书中也难以一一阐明，故而引起了社会上对于“司法不公”的探讨与关注。特别是法定量刑幅度较大时，同案不同判常常被解读为“人情案”“关系案”“金钱案”，甚至是司法不公与司法腐败。为了提升司法公信力与权威，2008 年，最高人民法院开始了量刑规范化改革，制定了《量刑指导意见》（2008 年版），细化了常见犯罪的常见量刑情节的法定量刑标准，要求法官严格按此标准进行量刑，以实现量刑均衡与规范。

二是回应社会对“量刑公正”的要求。量刑要符合社会主流价值观，符合社会对公正的要求，量刑公正是刑事司法所追求的终极目标。全面、精准界定量刑公正之内涵，是司法机关提升司法权威与公信力、使当事人服判息诉之基本前提。但是在不同的时期、不同的社会背景下，对于“量刑公正”的理解各有不同，社会对于“量刑公正”的理解似乎总是呈现出一种波动发展的态势❷，在某一时期强调尊重个案差异之后，似乎又会予以调整，追求“同案同判”，这也是我国量刑规范化改革的一个重要原因。在 21 世纪初期，法院系统推进司法公开工作案件裁判文书以“公开为原则、不公开为例外”，人民群众可以对比相似案件的判决结果，因此，人民群众对司法公正的担忧程度增强。这一时期恰逢国家倡导清廉、反对腐败、严肃纪律，公众将公正的注意点放在了案件的“同案同判”上，这也促动了以实现“量刑均衡”即

---

❶ 《量刑指导意见》（2014 年版）中明确规定：“量刑要客观、全面把握不同时期不同地区的经济社会发展和治安形势的变化，确保刑法任务的实现；对于同一地区同一时期、案情相似的案件，所判处的刑罚应当基本均衡。”

❷ 苏镜祥：《理论与实践之争：量刑规范化改革评析》，载《四川师范大学学报（社会科学版）》2015 年第 1 期。

"同案同判"为目的的《量刑指导意见》（2008 年版）的产生。但是随着"量刑均衡"的推广与实践，严格实现了"同案同判"，却无法回应个案的差异，依然产生了诸多争议❶。故《量刑指导意见》（2014 年版）将"进一步规范刑罚裁量权，落实宽严相济刑事政策，增强量刑的公开性，实现量刑公正"作为制定目的，以"量刑公正"的表述方式替换了"量刑均衡"。在此基础上，《量刑指导意见》（2021 年版）沿用"量刑公正"这一表述，并且将"刑罚裁量权"这一表述修改为"量刑和量刑建议工作"❷，进一步强调量刑规范化工作的推进对于实现司法公正至关重要。

三是迎合世界量刑制度改革的大趋势。19 世纪后半叶，资本主义经济由自由竞争转入垄断时期，许多国家社会问题异常突出，犯罪量急剧上升，累犯、常习犯显著增多，少年犯也呈激增趋势。对犯罪的本质认识由先前的只重视犯罪的社会危害性转变为兼顾行为人的人身危险性，刑罚的理念主张刑罚的目的不仅是惩罚犯罪，还要更关注个案的特殊情况，预防犯罪的再次产生，由此"刑罚个别化逐渐成为主流"。❸ 但从 20 世纪后半叶开始，由于没有统一的标准而导致量刑和行刑的悬殊不均，从而出现了量刑失衡等问题，各国对于"刑罚个别化"开始反思。以美国为代表的国家在全世界范围内展开了一场废除不定期刑的运动，刑罚目的逐渐转向"同案同判"的观念。❹ 1975 年，美国联邦矫正局公开承认放弃改造模式，缅因州率先废除不定期刑制度，之后其他国家也在不同程度上限定了不定期刑制度的适用，如丹麦、日本等国。❺ 这导致法官大幅度的自由裁量权逐渐受到了一定的约束。如上

---

❶ 2014 年"大学生掏鸟案"，2014 年 7 月，河南郑州职业技术学院大一学生闫啸天和朋友王亚军于暑假期间在河南省辉县市高庄乡土楼村先后掏了 16 只鹰隼幼鸟，分别卖给郑州、洛阳、辉县市的买鸟人，获利 1 080 元，而被辉县市森林公安局刑事拘留。同年二人被批准逮捕，闫啸天被判刑 10 年 6 个月。由此引发舆论争议，掏几只鸟就判了 10 年影响这个大学生的一生，量刑是否过重？

❷ 《量刑指意见》（2021 年版）将制定目的表述为"为进一步规范量刑和量刑建议工作，落实宽严相济刑事政策和认罪认罚从宽制度，增强量刑公开性，实现量刑公正"。

❸ 房绪兴：《由公正到效益——罪刑均衡到刑罚个别化的价值阐变》，载《黑龙江省政法管理干部学院学报》2005 年第 2 期。

❹ 陆凌：《美国联邦定期刑改革研究》，吉林大学 2015 年博士学位论文。

❺ 房绪兴：《由公正到效益——罪刑均衡到刑罚个别化的价值嬗变》，载《黑龙江省政法管理干部学院学报》2005 年第 2 期。

文所言，此时我国也面临着量刑不均衡的问题。国际上的改革也成为我国量刑规范化改革的一个动因。我国以美国《量刑指南》和德日关于量刑基准的点幅理论作为重要的改革借鉴样本[1]。可以说，我国开展的量刑规范化改革与世界量刑理论改革的发展有着密切关系。

一、我国量刑规范化的进程

（一）实践先行探索阶段

量刑规范化改革最早在实务界开始尝试，部分地方法院率先开展量刑规范化改革试验。2003 年，江苏省姜堰市人民法院制定《规范量刑指导意见》，运用到刑事审判实践中，尝试实现“同案同判”，开量刑改革之先河。[2] 2004 年 5 月，江苏省高级人民法院依照姜堰市的经验，通过《江苏省量刑指导规范》。[3] 2005 年 12 月，浙江省桐乡市人民法院出台《刑事审判量刑指导意见》。[4] 山东省淄博市淄川区人民法院于 2006 年尝试使用电脑辅助量刑，开发了一套“刑法常用百种罪名电脑辅助量刑系统”[5] 来辅助量刑，称为“电脑量刑”，该做法因被媒体与社会关注而引起最高人民法院的重视并得到初步肯定。最高人民法院于 2007 年开始加大对量刑规范化改革的研究步伐，江苏省姜堰市、北京市海淀区、上海市浦东新区、陕西省西安碑林区、云南省个旧市等地法院开始了量刑规范化改革的试点探索工作。[6] 试点法院制定的《量刑规范化文件》把量刑过程统一化、标准化，以约束法官自由裁量权为目标，力求量刑结果均衡。

---

[1] 石经海、严海杰：《中国量刑规范化之十年检讨与展望》，载《法律科学（西北政法大学学报）》2015 年第 4 期。

[2] 熊秋红：《中国量刑改革：理论、规范与经验》，载《法学家》2011 年第 5 期。

[3] 汤建国主编：《量刑均衡方法》，人民法院出版社 2005 年版，第 12 页。

[4] 王文华：《论我国量刑制度的改革——以美国联邦〈量刑指南〉为视角》，载《法学论坛》2008 年第 6 期。

[5] 罗灿、刘平：《大数据时代下构建量刑资讯系统的若干设想》，载《人民法院报》2014 年 8 月 1 日，第 5 版。

[6] 熊选国主编：《〈人民法院量刑指导意见〉与“两高三部”〈关于规范量刑程序若干问题的意见〉理解与适用》，法律出版社 2010 年版，第 13 页。

（二）部分法院试点阶段

2008 年 8 月，最高人民法院确定广东省深圳市、福建省厦门市等 9 个法院[1]对《量刑指导意见》（2008 年版）和《人民法院量刑程序指导意见（试行)》进行试点，试点的案件仅有交通肇事、故意伤害、抢劫、盗窃和毒品犯罪等 5 个罪名。后又增加了江苏省泰州市、山东省淄博市中级人民法院、湖北省武汉市汉江区人民法院，第一批试点法院增至 12 个[2]。2009 年 4 月 17 日，最高人民法院下发《关于在全国法院开展量刑规范化试点工作的通知》，并在福建省厦门市召开了全国法院刑事审判工作座谈会，确立了从各高级法院所在辖区内，确定 1 个中级法院和 3 个基层法院为试点单位的总步调，逐步扩大量刑规范化改革试点范围。尔后，为了突出代表性常用罪名的规范化量刑地位，2009 年 6 月 1 日，最高人民法院又发布了《新增十个罪名的量刑指导意见（试行)》，并要求在全国 120 多家试点法院扩宽试点范畴。

（三）全国范围试行阶段

2010 年，经过一年多的试行，最高人民法院决定从该年起在全国法院全面开展 15 个罪名[3]的量刑规范化工作。2010 年 9 月 13 日，最高人民法院、最高人民检察院、公安部、国家安全部、司法部联合制定《关于规范量刑程序若干问题的意见（试行)》；同日，最高人民法院公布《量刑指导意见》（2010 年版）并要求各省、自治区、直辖市高级人民法院各自制定具体的实施细则。[4] 其中，《量刑指导意见》（2010 年版）明确量刑的步骤与方法，将

---

[1] 2008 年 8 月 1 日，最高人民法院下发《关于开展量刑规范化试点工作的通知》。

[2] 12 个试点为：江苏省泰州市、福建省厦门市、山东省淄博市、广东省深圳市等 4 个中级人民法院，以及北京市海淀区、上海市浦东新区、江苏省姜堰市、江西省南昌市青山湖区、山东省淄博市淄川区、湖北省武汉市江汉区、云南省个旧市、陕西省西安市碑林区等 8 个基层人民法院。

[3] 《量刑指导意见》（2010 年版）规定的 15 个常见罪名分别为交通肇事罪，故意伤害罪，强奸罪，非法拘禁罪，抢劫罪，盗窃罪，诈骗罪，抢夺罪，职务侵占罪，敲诈勒索罪，妨害公务罪，聚众斗殴罪，寻衅滋事罪，掩饰、隐瞒犯罪所得、犯罪所得收益罪，走私、贩卖、运输、制造毒品罪。

[4] 最高人民法院在《量刑指导意见》（2010 年版）中要求“各高级人民法院结合当地实际，按照规范、实用、符合审判实际的原则要求，依法、科学、合理地进行细化，保证实施细则的规范性、实用性和可操作性”。

量化方法引入量刑机制。❶ 最高人民法院总结试点中反馈的各种意见，特别是司法实践中出现的因严格约束法官自由裁量权以及绝对的定量分析导致的机械量刑、难以操作等问题，在一定程度上修正了严格的“以定量分析为主，定性分析为辅”的原则，确立了“定性分析和定量分析相结合”的量刑方法，并赋予了法官10%调整宣告刑的自由裁量权❷。

（四）全面实行阶段

经历三年多的全国范围的试行，最高人民法院决定从2014年1月1日起在全国法院开展15个罪名的量刑规范化的实践工作，公布的《量刑指导意见》（2014年版）将“定性分析和定量分析相结合”的量刑方法修改为“以定性分析为基础，结合定量分析”的量刑方法，将法官宣告刑的自由裁量权由10%调整为20%。❸ 2017年，最高人民法院对《量刑指导意见》（2014年版）进行了修订，公布的《量刑指导意见》（2017年版）将“以定性分析为基础，结合定量分析”的量刑方法修改为“以定性分析为主，定量分析为辅”的量刑方法。同年，最高人民法院公布《量刑指导意见（二）》（2017年版），补充了危险驾驶罪，非法吸收公众存款罪，集资诈骗罪，信用卡诈骗罪，合同诈骗罪，非法持有毒品罪，容留他人吸毒罪，引诱、容留、介绍卖淫罪等8种常见犯罪。至此，《量刑指导意见》规范的罪名增加至23种。2021年7月1日正式实施的最高人民法院、最高人民检察院联合发布的《量刑指导意见》（2021年版），将正式实施的15种罪名和试行的8种罪名一并纳入规范，并增加4种常见量刑情节的适用。

量刑规范化改革的核心内容是推行规范化量刑方法，改革试点至今已有十余年，经历了四个阶段探索，由最开始的试点探索，到初期的“以定量分析为主，定性分析为辅”发展到“定性分析和定量分析相结合”，再到“以

---

❶ 《量刑指导意见》在第二部分规定了“量刑的基本方法”，包括量刑步骤、量刑情节调节基准刑的方法、确定宣告刑的方法，其中有关于量刑量化的计算方法。

❷ 《量刑指导意见》（2010年版）规定：“根据案件的具体情况，独任审判员或合议庭可以在10%的幅度内进行调整，调整后的结果仍然罪责刑不相适应的，提交审判委员会讨论决定宣告刑。”

❸ 《量刑指导意见》（2014年版）规定：“综合考虑全案情况，独任审判员或合议庭可以在20%的幅度内对调节结果进行调整，确定宣告刑。当调节后的结果仍不符合罪责刑相适应原则的，应提交审判委员会讨论，依法确定宣告刑。”

定性分析为基础，结合定量分析”，直至最终确定“以定性分析为主，定量分析为辅”的方法。虽然经历了三次调整，历时十余年的时间，但从某种程度上来说，量刑规范化改革仍然没有完成，特别是目前关于其他罪名是否应纳入规范之列的争论仍然存在。在笔者看来，目前实行的《量刑指导意见》（2021 年版）尚未完全达到整体协调的程度，离科学的精准量刑还存在一定的距离。

二、我国量刑规范化改革的争议

量刑规范化改革确实带来量刑上的变化，多地法院的量刑规范化改革总结评估报告或者试行情况总结显示，法院的办案质量、工作效率明显提高，反映司法效果的主要指标呈现“五升三降”的良性变化态势❶，即服判息诉率、调解撤诉率、退赔、退赃率、当庭宣判率、当庭认罪率上升，上诉率、发改率、上访率下降；量刑过程和结果更加公开、公正、透明，量刑失衡的现象得到改善，“阳光司法”得以实现❷；人民法院的司法公信力和法律权威得到进一步提升。在肯定量刑改革益处的同时，学术界与实务界也逐渐发现量刑改革带来的新问题：如量刑目的与量刑原则内涵不清；量刑方法与量刑步骤不协调；量刑情节的适用规则与刑法规定冲突；量刑情节对应刑罚量缺乏科学性；法官的自由裁量权被不当限制等。关于这些立法和司法问题，究其本质，是在改革过程中对量刑的本质属性及量刑规范化改革的价值目标的理解与定位存在偏差。

（一）刑之量化与刑之裁量的争议

传统“估堆”量刑方法之所以饱受诟病，一个重要原因是量刑没有统一标准，完全靠法官的经验判断。法官的学识程度和个人价值观的千差万别，导致量刑结果的差别。改革之初，《量刑指导意见》（2008 年版）试图通过引入“定量”的量刑方法，将量刑情节进行数量化判断，无限挤压法官自由裁量权。如此一来，量刑就有了评判标准，也形成了量刑统一化，倾向于量

---

❶ 王晓丽、朱秋卫：《量刑规范化之“刑”的规范化》，载《金陵法律评论》2015 年第 1 期。

❷ 王利荣：《论量刑的合理性》，西南政法大学 2007 年博士学位论文。

刑是“刑之量化”的过程。精确的数字化量刑是借鉴美国《量刑指南》的数字化量刑模式，借助数学、人工智能等科学技术手段，对量刑情节量化和对刑罚的法定幅度细化，通过一定的理性评价，形成犯罪情节与具体数量刑罚之间的一一对应关系，尽量排除情绪化因素及概念的模糊对法官推理过程的影响，从而达到精确量刑。[1] 但是用“硬指标”无法回应复杂多变的量刑司法实践。在“刑之量化”的视角下，量刑事实根据的各因素被事先数量化，使得量刑活动被局限于一个静态的、缺乏技术含量的一一对应的过程，法官的能动性只限于一个狭小的空间，无所谓取舍。

量刑规范化实质上是对“量刑”的规范，即使“量刑”符合明文规定的标准或合乎约定俗成。作为贯彻罪刑法定原则的司法能动活动，它应当在尊重量刑目的和遵循量刑规律的前提下，通过一系列程序机制，产生公正合理并符合刑罚目的之量刑判决。从运行规律来看，量刑并不是抽象法律规范在具体案件中简单的对号入座，而是把抽象的法律规范与具体的案情相结合，并最终形成判决的动态过程。[2] 而对于“刑之裁量”，更强调一个动态的分析判断过程，法官需针对个案的情况对作为量刑事实根据的各因素做分析判断，使量刑表现为一个能动和个别化的活动和过程。这意味着量刑并不是简单地把抽象的法律规范与具体个案做简单的对号入座，而是由法官运用理性、良知、知识、技术等，以及形式逻辑与辩证逻辑的充分论证，在法定的量刑区间、量刑情节与个案的量刑事实之间反复权衡最终形成理性的量刑判决的过程。这是量刑的基本运行规律所在。这决定了量刑除了包含“刑之量化”之义，更重要的是具有“刑之取舍”的判断。在这个过程中，既要有统一的法律规范，又要有具体案件所涉犯罪行为的社会危害性、被告人的人身危险性等问题的相关事实，还需要法官的理性、良知和专业知识，并通过充分论证，最终形成具体的量刑判决。

精确数字化量刑路径为避免模糊、任意而排除量刑中经验的运用，其只能实现法域内量刑的统一，却不可能实现量刑公正。法律的科学性不是表现

---

[1] 马黎：《量刑公正的进路探讨》，载《人民司法（应用）》2013 年第 11 期。

[2] 石经海：《“量刑规范化”解读》，载《现代法学》2009 年第 3 期。

在其如何精确上，而是其相对的公正性和合理性。量刑可以运用数量关系来追求一定的一致性，但完全以数字取代经验，摒弃了自由裁量权的量刑，就不可能有个别正义和实质正义。因此，量刑从本质上来说并不是简单的数学意义上的“刑之量化”，而应当是“刑之裁量”。

（二）量刑均衡与“同案同判”的争议

关于量刑均衡的概念，理论界和实务界并未形成一致意见，关键是对“均衡”的内涵认识不同。根据不同的价值追求目标，大致有以下三种观点。第一种观点认为量刑均衡意即量刑偏差应当予以避免和消除，在最大限度上约束法官的自由裁量权，从而达到刑罚裁量的高度连贯性和一致性。[1] 这种观点所追求的是个案之间量刑结果的均衡。第二种观点认为每个个案都有自己的特殊情况，量刑偏差不可避免，不应对法官的自由裁量权加以限制。[2] 这种观点所追求的是每个个案本身的量刑结果的个案正义，不必同类似案件比较。第三种观点认为允许一定范围内的量刑偏差，对法官的自由裁量权加以一定程度上的限制。[3] 这种观点所追求的是量刑的整体均衡与个案均衡之间的有机统一。应该说，相较于前两种观点的片面性和偏激性，第三种观点较为科学合理。量刑均衡不仅是对每个个案而言，针对同样的犯罪事实给予同等的刑罚，排除量刑上的畸轻畸重，而且是指一国在一定时期内，在考虑地区差异和个案差异的基础之上，相似案件的量刑也要基本相同。

根据上述观点分析，量刑均衡的内涵标准应是“类案同判”，即确保类似案件在量刑上实现统一，其本质是追求类似案件裁判结论背后相对一致的司法逻辑和价值取向。[4] 量刑均衡并不是要求量刑结果的完全一致，如果要求刑种、刑期绝对相同的话，必然会限制法官的自由裁量和司法创造力。现

---

[1] 胡学相：《量刑的基本理论研究》，武汉大学出版社 1999 年版，第 216 页。

[2] 载中国政法大学刑事法律研究中心、英国大使馆文化教育处主编：《中英量刑问题比较研究》，中国政法大学出版社 2001 年版，第 260 页。

[3] 宫璇龙：《量刑平衡策略之反思》，载《刑事法评论》2005 年第 1 期。

[4] 上海市第一中级人民法院课题组：《司法责任制背景下统一法律适用标准研究——以类案同判为目标》，载《中国应用法学》2020 年第 5 期。

实中绝对相同的案件极为罕见，案件事实千差万别，若把量刑均衡的前提置于“同案同判”，重点仅在于求同，则容易忽略个案差异，裁判结论会欠缺包容性，容易引起机械量刑。成文法的静止性与生活事实的动态性决定了法官需通过逻辑演绎将抽象的规范涵摄于个案事实，法律适用需要为法官解释法律、再造法律预留空间，因此就适法效果而言，追求类似案件的法律适用统一更为合理。[1] 因此，量刑均衡目标的内涵应该是量刑规则的统一、量刑方法的一致以及裁判价值取向的一致。量刑改革初期曾将量刑均衡等同于“同案同判”，追求不同地域、不同时间内的同类案件进行相同的量刑，这也是《量刑指导意见》（2008 年版）摒除传统的“估堆”量刑方法的初衷，将量刑情节全部用比例予以规定，使法官像量刑机器一样计算量刑结果，从而达到刑罚的整齐划一即“同案同判”。但是单纯地追求“同案同判”不能满足司法实践中案件形式千变万化的需求，标准划一可能导致从一个极端走向另一个极端，结果产生了另一种形式的量刑失衡即“个案不公平”。在笔者调研时，很多法官也认为量刑均衡一直主导着量刑改革的方向，量刑的定量化、精细化使量刑活动背离了量刑的本质属性，导致这些问题的原因是量刑规范化还远未完成。量刑规范化是一个不断发展、持续探索的过程，需要以其为目标，结合社会需求对相关法律规范继续予以完善。

三、量刑规范化存在的问题

本书基于我国量刑规范化的改革背景和历史进程，对量刑规范化的基本理论进行研究，根据量刑规范化的理论应然状态来检视我国《量刑指导意见》的司法实践效果。

量刑规范化的基本理论研究是量刑规范化改革的前提。同其他刑法理论相比，我国的量刑规范化基本理论的研究并不成熟，这也为我国量刑规范化改革带来了困难。本书针对量刑规范化的相关理论——量刑与量刑规范化的内涵、量刑规范化改革价值目标、量刑原则、量刑自由裁量权进行深入分析，

[1] 上海市第一中级人民法院课题组：《司法责任制背景下统一法律适用标准研究——以类案同判为目标》，载《中国应用法学》2020 年第 5 期。

认为量刑是一种司法裁量活动。量刑规范化改革应当保证量刑公正，这是追求量刑公正的首要任务；制定出一套具体科学的量刑规则，量刑规则中应当明确量刑原则、量刑方法以及量刑情节适用标准，在给法官提供行之有效指导的同时，规范而非限制法官自由裁量权。此外，量刑规则之间的逻辑关系和功能定位也是实现量刑公正的关键因素。

（一）量刑规范化改革的效果与问题

《量刑指导意见》是我国量刑规范化理论的具体化与实践化，其将关于量刑规范化的价值目标、量刑原则、量刑方法、量刑情节、法官自由裁量权等核心内容规定于其中，是我国量刑规范化改革中最直接的外在表现形态。本书在理论研究之后，对我国《量刑指导意见》的相关规定进行了论述，同时用数据和实践案例从对审判质效的影响、对量刑结果的影响、对司法裁量的影响、对司法公开的影响、对同案同判的影响五个方面对《量刑指导意见》司法实践效果进行检视，指出其中存在的诸多问题。例如，改革之初将“量刑均衡”“同案同判”作为价值目标，直至2014年才明确“公平、公正”的改革目标；再如，量刑原则独有性彰显不足，与刑法原则多有重复，不符合量刑原则专门性和针对性的确立标准；又如，量刑方法的指导思路几经变迁，目前确立为“以定性分析为主，定量分析为辅”，但“定性”“定量”之间的关系尚未明确，也没有具体操作规范；另外，对常见量刑情节进行明确化规定是巨大进步，但量刑情节适用规范的科学性有待提升；等等。从实践层面来看，目前仍然无法解决部分量刑难题，如多人多次的共同犯罪案件难以精准量刑、在成年前后犯同种罪的量刑依据不明等。剖析改革过程中存在的立法和司法问题能使我们更清晰地认识当前立法的不足，量刑规则体系仍需完善。

（二）量刑目标的实现路径

通过本书对《量刑指导意见》等相关内容的论述，可以发现我国量刑规范化改革的症结在于片面地理解量刑公正，过分强调量刑均衡，不当限制法官自由裁量权。为了实现量刑的目标，笔者提出以下完善路径。首先，厘清量刑规范化的基本理念，从规范还是限制、科学还是随意、全面还是局部、精细还是模糊四个维度对《量刑指导意见》（2021 年版）设计理念进行解析；其次，在具体的量刑规则方面，确立与量刑公正相协调的量刑原则、具备科学的量刑方法和量刑情节适用规则、适当地扩大《量刑指导意见》的适用范围；最后，量刑规范化的实施需要相应的配套制度，如完善裁判文书充分说理机制和案例指导制度等。

四、量刑规范化的研究意义

（一）理论意义

量刑在刑法学理论中有着极其重要的地位，例如，日本学者曾根威彦认为："量刑问题是刑法理论的缩图"[1]。而公正量刑问题又是量刑理论研究的重要核心课题。如何保障公正量刑的实现，是大半个世纪以来世界各国关注与研究的焦点问题，其中，关于量刑模式的选择、量刑方法、量刑内容、量刑制度等成为量刑理论研究的重点内容。[2] 本书结合我国的基本国情和司法实践，从理论上分析我国量刑的应然模式，尝试以量刑理论为基础展开研究，探讨量刑改革的价值目标，以及量刑理念与量刑原则、量刑方法之间的内在逻辑和层级关系，提出量刑规范化改革应以量刑公正为目标，在量刑原则的指引下制定科学的量刑规则，即合理量刑方法和量刑情节适用规则，同时处理好规范化量刑与法官自由裁量权之间的平衡关系。构建起量刑原则、量刑方法、量刑情节、量刑自由裁量权各归其位、各司其责、协调统一的量刑规则体系，为丰富和完善我国量刑规则体系提供相关理论依据，并将理论研究成果作用于实践，以推动我国量刑规范化的完善。

（二）实践意义

就实践意义方面来讲，量刑规范化是为了使现行的多元化量刑规则形成一个有机的体系，运用系统化的思维方法明晰量刑规则体系内部各个构件之

---

[1] ［日］曾根威彦：《量刑基准》，载西原春夫主编：《日本刑事法的形成与特色：日本法学家论日本刑事法》，李海东等译，法律出版社 1997 年版，第 145 页。

[2] 荣月：《量刑规则的体系性建构》，吉林大学 2017 年博士学位论文。

间的位阶，并使得各个构件相互之间更加协调[1]，进而有助于指导司法实践中司法工作人员公平、合理、有效地运用多元化的各种量刑规则解决实际问题，实现司法公正。本书结合量刑理论上的应然状态，通过梳理我国现行的刑法规定、司法解释量刑规定、《量刑指导意见》的具体规范，结合我国司法实践的特点，从理念和规则上寻求量刑规范的重构路径，为我国刑事司法实务的完善提供相应的方案。

[1] 刘胜超：《中国量刑规范化的基本问题研究》，武汉大学2015年博士学位论文。

第二章

量刑规范化的原理探析

对量刑规范化基本理论进行研究，这是开展量刑规范化改革的前提条件。同其他刑法理论相比，我国的量刑规范化基本理论的研究并不成熟，这也为我国量刑规范化改革带来了困难。本章针对量刑规范化的相关理论进行深入分析，为随后几章的研究提供理论层面上的支撑。

第一节　量刑规范化概述

一、量刑规范化的内涵

（一）量刑的含义

研究量刑规范化首先要正确理解量刑的内涵，本书认为，需要明确以下几点。

1. 量刑是一种特定的刑事司法活动

量刑是指判定被告人的行为构成某种犯罪后，审判者在法定刑幅度内对量刑起点作出选择，并结合具体量刑情节，决定是否对被告人判处刑罚，判处刑罚的种类、程度以及是否适用缓刑的刑事审判活动。[1] 量刑活动是建立

---

[1] 赵廷光：《论量刑原则与量刑公正——关于修改完善我国量刑原则的立法建议》，载《法学家》2007 年第 4 期。

在定罪基础之上的具体刑罚决定，在刑事诉讼框架内进行的一种刑事司法活动。在量刑时，审判者要根据法律规定以及被告人的社会危害性和人身危险性等因素，从横向和纵向两个维度进行权衡，既要实现刑罚的惩戒功能，又要根据量刑情节兼顾对被告人的宽宥和挽救。它不是将犯罪、量刑情节与法律的简单对号入座，而是一项既专业又复杂的刑事司法活动，从而有别于其他的诉讼活动。

2. 量刑不是刑之量化而是刑之裁量

在量刑时常常会出现根据法律的规定以及被告人的犯罪情节，对被告人的刑期或者罚金等进行加或减。但是量刑不仅仅是将刑期进行量化加减的计算过程，而是法官凭借法律知识、经验智慧、价值理念，把抽象的法律规范与具体的案情相结合，决定对犯罪人处以何种刑罚以及刑期长短的一个能动过程。在这个过程中，既要有具体统一的规则指导，也需要法官运用理性、良知和专业知识，综合分析论证犯罪行为的社会危害性、犯罪人的人身危险性等相关案件事实，最后形成具体的量刑结果。因此，量刑从表象上看是“刑之量化”，但是从本质上来说是“刑之裁量”。

3. 量刑是针对个案情况作出的具体裁量

从刑事立法的角度出发，对于某类犯罪的立法主要是运用归纳推理，是一个从具体到一般的思维过程。即在立法时，立法者通过对大量的犯罪行为的总结，抽象出构成犯罪的各种要件，这些要件具有普遍性与代表性。而在刑事司法实践中，量刑是一个演绎推理的过程，是一个从法律的一般规定到具体个案的过程。但是包括刑事法律在内的所有立法，重点在于对犯罪行为共性的抽象，并不是针对具体案件而进行的，所以无法穷尽回应多样复杂的个案。因此，从量刑的实际操作来看，量刑要包含两个步骤：一是回应立法的规定，将犯罪人的犯罪行为同刑法规定相比较，确定其起刑点、量刑区间；二是在法定量刑区间根据个案的量刑情节，法官行使自由裁量权。自由裁量权是法官针对具体个案中犯罪人应受惩罚的评估与考量，适应和调整个案中的特殊情况，以实现刑罚的公正。[1] 法律规定与自由裁量形成了量刑的有机

---

[1] 姜涛：《量刑公正与刑法目的解释》，载《法学家》2012 年第 4 期。

衔接，使得量刑时既能保证不偏离国家的一般正义观，也能根据案件存在的个案差异进行调试，避免量刑出现过于“机械”的问题。这是在研究量刑理论时必须关注的一个特点。

4. 量刑受刑罚目的观支配

刑罚目的观往往体现了某一时期立法者对于犯罪行为的评价以及惩罚的方式，是国家主流价值观对于犯罪的宏观评价和整体的把握。在不同的历史时期、不同的社会背景、不同的社会政体下，刑罚目的观具有不同的内容。历史上曾呈现出来的报应论、惩罚论、预防犯罪论、社会复归等理论，是不同的时代背景下的产物，时代更迭，刑罚目的观也随之发生改变。没有任何一种刑罚目的观是永恒不变地占据统治地位的。量刑作为刑罚的一个重要方面也自然受此影响。因此，研究量刑必须要结合社会背景以及相应的刑罚目的观。对此本书将在后文进行详述。

（二）量刑规范化的内涵与要求

量刑规范化主要是指根据量刑的本质特征，从量刑方法、量刑基准、量刑情节等方面为法官量刑提供切实可行的规范，以实现量刑实体公正与量刑程序的规范化❶。理解量刑规范化的内涵，本书认为需要注意以下几个方面。

1. 科学立法是推行量刑规范化的前提

欲实现量刑规范化，需要立法在先。在我国量刑规范化改革之前，虽然我国刑事方面的法律对于刑法的基本原则、量刑情节、量刑情节的具体适用、个罪的量刑幅度等作出了规定，但是并没有对从轻、减轻、从重的具体适用幅度、法官裁量权的限度和行使方式进行规定，也并没有独立的量刑程序。对此从2008年，我国开始了“量刑规范化”的改革。2008年，最高人民法院出台《量刑指导意见》（2008年版），将定量分析引入量刑，确立“以定量分析为主，定性分析为辅”的量刑方法。2010年，最高人民法院出台了《量刑指导意见》（2010年版），该意见将量刑的目标、量刑原则、量刑方法

❶ 本书主要针对量刑文本进行研究，对量刑程序的规范化不做深入讨论，留待日后另文进行研究。

与步骤、常见量刑情节的适用以及常见犯罪的量刑统一整合。同年，最高人民法院、最高人民检察院、公安部、国家安全部、司法部联合制定了《关于规范量刑程序若干问题的意见（试行）》，提出了相对独立的量刑程序，标志着量刑程序从定罪程序中剥离出来，具有相对的独立性。2012 年对《刑事诉讼法》的第二次修订将量刑程序正式规定于法律中[1]，2018 年对《刑事诉讼法》的第三次修订将“认罪认罚从宽”又纳入法律中[2]，这都为推行我国量刑规范化奠定了法律基础。当然，从量刑规范的试点到量刑立法成熟需要一个过程，目前关于量刑的司法规范和立法存在的不完善之处，也是本书探讨的一个重点。

2. 量刑规范化的内涵要与时代背景相符

量刑规范化涉及的核心内容是关于量刑方法[3]、量刑基准[4]与量刑情节[5]的规范化，量刑基准是对具体个别犯罪的抽象概括，反映了刑罚的统一化，体现“同案同判”的诉求；而量刑情节是基于刑法规定的，在量刑活动中影响犯罪嫌疑人刑罚轻重的因素，是刑罚个别化的体现。[6] 在不同时期、不同的社会背景下，在不同量刑目的与原则的指引下，量刑中所涉及的量刑方法、量刑起点的确定、量刑情节的认定与适用、基准刑的认定与宣告刑的生成都与这一时期的社会政治、经济、文化密切相关，反映了不同的价值观。同样

---

[1] 《刑事诉讼法》（2012 年修正版）第 193 条规定：“法庭审理过程中，对与定罪、量刑有关的事实、证据都应当进行调查、辩论。经审判长许可，公诉人、当事人和辩护人、诉讼代理人可以对证据和案件情况发表意见并且可以互相辩论。审判长在宣布辩论终结后，被告人有最后陈述的权利。”

[2] 《刑事诉讼法》（2018 年修正版）第 173 条、第 174 条、第 176 条、第 190 条、第 201 条、第 226 条分别在被告人对于量刑的程序性权利、公诉方对量刑的影响、法官裁判涉及量刑的程序性问题进行了较为全面的规定，这是诉讼法对于量刑规范化的一大进步。

[3] 量刑方法是指法院在审理刑事案件进行刑罚裁量时依据的步骤、程序、模式，一般需要多个步骤：第一步，根据基本犯罪构成事实在相应的法定刑幅度内确定量刑起点；第二步，根据其他影响犯罪构成的犯罪数额、犯罪次数、犯罪后果等犯罪事实，在量刑起点的基础上增加刑罚量确定基准刑；第三步，根据量刑情节调节基准刑，并综合考虑全案情况，依法确定宣告刑。

[4] 量刑基准是指在不考虑对被告人适用法定或者酌定量刑情节的情况下，对其应当适用的刑罚。

[5] 量刑情节是指在某种行为为已经构成犯罪的前提下，法院对犯罪人裁量刑罚时应当考虑的，据以决定犯罪人量刑的轻重或者对其免除刑事处罚的各种情况。

[6] 胡学相：《量刑的基本理论研究》，武汉大学出版社 1999 年版，第 223 页。

的犯罪行为，依据不同社会背景下形成的量刑规范，可能产生不同的量刑结果。[1] 因此，量刑规范化与时代背景都是相对应的，立法者需要探索和寻找一套科学合理的量刑方法，既能体现规范性的要求以实现量刑的均衡，又能够符合当时的主流价值观念得以被社会接受。

3. 量刑规范化重点要处理好法官自由裁量权的限度

量刑规范化的主要内容之一就是将自由裁量权限定在“适度”的范围之内，规范法官的自由裁量权，减少因量刑没有统一标准导致的滥用裁量权的现象。要实现量刑规范化，避免量刑失衡和量刑不公的发生，需要法律规范对法官的自由裁量权进行规定，但是又不能完全剥夺法官的自由裁量权，特别是当发生法律冲突、出现法律空白及个案差异时，需要借助法官的智慧、经验和良心。刑事司法必须具备与其职能相适应的合理法官自由裁量权，包括法官自由裁量权的限度、方式和程序等。量刑规范化与自由裁量权并不是一对矛盾，非此即彼，不可相容，而是相互联系、共生发展的。

二、量刑规范化以公正为价值导向

公正是法律制度的首要价值，也是最重要的价值。法律制度价值的实现标准要以公正作为导向，量刑制度也是如此。[2] 就量刑而言，它实际上就是一种相关权力的行使方式，而在权力配置方面是否合理，在权力运行方面是否达到要求，评判标准自然是公正。因此，量刑规范化改革的价值目标自然是量刑公正。

（一）量刑公正的内涵

博登海默曾言：“正义有着一张普罗透斯似的脸，变化无常，随时可呈不同形状，并具有极不相同的面貌。”[3] 目前，理论界对量刑公正的内涵莫衷

[1] 李冠煜：《量刑规范化改革视野下的量刑基准研究——以完善〈关于常见犯罪的量刑指导意见〉规定的量刑步骤为中心》，载《比较法研究》2015 年第 6 期。

[2] “公正”与“正义”两词实质同义，但在适用语境上偶尔有所区别。本书中将“公正”与“正义”作同义词使用，不再加以区分。

[3] ［美］博登海默：《法理学：法律哲学与法律方法》，邓正来译，中国政法大学出版社 2004 年版，第 261 页。普罗透斯是希腊神话中的一个早期海神，荷马所称的“海洋老人”之一，他经常变化外形使人无法捉到他。

一是。❶ 笔者认为，量刑公正的内涵应从形式公正和实质公正两个层面去理解。

1. 量刑的形式公正

量刑的形式公正，即对犯罪人量刑要做到“类似情况得到类似处理”，类似案件之间量刑保持一致性。❷ 换言之，量刑公正并非要求“同案同判”，更不是追求量刑结果的绝对相同，而是更注重量刑结果与个案的匹配性。所以说，形式公正是指量刑适用规则和标准的一致性，对相同的案件情节适用相同的量刑规则，而非量刑结果的同一性。

2. 量刑的实质公正

量刑的实质公正是在个案之中的公正。所谓个案公正，是指案件情节千差万别，各有不同，每个案件的判决过程以及判决结果与其他案件都有相异之处。❸ 实质的量刑公正难以用一般的准则统一衡量，所以需要法官在量刑过程中运用价值判断和经验智慧分析案件整体情况以及各种情节，综合考虑法律效果、社会效果，使得量刑结果与犯罪行为的社会危害性及犯罪人的人身危险性相适应。量刑改革追求的理想状态下，不同法官个体进行量刑活动，遵循统一的具有合理性的量刑准则，得出一致的量刑结论，实现量刑形式公正与实质公正的统一。❹ 这正是量刑规范化改革的价值目标所在。而科学量刑公正观的确立，对我国量刑规范化改革具有关键作用，可以引领改革沿着公正之路不断前进。

---

❶ 有学者认为量刑公正是指人民法院对犯罪人裁量、决定刑罚时要做到依法进行、罚当其罪、刑罪相称、公平裁判、不偏不倚。有学者认为，量刑公正是指法院在准确定罪的前提下，按照国家刑法的有关规定，在法定量刑幅度内对被告人判处与其所犯罪名、犯罪情节相当的刑罚。参见中国政法大学刑事法律研究中心、英国大使馆文化教育处主编：《中英量刑问题比较研究》，中国政法大学出版社 2001 年版，第 2 页、29 页。还有一种观点认为，量刑公正的内涵是法定刑的轻重应当与犯罪分子所犯罪行相适应；宣告刑的轻重应当与行为的社会危害程度以及行为人的人身危险程度相适应。参见赵廷光：《论量刑公正的一般标准》，载《河南省政法管理干部学院学报》2007 年第 4 期。

❷ 白云飞：《规范化量刑方法研究》，吉林大学 2011 年博士学位论文。

❸ 白云飞：《论量刑公正》，载《中国刑事法杂志》2010 年第 2 期。

❹ ［美］约翰·罗尔斯：《正义论》，何怀宏、何包钢、廖申白译，中国社会科学出版社 1988 年版，第 59 页。

（二）量刑公正的实现路径

具备一套统一的行之有效的量刑规则是实现量刑公正的前提。量刑规则应当明确量刑原则、量刑方法、量刑情节适用标准。以量刑中适用统一的量刑规则为途径，给法官提供行之有效的指导。关于量刑规则，基本上应符合下列要求：第一，具备操作上的便利性，能提供一个参考的刑期，增加量刑的可预测性；第二，量刑规则不应是机械化的数学方法，而应与法官自由裁量权和谐并存；第三，量刑规则之间应当具有科学的逻辑关系，量刑理念、原则、方法各归其位、各司其职。循着这样的思路来看，量刑方法在整个量刑活动中处于操作方法、司法技巧层面的地位，要受量刑价值目标和量刑原则的统领和约束。在量刑方法的指引下，如何适用量刑情节进行量刑也是量刑规范化实现公正的重要环节。

第二节　刑罚目的与量刑规范化

刑罚目的是指在法官准确定罪的基础上，将具体、适当的刑罚施加于犯罪人，以实现刑罚所预期的结果。[1] 刑罚目的体现了刑罚的最高价值追求，体现了多种价值观念，具体包括公正、惩罚、报应、预防、震慑等。量刑原则、量刑规则与量刑方法都是紧紧围绕刑罚目的展开的。研究量刑与量刑规范化必须建立在刑罚目的的基础之上。

一、刑罚目的变迁对量刑制度的影响

研究刑罚目的的发展历史、探索刑罚目的的发展规律是对量刑与量刑规范化深入理解的关键。在此对刑罚目的的发展历史进行简要梳理，以便归纳社会背景、刑罚目的与量刑三者之间的关系，进而探寻量刑的发展规律。

---

[1] 赵秉志主编：《刑罚总论问题探索》，法律出版社2002年版，第129页。

（一）古代刑罚目的观之“惩罚犯罪与预防犯罪”

古代的刑罚目的主要是以报应以及威慑为主，并且对它们的认识主要停留在原始朴素的情感上。古代的定罪与量刑经历了一个由简至繁的过程，但是量刑的规定往往较为明确，审判者在定罪后，由于自由裁量空间有限，即便有法定的量刑情节，在量刑上选择的余地也不大。❶

（二）18 世纪刑罚目的观之“罪刑法定下的罪刑均衡”

18 世纪上半叶，随着工业革命的兴起，生产效率得到极大的提升，促使西方的经济由农业文明向工业文明过渡，以英国“光荣革命”的胜利为标志，人类开始进入资本主义时代。以资本主义为依托，“理性”成为当时启蒙思想家们对抗旧制度、旧观念的武器，他们把“理性”当作评判万事万物的标准，宗教、世界观、社会形式、国家结构形式和制度等一切旧事物都要在法庭上接受“理性”的多轮审判。❷ 时代呼唤刑法科学思想的产生，正是为了结束残酷的罪刑擅断现象、实现刑罚的公平与正义、保障人权，刑事古典学派应运而生。❸ 在贝卡利亚等学者的主张下，“罪刑相适应”“罪刑法定原则”“刑法面前人人平等原则”成为现代刑法的原则，这些原则至今影响着世界各国刑事法学的发展，被认为是现代刑法学的真理。

从此罪刑均衡的观念在刑罚目的中开始形成。罪刑均衡是指刑罚的性质和强度要与犯罪的性质和严重程度相称，这体现了刑罚的“报应观”，即刑当其罪，触犯轻罪判处轻刑，触犯重罪判处重刑，不允许出现触犯轻罪被判处重刑或者触犯重罪被判处轻刑的情况。犯罪性质和社会危害性是判断犯罪

---

❶ 如《大明律》中有关自首的规定是：凡犯罪未发而自首者，免其罪，犹征正赃。其轻罪虽发，因首重罪者，免其重罪。若因问被告之事，而别言余罪者，亦如之。其遣人代首，若于法得相容隐者为首及相告言者，各听如罪人身自首法。若自首不实及不尽者，以不实不尽之罪罪之，至死者，听减一等。其知人欲告，及逃叛而自首者，减罪二等坐之。其逃叛者虽不自首，能还归本所者，减罪二。其损伤于人，于物不可赔偿，事发在逃，若私越度关及奸，并私习天文者，并不在自首之律。若强窃盗、诈欺取人财物，而于事主处首服，及受人枉法、不枉法赃，悔过回付还主者，与经官司自首同，皆得免罪。若知人欲告，而与财主处首还者，亦得减罪二等。其强窃盗，若能捕获同伴解官者，亦得免罪，又依常人一体给赏。可见，《大明律》对于自首的量刑的规定非常明确，所以审判者自由裁量的空间很有限。

❷ 马克昌：《论刑罚的本质》，载《法学评论》1995 年第 5 期。

❸ 房绪兴：《刑罚制度的历史阶段演进》，中国政法大学 2006 年博士学位论文。

轻重的标准，犯罪性质越恶劣、社会危害程度越高，则罪责就越重，反之则相对较轻。对罪犯造成的痛苦或伤害是判断刑罚轻重的标准，罪犯感受的痛苦越大或所受伤害越深就表示刑罚越严厉。为了达到刑罚一般预防的效果，让触犯刑事罪名的人受到刑事制裁，就要及时有效地对犯罪人执行刑罚。在这一背景下，量刑的空间不大，犯罪与罪责的设计主要由立法者完成，法官在量刑时按照法定计算即可，量刑更体现为针对犯罪行为评估后的“刑之计算”，对每个个案中犯罪人的情况、犯罪人犯罪的社会责任以及犯罪人如何回归社会并没有考虑。因此，他们主要将“犯罪行为及其后果”作为量刑中主要参考的内容。由于此时定罪与量刑主要参考的是“犯罪人实施的犯罪行为及其后果”，对其他各种量刑情节不予考虑，充分实现了平等观下的“罪刑均衡”，故“罪刑均衡”成为这一时代的刑罚目的，也成为量刑追求的目标。

（三）19 世纪后半叶刑罚目的观之“刑罚个别化与预防犯罪”

19 世纪后半叶，资本主义经济由自由竞争转入垄断时期，社会矛盾加剧，失业、贫困、卖淫、酗酒、颓废等社会问题异常突出，犯罪量急剧上升，累犯、常习犯显著增多，少年犯也呈激增趋势。对犯罪的本质认识由先前的只重视犯罪的社会危害性转变为兼顾行为人的人身危险性。刑罚的理念发展为目的刑，主张刑罚的目的不仅是惩罚犯罪，更要关注防止社会受到犯罪侵害，由此“刑罚个别化逐渐成为主流”。❶

“刑罚个别化”认为刑罚既不是对犯罪行为的事后报复，也不是对其他人的恐吓，而是对那些“潜在犯罪者”采取的预防措施。❷ 该理论认为“潜在犯罪者”的个人整体品性能够反映出其在将来可能对社会产生的危害，同时也是刑罚裁量的依据。所以，刑罚应当适合罪犯的个人整体品性，无论针对任何人采取任何措施❸，都应该考量所采取的措施能否打消该罪犯的犯罪意图或者阻止该罪犯日后犯新罪，以实现预防犯罪的目的。“刑罚个别化”

❶ 房绪兴：《由公正到效益——罪刑均衡到刑罚个别化的价值嬗变》，载《黑龙江省政法管理干部学院学报》2005 年第 2 期。

❷ 郑伟：《重罪轻罪研究》，中国政法大学出版社 1998 年版，第 107 页。

❸ 这既包括强制性措施如判决有期徒刑，也包括非强制性措施，如判决有罪，免予刑事处罚。

的支持者们认为，刑罚更应考虑犯罪行为人的人身危险性以及危险程度，而不是将刑罚与社会危害性进行过多的联系。“刑罚个别化”主要表现在三个方面：一是重惩累犯、惯犯；二是创设缓刑、假释制度；三是创设不定期刑。❶ 可以说，“刑罚个别化”理论的出现，使得刑事司法得到很大的改变，出现了多种刑罚、缓刑制度、不定期刑，这在当时赋予了法官极大的自由裁量权，个案量刑之间的差异也开始出现。

（四）20 世纪中后叶刑罚目的观之“量刑均衡”

现代以来，刑事理论界开始专注刑事犯罪的预防工作，思考犯罪人个人意志以外的因素对犯罪造成的影响，由法官针对“个体差异”，实现对犯罪人个别化矫正的量刑，因此法官被赋予了大幅度的自由裁量权。然而，从 20 世纪 60 年代后半期开始，由于“刑罚个别化”，实践中出现“同案不同判”，以及由于没有统一的标准而导致量刑和行刑的悬殊不均、量刑失衡等问题，各国对于“刑罚个别化”开始反思。以美国为代表的国家在全世界范围内展开了一场废除不定期刑的运动，量刑目的又逐渐转向“量刑均衡”的观念。1975 年，美国联邦矫正局公开承认放弃改造模式，缅因州率先废除不定期刑制度，之后其他国家也在不同程度上限定了不定期刑制度的适用，如丹麦、日本等国。这同时导致法官大幅度的自由裁量权逐渐受到了一定的限制。❷ 从实践来看，主要体现在两个方面。

其一，缓刑、假释的适用更加严格。在“刑罚个别化”主导的时代，适用缓刑、假释的标准并不严格。与此相反，在“量刑规范化”的时代，对缓刑、假释进行了多方面的限制，缓刑只适用于被判处短期自由刑且犯罪轻微的罪犯；对实际执行刑期占被判处刑期一定比例的罪犯才能适用假释。例如，《德国刑法典》规定，缓刑主要适用于被判处 1 年以下自由刑，而且不必行刑也不致再有犯罪行为者和被判处 2 年以下自由刑但具有犯罪及人格的特殊情况者，缓刑考验期不得少于 2 年和超过 5 年❸；意大利相关刑事法律规定，

---

❶ 曲新久：《试论刑罚个别化原则》，载《法学研究》1987 年第 5 期。

❷ 何荣功、段宝平：《不定期刑探讨》，载《中国刑事法杂志》2001 年第 4 期。

❸ ［德］弗兰茨·施特伦：《德国量刑理论的基本问题与最新进展》，陈学勇、罗灿编译，载《人民法院报》2014 年 6 月 6 日，第 8 版。

宣告1年以下徒刑或拘役，或者依法得服1年以下自由刑的罚金者，可宣告缓刑，犯罪者的缓刑考验期为5年，违警罪的缓刑考验期为2年❶；日本刑法规定，被判处无期徒刑和无期禁锢者只有在服刑10年以上时，才可得到假释；在美国，对被处终身监禁者适用假释的前提通常是必须执行监禁10年或5年以上。❷

其二，注重量刑均衡。各国在经历了“刑罚个别化”的浪潮后，充分认识到刑罚的作用不仅仅是个体预防，还应当包含处罚以及体现刑罚的报应观。因此面对社会上量刑不平衡的问题，又开始重新思考对量刑进行规范化。各国开始把罪刑均衡原则和个别化原则结合使用。其中，前者作为基础性原则，后者作为校正性原则。两者均主张在刑法分则中对罪状和法定刑进行确定性规定，依据罪刑均衡原则对不同具体犯罪行为的严重程度进行划分，最终确定量刑的幅度。通过两个原则的结合对法官、假释委员会的自由裁量权进行恰当的限制，促使刑罚的裁量日趋合理。❸

例如，美国通过制定法律来限定量刑。1984年颁布的《量刑改革法》规定，设立联邦量刑委员会，并且严格要求遵守和执行量刑规则。1987年联邦量刑委员会对相关法律条文进行整合、分析和汇总，结合实践中的具体应用执行情况出台了《量刑指南》。该指南的主要目的是将法官自由裁量权限定在合理的范围内，以此来减少量刑不公的情况，保障量刑的合理公平❹。英国自1980年起便着手对量刑制度进行改革。由于法官的自由裁量权很大，以及英国的上诉法院无权对下级法院的量刑执行情况进行审查，所以引发了公众对量刑制度的质疑。❺ 为了解决该状况，英国出台了《1998年犯罪与违反秩序法》，该法明确规定了上诉法院拥有制定和发布量刑指导准则的权利，同时设立量刑咨询委员会，以提出量刑意见的方式为上诉法院出

---

❶ 邱兴隆：《折衷刑的理性反思》，载《法学评论》1999年第3期。

❷ 胡云腾：《死刑通论》，中国政法大学出版社1995年版，第94页。

❸ 参见周少华：《刑法之适应性——刑事法治的实践逻辑》，法律出版社2012年版，第115~119页。

❹ 简乐伟：《量刑的证明对象及证明标准——美国量刑实践的启示》，载《证据科学》2015年第4期。

❺ 彭海青：《英国量刑证明标准模式及理论解析》，载《环球法律评论》2014年第5期。

台量刑指导准则提供参考❶。德国也通过法律对量刑规定进行限制，1999 年 1 月 1 日生效的《德国刑法典》第 46 条规定了量刑的基本原则。❷ 我国也在 21 世纪初期开始探索量刑规范化，我国的量刑规范化的发展及问题将在后文阐述。

法律的发展历史总是在不停地波动发展，为了修正某一问题，立法者总有“矫枉过正”之嫌。法律人也在不停寻求平衡，以期立法能够达到最大效益。实际上，在推行了量刑规范化十余年后，各国又不得不面临量刑均衡带来的问题。任何制度都是一把双刃剑。20 世纪 80 年代，美国率先掀起了量刑改革，通过制定《量刑指南》的形式强制法官适用，直接剥夺了行政上的裁量权，限制了法官的量刑裁量权。这种量刑确定化改革将量刑因素与刑期一一对应，导致重刑倾向和监狱关押犯人的增加。美国学者保罗·罗宾逊提出：一个理想的量刑制度应当具备四个首要目标：刑罚目的实现、相似案件相似处理、可操作性、对持续性完善的促进。❸ 在《理想的量刑制度》一文中，保罗·罗宾逊给我们描绘出量刑的理想化形态：“一个现代的、有原则的和可操作的量刑制度，应当明确首要的目标和必要的起草原则，还应当构建一个可向理想型制度转换的可操作制度，并鼓励这个制度保持其应用的内在一致性以及能不断改良的能力。”❹ 2005 年 1 月，联邦最高法院宣布《量刑指南》不再作为强制性的法律规则，法官可以选择适用。

综上所述，刑罚目的同所有的“目的”一样，体现了人的主观价值追求。在王权社会，经济上对社会公共秩序投入有限，刑罚更注重“严刑峻

---

❶ 参见李洁：《罪与刑立法规定模式》，北京大学出版社 2008 年版，第 160 ~ 162 页。

❷ 《德国刑法典》第 46 条规定：“（1）行为人的责任是量定刑罚的基础。必须考虑刑罚对行为人在社会中对未来生活的期望所发生的作用。（2）在量刑时法院要对照考虑对行为人有利和不利的情况。此时要特别考虑行为人的动机和目的、由行为所表明的感情和在行为时所使用的转引意志、违反义务的程度、行为实施的形式和所造成的效果、行为人以前的经历、其人和经济的关系以及行为之后的活动，特别是其补偿损害的努力及行为人实现与被害人和解的努力。（3）已经是法律的构成要件的标志的情况，不允许加以考虑。”参见黎宏：《刑法学》，法律出版社 2012 年版，第 415 ~ 416 页。

❸ ［美］保罗·H. 罗宾逊：《理想的量刑制度》，王志远、柳冠名译，载《辽宁大学学报（哲学社会科学版）》2012 年第 4 期。

❹ ［美］保罗·H. 罗宾逊：《理想的量刑制度》，王志远、柳冠名译，载《辽宁大学学报（哲学社会科学版）》2012 年第 4 期。

法”以震慑与惩罚犯罪，维护社会秩序。进入18世纪后，随着世界资本主义发展，自由、平等观念深入人心，刑罚更体现为“罪刑法定”与“公正量刑”。由于严格执行“罪刑法定”，罪刑均衡也因此产生。进入19世纪后，严格的“罪刑法定”实现了绝对的罪刑均衡下的“同案同判”，这看似公正，但是忽略了犯罪人个体差异。为了改造犯罪与预防犯罪人重新犯罪，量刑目的又转向为“刑罚个别化”，由此法官的自由裁量权也得到了一定程度的扩展，成为这一时期刑事量刑的特色。在不同的时代背景下，人类社会主观价值追求不同，这也导致刑罚目的有不同的内涵，并且随着社会的发展而不断调整。因此研究刑罚目的就必须结合相应的社会背景，我国量刑制度的设计与实践也必须结合我国的实际情况，对此将在下文予以论述。

二、当今我国的刑罚目的与量刑规范化

（一）《中华人民共和国刑法》规定的刑罚目的

我国刑法体系是改革开放后逐渐建立起来的，其中吸收了很多“现代刑法”的理念。从某种意义上讲，刑罚的根本目的是保护各种法益，这一目的实际上也是刑法的全部目的，刑法所规定的全部制度以及措施都是为了实现这一目的。[1] 因此，通过研究刑法的相关规定，也能体现我国刑罚的目的。随着我国刑法的“现代化”，我国刑罚的目的与原则也在很大程度上实现了“与世界接轨”，这一点在立法上体现得非常明显。《中华人民共和国刑法》（以下简称《刑法》）（2021年修正版）第1条即规定《刑法》的任务是“惩罚犯罪，保护人民”；第3条规定了“罪刑法定”的理念[2]；第4条规定体现了“法律面前人人平等”的理念[3]；第5条规定体现了“罪责刑相适应”原则[4]。这些刑罚的原则与世界通行的“罪刑法定”的主流观念是吻合的。不

[1] 郭理蓉：《刑罚基本问题理论研究六十年》，载《山东警察学院学报》2009年第5期。

[2] 《刑法》（2021年修正版）第3条规定：“法律明文规定为犯罪行为的，依照法律定罪处刑；法律没有明文规定为犯罪行为的，不得定罪处刑。”

[3] 《刑法》（2021年修正版）第4条规定：“对任何人犯罪，在适用法律上一律平等。不允许任何人有超越法律的特权。”

[4] 《刑法》（2021年修正版）第5条规定：“刑罚的轻重，应当与犯罪分子所犯罪行和承担的刑事责任相适应。”

仅如此，我国刑法规定的犯罪都是相对不定期刑，并且大多数犯罪都被规定了一个或者多个量刑幅度，此外我国还规定了多种法定量刑情节等（如自首、立功等）。上述论述表明在既要对犯罪人进行报应又要体现恢复性司法的时代背景下，刑罚目的同样也符合了特殊预防的需要，与“刑罚个别化”的观点不谋而合。可以说刑法规定中体现出的刑罚目的是有机的整体，全面体现了当代刑法的理念。

（二）刑罚目的保障量刑公正目标的实现

在不同国家或同一国家的不同时期，尽管刑罚目的的内容会在报应论、预防论和综合论之间不停地变换着身姿，但作为国家创制、适用和执行刑罚所期望达到的客观效果，“刑罚目的在刑罚论中起着核心的作用”的定论，却在学术界始终没有动摇过。[1] 虽然刑罚目的不是一个成文的刑法规范，但是无论在理论界还是实务界，它都是刑法适用的基石，是公权力惩罚犯罪的正当性依据，规范和指导定罪与量刑行为，这一关键地位毋庸置疑。

量刑作为实现刑罚正义的关键环节，不仅是将制刑、定罪与行刑三环节连为一体的最关键环节，更是国家实现刑罚目的的基础和主要手段，可以说是刑罚的缩影。根据犯罪行为的社会危害性和行为人的人身危险性对被告人适用刑罚的量刑活动过程中，刑罚目的观念蕴含其中，成为量刑的本质，甚至可以说，刑罚目的就是量刑目的。刑罚目的将其报应和预防犯罪的全部追求纳入定罪与量刑之中。其中，量刑是在定罪之后，依据犯罪行为的社会危害性与犯罪人的人身危险性等，对犯罪人施以刑罚，如此将刑罚的报应和预防功能统一实现，并纳入公正的平台。在量刑过程中，法官面对的案件错综复杂，会在刑种和刑期的使用上进行选择，但无论怎样选择，总是要以刑罚目的为遵循，要实现刑罚的预防和报应功能。刑罚目的越是被法官清晰地认识，越是被法官自觉地实践，量刑就越是能实现刑罚目的，越能实现量刑公正。[2] 与此同时，刑罚目的对量刑还具有一系列的反作用，如若量刑背离刑

---

[1] 参见齐文远主编：《刑法学》，法律出版社 1999 年版，第 267 页。

[2] 徐玉、李瑞生：《量刑问题研究》，载《山东审判：山东法官培训学院学报》2004 年第 3 期。

罚目的，就会使量刑成为虚假判断的幽灵而牺牲掉刑罚正义，并最终牺牲掉实现刑罚目的的理想的正义。❶ 由此可知，量刑以刑罚目的为依循和中心，才能使得量刑实现公正的价值目标。

从量刑公正的内涵可知，量刑公正中的实质公正是指被告人量刑结果所受的刑事处罚与其行为的社会危害性和人身危险性相匹配，体现了“罪责刑相适应”和“刑罚个别化”的刑罚目的。而量刑公正中的形式公正表现为量刑结果能够为当事人所预测，基本事实及量刑情节大致相似的案件，其被告人所受的刑罚不应存在过大差异，如此才能符合公正的要求，体现量刑均衡的刑罚目的。所以说，量刑公正是刑罚目的在量刑环节的集中体现，而刑罚目的的贯彻实施更是量刑公正价值目标实现的坚实保障。从社会大众对刑罚公正的评价标准来看，他们对刑罚目的的认知往往来源于对量刑结果以及对类似案件至今量刑结果是否存在差异的评判。针对本书讨论的“量刑公正实现”这一论域来看，量刑公正不仅是一个实现刑罚目的的问题，更是一个量刑结果的社会认同问题。追求量刑公正，实际上主要是一个刑罚目的的实现过程，而这种实现又依赖于民众对具体个案量刑结果的认同。❷ 人们判断量刑结果正义与否，总是从它和刑罚目的之间的关联中得出结论。轰动一时的“许霆案”，一审判决之后，公众认为量刑过重，认为许霆的犯罪行为与无期徒刑的判决结果不相适应，不符合民众朴素的刑罚目的观。所以，量刑符合刑罚目的也使刑罚的最终结果被公众认可的概率提升。

第三节　量刑原则与量刑规范化

量刑原则是指人民法院在法定刑的范围内，决定对犯罪分子是否适用刑罚或者处罚轻重的指导思想和准则。❸ 从理论上讲，量刑原则围绕量刑目的

---

❶ 姜涛：《量刑公正与刑法目的解释》，载《法学家》2012 年第 4 期。

❷ 刘晴：《量刑公正与刑法目的解释》，载《法制博览》2018 年第 29 期。

❸ 陈兴良：《陈兴良刑法学教科书之规范刑法学》，中国政法大学出版社 2003 年版，第 223 页。

而制定，是量刑目的具体化的表现，是其他量刑规则制定的基础。因此研究量刑与量刑规范化必须考虑量刑原则。

一、量刑原则的内涵

量刑原则同其他法律原则相比有共性也有其特性。量刑原则应当是指导法官在准确定罪的基础上，全面衡量影响量刑的诸多情节，综合考虑个罪的公平与类罪的平衡，为个案找到合适的刑种和刑量的行为准则。关于量刑原则，学术界探讨不多，主要以刑法的原则或者是刑罚的原则为量刑的原则或者加以变形。目前刑法学界对于量刑原则的讨论主要体现在以下几个方面。

高铭暄认为，“量刑必须以犯罪事实为根据，以刑事法律为准绳”。[1] 这既是司法实践中对量刑经验与方法的科学提炼，又是“以事实为根据，以法律为准绳”这一刑法原则在量刑工作上的体现。该观点被我国学术界广泛采纳，目前处于通说地位。曲新久认为，量刑应当兼顾刑罚的“罪刑相适应原则与刑罚个别化原则的双重目的”[2]，即在量刑原则上要兼顾普适性与个案的公正性。这两项原则也是现代量刑目的所包含的内容。苏惠渔提出了“量刑的公正性原则和量刑的合理性原则”[3]，该提法从量刑的质和量两个维度来指导量刑。陈兴良提出了“报应原则与预防原则”[4]。还有些学者认为量刑的原则应包含更多的内容，如周振想提出的罪刑相适应原则、刑罚个别化原则、刑罚法定原则[5]；顾肖荣提出的依法量刑原则、责任原则、从刑事政策出发原则[6]；樊凤林提出的罪（量）刑均衡原则、刑罚个别化原则、依法量刑原则等[7]。

上述学说合并同类项后可以归纳为六项主要内容，即量刑原则包括：①以

---

[1] 高铭暄、马克昌主编：《刑法学》（第七版），北京大学出版社2016年版，第30页。

[2] 曲新久：《试论刑罚个别化原则》，载《法学研究》1987年第5期。

[3] 苏惠渔、张国全、史建三：《量刑与电脑——量刑公正合理应用论》，百家出版社1989年版，第56页。

[4] 参见陈兴良：《刑法哲学》，中国政法大学出版社1992年版，第117页。

[5] 参见周振想：《刑罚适用论》，法律出版社1990年版，第95页。

[6] 参见顾肖荣、吕继贵主编：《量刑的原理与操作》，上海社会科学院出版社1991年版，第11页。

[7] 参见樊凤林主编：《刑罚通论》，中国政法大学出版社1994年版，第379页。

犯罪事实为依据，以刑事法律为准绳原则；②刑罚法定原则；③罪刑相适应原则；④刑罚个别化原则；⑤量刑均衡原则。但是其中有些量刑原则实为刑法的原则或者变形，如“罪刑法定原则”“罪刑相适应原则”“罪刑均衡原则”“以犯罪事实为依据，以刑事法律为准绳”等，这些原则是刑事司法活动中普适的原则，贯穿于整个刑事司法活动之中，再在量刑原则中提出，似无必要。本书认为，量刑的原则应当体现刑罚目的的精神、符合量刑的特性、贴近量刑实践的要求。以此为标准，排除部分刑法通用的原则，本书认为，罪责刑相适应原则、刑罚个别化原则、量刑均衡原则这三个原则与量刑的特点结合得最为密切，应当作为量刑的原则。对于采用的原因分析，将结合《量刑指导意见》（2021 年版）确定的量刑原则，在下文进行详述。

二、量刑原则的确立标准

量刑原则对整个量刑活动具有主导性作用，对量刑方式存在制约，对审判人员量刑时所持的主观倾向存在重大影响，对量刑发展方向起到规制作用，是量刑获得正确推进的保障。因此，量刑原则在功能上，与其说是在具体指导量刑活动，不如说是在主导量刑方向和弥补量刑具体规定的漏洞及不足。量刑时若遇到立法的明确性不足或适用某个规定明显不合理的情况，就应当从量刑原则上寻求解决问题的方向甚至方案。例如，“许霆案”其行为属于“盗窃金融机构，数额特别巨大”，应在“无期徒刑或者死刑”的法定刑幅度内量刑，判处“无期徒刑”这个法定最低刑仍明显不合理，即与罪责刑明显不相适应时，就应当根据罪责刑相适应原则，适用刑法总则关于免除刑事处罚或酌定减轻处罚的规定，酌定免除处罚或酌定减轻处罚，以实现量刑合法与量刑合理的统一。

为对我国量刑原则所涉及的内容加以明确，第一步便是要对我国刑事司法领域量刑原则的确立标准予以明确。依照笔者的观点，在对量刑原则加以选取时，应当综合考虑三方面要件。首先，量刑原则应当具有专属性。也就是说，这一系列原则的存在就是为指导量刑服务的，其独立于刑法的订立、定罪以及刑罚的执行。详细来说，这些原则专门用于在司法实践中指导法官在个案中采用什么样的刑罚对行为人进行惩处，同时对刑罚所遵循的具体原则加以指导。这些原则并非贯穿于整个刑事司法活动的普适性原则。其次，量刑原则一定要对实践具有指导意义。量刑活动以量刑原则为准绳，其指导实践中量刑活动的进行。与此同时，量刑原则也是推动刑罚目的得以实现所应当恪守的规范和准则。这就将量刑原则同刑事立法中所设置的其他原则区别开来。刑法中所设置的部分原则没有专门针对某一个环节，不涉及刑罚裁量的相关内容，故而将之纳入量刑原则是不妥贴的。量刑的根据或者说是量刑所遵循的标准，因为主要用来判断犯罪行为实施人所获得刑罚的合理性，其较为具象，故作为量刑原则同样不甚合理。最后，量刑原则必须满足一致性这一条件。也就是说，量刑原则应同刑罚的基本原则或者刑事立法的基本理论相统一。刑罚的基本原则不仅为刑事活动的所有环节提供了指导，同时也是量刑原则订立的重要基础。故而，量刑原则应当在实质精神层面同刑法的基本原则相统一。[1] 理所当然的是，量刑原则并非将刑法基本原则原封不动地照搬照抄，而是通过指导量刑活动这一方式彰显刑法的基本原则或原理。

第四节　法官自由裁量权与量刑规范化

在量刑理论中有一个重要的内容，就是关于法官的自由裁量权的限度。量刑规范化使得量刑与法官自由裁量权的关系更为密切起来，越是对量刑的严格规范，就越是涉及法官自由裁量权的约束。如何平衡二者的关系是一个历久弥新的问题，在我国目前仍然有探讨的必要。

一、自由裁量权的价值体现

法官自由裁量权是指法官在诉讼过程中，根据法律所授予的权限，在立法空白或是立法模糊的状况下，要确保具体个案达到实体公正的效果，应当从法律的基本原理以及基本精神出发，根据案件本身情况，结合法官经验进

[1] 参见马克昌主编：《中国刑事政策学》，武汉大学出版社 1992 年版，第 82 ~ 83 页。

行自由裁量，进而给出公平公正的审判结果的权力。[1] 法官自由裁量权对于司法审判工作至关重要。

（一）弥补法律规定的共性缺陷

法律具有滞后性、普遍性以及概括性等特征。这就导致在一些情况下立法无法应对社会实践中涌现出的新情况、新问题。司法机关制定并推出的司法解释有助于拉近法律法规同社会实践的差距，且法官所拥有的自由裁量权有助于弥补法律缺陷和漏洞。通过应用法律，能推动社会矛盾和纠纷的处理和解决，自由裁量权的行使，能帮助法律更好地解决现实问题，在有效解决法律滞后性问题的同时弥补法律规范的漏洞，使法律在司法实践中的适用更加灵活。

（二）实现普遍正义与个案正义的平衡

法包含了多重价值，如自由、正义，等等。在法的价值发生矛盾和冲突的情况下，应当权衡价值的利弊并作出取舍。一般来说，对于法条中明确规定“应当”去做的，审判人员应恪守相关规定，进而促使法律有序、高效运行；倘若对法律规则加以适用会导致某些具体个案出现显失公平的情况，那么可以通过审判人员自由裁量权的行使，将不公平向公平进行引导。法官在对自由裁量权加以行使时应对多方利益进行考量，最终目的是达到实质正义。故而在部分特殊案件中，个案正义同样至关重要。就像比利时著名法学研究者佩雷尔曼所指出的，对所有人而言，正义一般情况下代表着某种形式的平等。从中能够归纳总结出一个形式主义的概念，大致而言，便是要采用相同的方式对待所有人，这便是正义。[2] 刑事审判的过程中，刑法规则往往需要在不同个案中加以适用，而每个案件都有自身的特殊性。倘若没有充分将案件事实考虑进去，只是单纯地对刑法规则加以适用，那么最终法官给出的判决结果往往同民众的期盼相背离。唯有法官在处理此类案件的过程中灵活行使自由裁量权，切实调节好法律价值之间出现的矛盾和冲突，进而推动个体正义的实现，才能同样达到实质正义的效果。

---

[1] 陈兴良主编：《刑事司法研究》，中国方正出版社2000年版，第443页。

[2] 赵廷光：《中国量刑改革之路》，武汉大学出版社2014年版，第56页。

在社会变革速度不断加快的背景下，为了应对由于法律滞后而无法解决新情况新问题层出不穷的不良局面，应当由法官掌握权力范围较大的自由裁量权。特别是对一些受社会发展影响较大的涉及定罪量刑的法律条款，在对之进行规定时应当更加灵活，尽可能规避硬性规定，再通过由法官掌握更加灵活的自由裁量权，以适应高速发展的社会。当然，事物都有两面性。权力行使同样是一把双刃剑，放宽法官自由裁量权可能引发权力的滥用。对此，研究者们表示，应当对法官可行使的自由裁量权加以限制，以此确保量刑更加规范。然而无论是对法官可享有的自由裁量权加以扩张还是对其进行限制，法官的自由裁量权均不容小觑，其有着重要的价值和意义，不仅有助于弥补立法的缺陷和不足，而且有利于实质正义的实现。故而，我们应当将关注的重心放在如何控制法官的自由裁量权上，而不是探讨该项权利是否有存在的必要。

二、量刑自由裁量权的边界

从量刑自由裁量权的演变历史来看，在严格遵守规则与自由裁量之间，永远都有张力：裁量权过大，会导致司法权侵害立法权并可能侵害公众的权利；裁量权过小，又可能导致司法机关的能动作用得不到充分发挥，导致司法的僵硬和程式化。[1] 因此，量刑自由裁量权的存在不容质疑，需要讨论的问题是如何对该权力进行合理限制。那么真正有价值的问题是，何种类“自由”，才是真正的“自由”。本书认为应当从以下几个方面进行自由裁量权的约束。

（一）实体法规则的限制

作为司法裁判者，法官的首要职责是“有法必依”，这既是罪刑法定原则的基本内涵，也是刑事领域法治的基本要求。也就是说，法官在量刑时必须依法进行，在现行法律体系中寻找量刑依据，在成文法规定的范围和框架内，或在法律原则的指引下，行使自由裁量权。当现行法律规范出现缺漏时，法官应当将法律中已有的原则和规则中所蕴含的法律精神作为基础，对裁判所需的新规则进行创设，尽可能确保这项规则同现有法律精神协调一致。简

[1] 李洁：《不同罪刑阶段罪与刑设定模式研究》，载《中国法学》2002 年第 3 期。

单来说，对自由裁量权有效行使，应从三个方面来体现。第一，当法律仅仅在原则层面赋予审判者自由裁量权时，审判者应该根据立法的精神、原则，同时以确保法律体系和谐统一为遵循，根据具体案件情况作出判决。第二，针对立法中已经明确的对法官所享有的自由裁量权加以规制的情况，法官在对具体个案作出处理时，其给出的判断以及解释应当同法律目的、价值以及体系相符。例如，在对以“情节严重”为代表的各种名词作出解释并在个案中适用时，应当结合相应的法律规定，而不是根据自身的认识随意给出解释。第三，若法律规定出现空白，法官的自由裁量权则必须在国家政策、法律原则和法治精神的指引下有序运作。总而言之，法官在对自由裁量权加以行使时，应当同立法所明确的适用范围、条件相符。

（二）常理及逻辑规则的限制

通常而言，法官要对案件给出判决，必须遵循两项法则：一是论理法则，二是经验法则。法官行使自由裁量权时，除了针对一些社会新问题、制定法律空白、个案情况特殊等情况下，往往需要结合社会主流价值观念、经验法则、理论基础进行评估、分析进行逻辑判断，进而裁量。因此，自由裁量权也是建立在常理与逻辑规则之下的，应该充分考虑广大民众对自由裁量，特别是审判结果的认同程度，考虑基于自由裁量所得到的审判结果是否符合公序良俗原则。即法律对证据是否具有证明力、具有什么样程度的证明力都需要由审判人员在自身的职权范围内进行自由裁量，但是审判人员在进行判断的过程中依旧需要遵循论理以及经验两项法则。如果没有遵循，其给出的证明力判断则无法视为合法有效的。[1] 为此，从法官这个角度来说，其在行使量刑自由裁量权时，应遵循常理及逻辑规则，站在公平正义这个角度，对社会公共政策、主流价值观、经济发展情况、公众认同等各方面因素予以全面考量，分析研究犯罪行为所具有的性质、情节以及后果，尽可能达到利益平衡的效果，使量刑结果同社会所认同的主流价值观相一致，同时也不会侵害到公共利益，同法理、情理相符。

---

[1] 孔雷霞：《自由心证原则的历史沿革和现实意义》，载《理论界》2005 年第 11 期。

（三）法官心证的限制

法官的自由裁量权的实现，是法官充分行使心证的过程。在现代“自由心证”原则[1]下，所谓的“自由”，只是相对的自由，在某种程度上是相对于法定证据制度中立法对证据证明力所具有的规范和制约来说的。法官应就量刑决定给出相应的解释，不仅应该把相应的证据清单罗列出来，而且应该对所有证据进行必要的解释说明；也就是说，法官要对其采用的量刑起点、基准刑、量刑情节等影响量刑的因素进行阐述说明。因此，法官行使量刑自由裁量权时，应该对自由裁量整个过程中所牵涉的方式方法、具体环节以及结果等一系列内容依法进行公开，同时应该在审判的法律文书中写清自由裁量权在行使中是如何对个案的具体情节、内容进行考量的，接受社会的评价和监督。

（四）程序法规则的限制

规范的程序是量刑公正的重要保障，在法官刑罚裁量过程中，法律程序同样发挥着这一功能。量刑必须严格依照程序法的规定进行，通过设置相对独立的量刑程序，使量刑程序公开与透明，让刑事诉讼中的各方参与人能够有效参与到刑事诉讼中来，充分行使法律赋予的相应权利，使得控诉方与辩护方之间能够形成平等对抗的关系，充分辩论量刑问题，使得量刑更加趋向公正。审判者在审理过程中也必须受到量刑程序法律方面的规范，如法官应该履行程序法的规定，保障控辩双方的诉讼权利；对量刑情节的认定与刑期的增减，应该充分结合控辩双方争议的焦点，形成心证并在判决中予以论证并回应；不得违反程序滥用自由裁量权而任意裁量案件等。制定科学的程序法是量刑公正的前提与保障，具有极为重要的意义。[2]

---

[1] 我国学者一般将“自由心证”理解为：对证据是否有证明力以及证明力的大小，法律不预先做出规定，而由法官根据内心确信去自由判断证据，从而认定案件事实。所谓“自由”，是指法官根据“良心”“理性”判断证据，不受任何其他的限制和约束。参见汪海燕、胡常龙：《自由心证新理念探析——走出对自由心证传统认识的误区》，载《法学研究》2001 年第 5 期。

[2] 量刑程序法的理论研究具有其程序法的特点。本书受篇幅以及选题所限，对于量刑程序方面的理论与实践不做过多探讨。

第五节　小结

本章主要论述量刑的相应理论问题，为后文的研究作理论支撑。本章首先研究了量刑规范化的内涵和本质，明确量刑是“刑之裁量”而非简单的“刑之量化”，量刑规范化改革要实现量刑公正的价值目标，就需要符合量刑的本质属性，使得量刑原则、目的、方法、情节之间形成一个有机的规范体系，量刑原则、方法和情节都用服务于量刑公正这一价值目标。其次，论述了刑罚目的与量刑规范化的关系。本书认为在不同时代背景下，刑罚目的的内涵也有所不同。我国当今的刑罚目的反映在量刑这一环节时，不再仅以“同案同判”为公正，应当开始关注“量刑均衡”与“刑罚个别化”的平衡与统一。再次，论述了量刑原则与量刑规范化的关系。量刑原则作为统领量刑方法和情节等量刑规则的上位概念，其应反映量刑行为有别于其他刑事司法活动的独有特性。最后，论述了自由裁量权与量刑规范化的关系。自由裁量权有其存在的必然价值，与量刑规范化并不矛盾，量刑规范化不应排斥自由裁量权。应该给予法官必要的自由裁量权来回应个案的复杂性与多样性。

第三章

我国量刑规范化的改革进路

如果说量刑规范化的基本理论有助于量刑规范化改革的有序推进，并在其中扮演指路明灯的重要作用，那么《量刑指导意见》便是将量刑规范化的相关理论具体落在纸上，并应用在实践中。《量刑指导意见》明确了量刑规范化的价值目标、量刑原则、量刑方法、量刑情节、法官自由裁量权等一系列重要内容，是我国量刑规范化改革中最直接的外在表现形态。本章将重点论述我国量刑规范化改革的进程，在阐述改革进程的基础上分析其在理论、立法以及司法层面上存在的问题。

第一节　量刑目标的改革

一、我国推行"量刑规范化"的预设目标

我国在 2008 年开始尝试量刑规范化改革。之所以改革，一方面是因为受到世界刑罚目的理论发展的影响；另一方面是因为实施"刑罚个别化"，在我国引发了实践中有关量刑不均衡、量刑不公的思考，特别是社会针对一些个案的热炒与质疑，导致舆论认为法官拥有自由裁量权会造成"权力寻租"会给司法系统造成不良影响。这推动我国法院开始了一项自下而上实验，又自上而下推进"量刑规范化"的改革活动。故《人民法院量刑指导意见（试行)》（2008 年版）在阐述立法目的时即明确指出，制定该《意见》是"为

进一步规范量刑活动，贯彻落实宽严相济的刑事政策，增强量刑的公开性，确保量刑均衡，维护司法公正”为目的，其中重点强调了量刑均衡，即同案同判这一目标。虽然《人民法院量刑指导意见》（2013 年版）之后对于制定目的进行了调整，表述为“增强量刑的公开性，实现量刑公正”，但是从具体规则的设计来看，依然围绕“量刑均衡”与实现同案同判展开。

（一）构建完备的量刑程序体系

在 21 世纪初期，我国并未对量刑程序予以具体规制，这就引发了定罪程序同量刑程序两者之间的混淆，或是把定罪程序直接视为量刑程序的前提和基础。这表现为在法庭对案件事实进行调查时，不会对定罪证据同量刑证据加以区分。两者不加区分的结果便是所有证据统统拿到法庭上接受原被告双方的质询；在辩论阶段，控辩双方会根据这些提交的证据作出不加区分的综合辩论；在合议阶段，评议内容不仅涵盖了如何对被告人加以定罪，同时也涉及量刑的相关内容；在审判文书中，虽然说理部分在表面上将定罪与量刑分离开来，但在实质上并未对量刑说理进行专门的阐释。由此量刑程序体系需要予以完善。

（二）为法官提供科学的量刑方法

量刑直接对被告人人身自由进行限制甚至可以剥夺被告人的生命。由于其惩罚非常严厉，因此在量刑过程中必须严格依法进行，确保司法公正获得实现。我国传统的“估堆”量刑方法并没有分出轻重缓急，容易造成“眉毛胡子一把抓”的局面。在“估堆”量刑模式下，法官办案完全依靠经验，不需要也无法对量刑说理进行充分详细的解释与论述，仅进行法条堆砌和简单计算之后便得出量刑结果。这致使许多被告人不明白、不理解量刑结果的形成过程，增加了量刑结果的不可预期性。究其原因，是因为“估堆”量刑方法赋予了法官极大的自由裁量权。同时，缺乏法律的明确指引与约束，这便导致量刑主要依靠法官个人的法律素养和审判经验进行估量，结果出现了大量“同案”但裁判结果相差甚远的情况，对保障量刑裁判公正极为不利。因此，有效规避传统量刑方法所存在的不足，探寻科学量刑方法，是量刑规范化改革追求的重要价值目标。

（三）减少量刑“失衡”现象的发生

量刑失衡即量刑偏差，是指在同一时空条件下，对性质相同、情节相当的犯罪，在适用相同法律时，刑罚裁量相差悬殊的现象。[1] 在量刑规范化改革前，我国存在比较严重的量刑失衡问题。量刑失衡在司法实践中主要表现为，不同审级、地区的法院无论是在不同还是在相同的时期、无论法官相同与否，对相似案件的判决均出现了明显的差异。[2] 量刑规范化改革要实现公正的价值目标，首先应保证形式公正，即量刑均衡。量刑均衡要求法官面对相同的、相类似的案件情节，应当适用相同的量刑标准，实现类似案件类似处理。[3] 而实质公正，即量刑适当，是公正审判的更深层次的要求，可使被告人所受刑事处罚与其行为的该当性相适应。实现量刑规范化，实际上是对法官的审判经验进行总结与升华，在这基础上得出一套具有很强科学性、操作性、实用性的量刑规则，它将法官的自由裁量权限制到合理范围内，并且使被告人清楚明白得出量刑结果的思维过程和计算方法。除此之外，统一的量刑规则还有利于减少部分法官的“肆意”裁判，进而保障量刑结果的正确性，让社会公众感受到司法的进步与公正。

（四）提升公众对量刑的满意度

控辩双方及群众对量刑结果的认同是保证司法权威的重要手段。进行量刑规范化改革，对提升民众认可刑事审判结果极为有利，这也是构建和谐法治社会的重要内容。想要实现这个目标，在量刑时，除了体现合法性之外，还需确保量刑的有效性，从这个角度来说，量刑规范化不仅重要且极有必要。只有在规范化的量刑制度指引下，以相对统一的量刑规则为依据，才能有效减少公众对量刑结果的质疑。这样才能增进民众对刑事司法的认同，实现量刑公正，维护社会公平正义。[4]

二、量刑公正目标的确立

从刑罚目的出发，量刑改革初期我国司法界将刑罚目的全部聚焦在“量

---

[1] 龙光伟：《论量刑失衡及其对策》，载《吉林大学社会科学学报》2003 年第 2 期。

[2] 蔡曦蕾：《量刑失衡归因论》，载《法制与社会发展》2015 年第 1 期。

[3] 曹利民、郑馨智：《对量刑均衡的一些思考》，载《法学杂志》2009 年第 11 期。

[4] 周军：《量刑均衡问题研究》，载《法制与社会》2012 年第 14 期。

刑均衡”上，即最大限度地实现“同案同判”。但是该改革目标基调的确定，在理论界与实务界均产生了诸多争议。最为主要的质疑是，如果改革的目标仅仅是绝对的“量刑均衡”，是否又回到了以前纯粹的仅仅以犯罪行为与后果为量刑根据，而忽略了犯罪人的个体差异、每个个案犯罪人犯罪的原因、犯罪人改造以及未来的回归社会的情况？刑罚目的是量刑活动的出发点和归宿，其指引量刑活动的方方面面，所以需要审慎对待。在刑罚目的融入多种价值目标的情况下，立法者往往会突出其中的某一个价值，但是量刑其他的价值也不容忽略，应当寻求一种“平衡”。❶

最高人民法院推行了以量刑均衡为目标的量刑规范化改革并以此为指引制定了一系列《量刑指导意见》，有效减少了量刑偏差现象，防止了因人情、关系以及法官自身专业素质问题而导致的刑事司法腐败现象的发生，提升了刑事审判工作的权威性和公众信任度。但是，量刑规范化改革也带来了一定弊端，刑期被立法者以法律的形式固定下来，该模式追求极度稳定的刑罚，要求量刑与被告人的罪责相对应，法官只能机械量刑，不能回应未被纳入《量刑指导意见》中的其他情节，形成了一些个案看似“公平”却实质不公平的现状。如“许某案”、于某“辱母”杀人案等案件，在严格依法作出判决后，均引起了很大的社会反响。最终法院不得不考虑案件的特殊情况，即道德、人之常情等这些不是法律明确规定的情节，在舆论与公众的关注下，最终改判。

由此，最高人民法院对于量刑目的也在进行反思。《量刑指导意见》（2014 年版）重新修订了量刑目的，将量刑目的由“量刑均衡”改为“公开、公正”。在《量刑指导意见》（2017 年版）和《量刑指导意见》（2021 年版）中，“公开、公正”的目的都予以保留。表 3 – 1 展现了 2010 年版、2014 年版、2017 年版、2021 年版四个版本《量刑指导意见》对量刑目的的不同规定，以此来反映我国量刑规范化改革进程中所追求目的的变化，展示最高人民法院在确定量刑规范化目的过程中进行多种价值的尝试与平衡，最终回到公正的轨道的历程。

---

❶ 汤建国主编：《量刑均衡方法》，人民法院出版社 2005 年版，第 100 页。

表 3－1 四版《量刑指导意见》确定的量刑规范化价值目标

版本	2010 年版	2014 年版	2017 年版	2021 年版
不同版本《量刑指导意见》确定的立法目的	为进一步规范刑罚裁量权，贯彻落实宽严相济的刑事政策，增强量刑的公开性，实现量刑均衡，维护司法公正。	为进一步规范刑罚裁量权，落实宽严相济刑事政策，增强量刑的公开性，实现量刑公正。	进一步规范刑罚裁量权，落实宽严相济刑事政策，增强量刑的公开性，实现量刑公正。	为进一步规范量刑活动，落实宽严相济刑事政策和认罪认罚从宽制度，增强量刑公开性，实现量刑公正。

刑罚目的背后包含了多种价值观念，如公正、惩罚、报应、预防、震慑等，但是从历史发展的角度审视，不同的历史时期，刑罚目的往往也随之发生变化。[1] 因此我国量刑目的的确立应当深入考虑刑罚目的的发展规律，凸显这一时期国家所处的社会背景特点，同时也要注意社会对于刑罚目的所包含的多元价值观念的需求，要注意多元价值观念的平衡以回应社会的需求。[2] 即便当今我们对量刑规范化制度进行构建，也要结合我国的社会背景与刑罚目的。当前我国刑罚目的的主要内容应该是，一方面要注重量刑均衡，另一方面要兼顾刑罚个别化的需要，实现二者的平衡。

第二节 量刑方法的改革

一、传统“估堆”量刑方法的弊端

在量刑规范化改革试点开展以前的30年间，我国刑事司法界一直沿用经验式的量刑方法，俗称“估堆”量刑方法。该方法以定性分析法为内核，是指法官在不严格区分定罪情节和量刑情节的情况下，凭个人的刑罚价值取向、笼统认识和审判经验，在法定刑限度以内或者以下对犯罪人任

[1] 参见白云飞：《论量刑公正》，载《中国刑事法杂志》2010 年第 2 期。

[2] 徐久生：《刑罚目的及其实现》，中国政法大学 2009 年博士学位论文。

意裁量刑罚。❶ 随着量刑规范化改革的展开，该量刑方法受到理论界和实务界的广泛关注，其弊端被一一列举。

从“估堆”量刑方法的具体操作程序❷来看，量刑结果的得出在很大程度上凭借的是法官的经验和自身价值判断，没有统一的标准，因此其存在合理性受到学术界和实务界的质疑，在量刑改革初期曾被认为是一种无法实现量刑公正的方法而被摒弃。学界普遍认为“估堆”量刑方法存在以下三个方面的弊端。

（一）量刑标准不统一

从决策学角度来看，“估堆”量刑方法是一种经验决策，侧重于经验判断而忽视理性决策，侧重于定性分析而忽视定量分析。❸ 这就意味着审判决策正确与否和刑事法官的经验素质密切相关，法官的知识是否渊博、经验是否丰富、洞察力强弱以及对待案件的态度、是否敢于承担风险等，都是法官能否正确判决的必要条件。一致的经验是认识正义的基础，认可这种主张并不困难，难处在于实际获得一种广泛一致的经验。❹ 每个法官个人经验和知识的差异都很可能会导致类似的案件量刑结果千差万别，对于具有相同量刑情节或相似犯罪事实的案件，有时法官给出的量刑结果可能相差悬殊，部分法官仅适用法定量刑情节，无视酌定量刑情节，忽视刑罚个别化，从而出现了量刑失衡现象。实证研究表明，自己获得的结果与其他人获得的结果是否一致，往往与他们是否满意案件的处理结果有直接关系。❺ 因此，在“估堆”量刑方法适用时期，人们对量刑结果的满意度并不高，不认为这种量刑方法会带来量刑公正。无法形成一致的经验，便意味着无法形成统一的量刑标准；没有统一的量刑标准，量刑公正也就无从谈起。在过去的30年间，相似情节不同量刑结果的现象突出，在公众和当事人眼里这就是“同案不同判”，因

❶ 赵廷光：《量刑公正实证研究》，武汉大学出版社2005年版，第7页。

❷ 具体操作程序为：首先，审判人员审理案件掌握案情；其次，在定罪的基础上（即法定刑的范围内）参照过去司法经验，大致估量出应当判处的刑罚；再次，考虑案件中存在的加重、减轻、从轻、从重或者免除处罚的情节；最后，综合地估量出被告人应判刑罚而予以宣告。

❸ 唐亚南：《量刑方法类型化研究》，载《人民司法（应用）》2015年第1期。

❹ 臧冬斌：《量刑的合理性与量刑方法的科学性》，中国人民公安大学出版社2008年版，第176页。

❺ ［美］汤姆·R. 泰勒：《人们为什么遵守法律》，黄永译，中国法制出版社2015年版，第255页。

而“估堆”量刑方法广受诟病，直指法院判决的既判力和公信力。

（二）将定罪情节与量刑情节混同

“估堆”量刑方法不区分定罪情节与量刑情节，而定罪情节与量刑情节均影响量刑，于是导致了同一犯罪事实既影响定罪又影响量刑，已经用作定罪情节的事实又作为量刑情节影响量刑，这就使该事实“涉嫌”重复评价。在“估堆”量刑的过程中，法官不区分定罪情节与量刑情节，将涉案所有情节混合起来进行综合估量，使得决定宣告刑直接因素的不仅有量刑情节还包括定罪情节，于是定罪情节既起决定法定刑（刑档）的作用，又参与决定宣告刑（刑度），违反了同一事实禁止重复评价的原则。[1] 在量刑规范化改革之后，对于基本犯罪构成以外的剩余情节是视为定罪情节还是量刑情节成了量刑的难点，在复杂的个案中有些法官往往弄不清哪些情节应作为影响基准刑的情节，哪些情节作为增加刑罚量的情节。这可能是长期不区分定罪情节和量刑情节的司法惯性使然。

（三）对法官自由裁量权制约有限

在“估堆”量刑的模式下，量刑没有明确统一的适用标准，也没有具体可操作的相关程序。如此一来，导致法官的量刑自由裁量权既没有刑事实体法规则的约束，也没有适用程序的限制。加之多年来重定罪轻量刑的司法惯性，改革前量刑一直没有被提到应有的位置，以致于使人产生这样的误判：“在法定刑幅度内判几年，是三年还是四年，是七年还是九年，并没有此是彼非的重大差别。”[2] 这种思想无疑是危险且有害的，权力的行使一定要得到合理的限制，否则必会被滥用。“估堆”量刑方法难以对法官自由裁量权进行有效的监督和制约，即使法官量刑结果正确，也难以在判决书中充分有效地进行说理，无法将法官的经验表达在判决中。这导致社会公众无从知晓量刑结论生成的具体过程，而阻碍了他们的监督和制约，让量刑过程蒙上了浓厚的神秘色彩，甚至于公众还可能会质疑量刑是否存在“暗箱操作”。其实

---

[1] 马克昌主编：《刑罚通论》，武汉大学出版社1999年版，第302页。

[2] 张建伟：《怎样看待量刑建议》，载《检察日报》2001年9月7日，第3版。

按照阮齐林的观点，我国刑法给法官量刑的自由空间并不大[1]，但这种发声被淹没在质疑法官滥用自由裁量权的声浪中。

二、量刑规范化改革对“估堆”量刑方法的修正

（一）量刑方法的指导思路逐渐趋于合理

在量刑时的“定量”与定性的关系上，《量刑指导意见》经过了多次调整。2008 年到 2021 年，《量刑指导意见》经历了八次调整与修改，从试点经试行再到实行及再修订，量刑方法经历了从抛弃了“估堆”式量刑方法的“定性分析”改为“定量分析为主，定性分析为辅”的量刑方法，进而改革为“定性和定量相结合”的量刑方法，最终确定为“以定性分析为基础，结合定量分析”的方法。本节对量刑方法演变进行了梳理。

1. 2008 年“以定量分析为主，定性分析为辅”

《量刑指导意见》（2008 年版）对长期在司法实践中运行的所谓“估堆”量刑方法进行了调整，引入了定量分析的量刑方法。从某种意义上来说，将定量分析引入量刑活动正是量刑规范化改革的亮点和着力点。定量分析的量刑方法是指法官对具体的刑事案件进行量刑时，依照我国的刑罚理论和定罪情节以及刑法对法定刑的具体规定，首先按量化比率得出基准刑，然后将各种法定、酌定量刑情节转化为影响基本刑的百分比，再运用数学统计学的原理，进而计算得出宣告刑的方法。[2] 该量刑方法首先是确定量刑情节的调节比例，再根据量刑情节对基准刑的调节结果确定适用量刑情节的功能。[3] 其运行原理是根据重要性，将犯罪行为的事实和情节进行量化，将其转化为影响量刑的比例。其目的是将具有相似性质、情节的案件进行相似处理，并且通过统一全国量刑标准的方法，使案件刑罚裁量达到准确、合理的理想高度，其强调的是“同案同判”的量刑均衡理念。[4]

---

[1] 阮齐林：《中国刑法特点与司法裁量空间》，载《国家检察官学院学报》2008 年第 3 期。

[2] 骆多：《规范化量刑方法构建基础之检讨》，载《法商研究》2016 年第 6 期。

[3] 熊选国主编：《〈人民法院量刑指导意见〉与“两高三部”〈关于规范量刑程序若干问题的意见〉理解与适用》，法律出版社 2010 年版，第 97 页。

[4] 王联合：《量刑模型与量刑规范化研究》，中国政法大学出版社 2015 年版，第 78 页。

根据《量刑指导意见》（2008 年版）的规定，注重对犯罪行为和量刑情节的数量化分析，通过考察犯罪行为，然后确定量刑起点，在此基础上确定基准刑，之后法官要确定案件中的所有量刑情节，根据“同向相加、逆向相减”为主，“部分连乘、部分相加减”为辅的原则，对基准刑进行调整，最终确定宣告刑。该量刑方法简便易行，即使是对比较难以理解的“部分连乘、部分相加减”原则，也因确定了适用的固定法定量刑情节而变得不那么复杂。但是该量刑方法存在的问题也是显而易见的，那就是整个量刑过程变成了机械量刑、数字量刑，法官在整个量刑活动中完全丧失了主观能动性，变成了冷冰冰的“计算器”。❶ 在改革初期，在“算出多少就是多少”的思想指导下，出现了一些让人啼笑皆非的量刑结果。

在司法实践中，一天抢多人、一晚偷多家、一晚和同一被害人发生多次性行为的案件屡有发生，算一次还是多次可能影响到对被告人适用不同的量刑区间或影响量刑的轻重问题。在多次盗窃少量财物的行为中，次数是评价该行为是否构罪的关键；而多次抢劫是量刑升格的条件。因此对于一天抢多人、一晚偷多家常常会产生歧义，有人认为是一次，有人认为是多次。对于一晚和同一被害人发生多次性行为，在量刑规范化改革之前本无争议，就是按照一人次看待的。但是有些省依据《量刑指导意见》制定的实施细则中规定了“强奸每增加一人次增加刑罚量若干个月”出现量刑计算困难的情况。在量刑规范化改革初期，HB 省 BD 市发生过这样一起强奸案：被告人杨某某与被害人梁某系网友关系，在二人相约见面的过程中，杨某某在自家的农用三轮车车厢内将梁某强奸，后将梁某带回自己家中，至次日下午被害人被解救，其间杨某某强行与被害人发生了数次性行为。一审法院以强奸罪判处杨某某有期徒刑 7 年。此类案件在量刑规范化改革之前一般会在 3 ~ 5 年的幅度内量刑，该案为 7 年有期徒刑的原因是一审法官认为被告人杨某某在见面期间“多次”对被害人实施强奸行为，按照 2010 年河北省高级人民法院发布的《〈人民法院量刑指导意见（试行）〉实施细则》的规定，确定量刑起点

❶ 王恩海：《“以定性分析为基础，结合定量分析”量刑方法的理解与适用》，载《法治研究》2016 年第 2 期。

为4年，按照“对同一妇女强奸或者对同一幼女实施奸淫，每增加一次，可以增加六个月至一年刑期”❶ 的要求，增加了3年的刑罚量，得出7年量刑结果。一审法官声称如此量刑是根据《量刑指导意见》算出来的，虽然感觉重了些，但毕竟是在幅度内量刑，算出多少就应当是多少。之所以出现这样的量刑结果，究其本质，原因有三：一是量刑规范化改革是按照规范法官自由裁量权的思路设计的，意欲将所有的情节都事先规定确定的数值，不给法官留裁量空间；二是部分法官只关注了量刑情节的数量、次数等定量成分，缺少对案件整体情节的定性把握；三是对多次的理解过于机械，该案中短时间内的多次强奸行为与长时间内“多次”实施强奸性质不同、后果不同，以次数为根据增加刑罚量是导致量刑过重的根本原因。❷

2. 2010年“定性分析和定量分析相结合”

将量化引入量刑机制，并强调以定量分析为主，结果在实践中出现了数字量刑、机械量刑的问题，影响了一些案件的法律效果和社会效果。于是，最高人民法院在听取各试点法院意见的基础上，在《量刑指导意见》（2010年版）中抛弃了单纯强调定量分析的量刑方法，将量刑方法调整为“定性分析和定量分析相结合”，强调二者是协调统一、相辅相成的关系，定性分析是定量分析的价值判断基础，定量分析是定性分析的外在表现形式。定性当中有定量，定量当中有定性，定性不够具体的就用定量来弥补，不能或者难以定量的就用定性来弥补。❸ 具体操作程序为，首先确定量刑情节的调节比例，再根据量刑情节对基准刑的调节结果确定适用量刑情节的功能。❹

---

❶ 2010年河北省高级人民法院发布的《〈人民法院量刑指导意见（试行）〉实施细则》中关于强奸罪规定如下：“强奸妇女或者奸淫幼女一人一次的，可以在三年至五年有期徒刑幅度内确定量刑起点。在量刑起点的基础上，可以根据强奸或者奸淫幼女的人数、次数、致人伤害后果等其他影响犯罪构成的犯罪事实增加刑罚量，确定基准刑。有下列情形之一的，可以增加相应的刑罚量，确定基准刑……（2）对同一妇女强奸或者对同一幼女实施奸淫，每增加一次，可以增加六个月至一年刑期……”

❷ 在2014年及以后河北省高级人民法院发布的《〈关于常见犯罪的量刑指导意见〉实施细则》将按次数增加刑罚量的规定删除，将对同一妇女实施两次以上强奸行为作为从重处罚的量刑情节，规定可增加基准型的30%以下。

❸ 刘胜超：《中国量刑规范化的基本问题研究》，武汉大学2015年博士学位论文。

❹ 熊选国主编：《〈人民法院量刑指导意见〉与“两高三部”〈关于规范量刑程序若干问题的意见〉理解与适用》，法律出版社2010年版，第97页。

“定性分析和定量分析相结合”的量刑方法相较于“以定量分析为主，定性分析为辅”的量刑方法有三项变化：一是把量刑的基本方法整合为量刑步骤、量刑情节调节基准刑的方法、确定宣告刑的方法三部分，并赋予法官10%的幅度内调节宣告刑的自由裁量权❶；二是在常见犯罪的量刑具体体例上做了修改，只规定各量刑幅度对应的起刑点，根据量刑情节增加刑罚量的比例由各省以细则的形式自行规定；三是修改了量刑情节的适用规则，强调充分考虑法定、酌定量刑情节，强调宽严相济，强调《量刑指导意见》未规定的量刑情节法官也要考虑。“定性分析和定量分析相结合”的量刑方法在一定程度上释放了自由裁量的空间❷，在量刑时给法官10%调整宣告刑的自由裁量权，但10%的自由裁量权无法满足多元的司法实践的需求。笔者在司法实践中审理过这样一起案件：被告人李某某持刀致刘某某重伤，拟宣告刑为4年5个月，被告人李某某有能力赔偿而拒不赔偿被害人经济损失，矛盾难以调和，合议庭使用10%的自由裁量权将拟宣告刑上调，结果仍起不到震慑被告人的目的，只能将案件提交审判委员会讨论，有浪费司法资源之嫌。可见，此阶段虽然将定性分析引入了量刑中，但没有明确该怎样将定性分析与定量分析有机结合起来，结果法官在适用时找不到可行的方法，影响了改革效果，并且在实践中仍然存在机械量刑问题。

3. 2014年“以定性分析为基础，结合定量分析”

2013年年底，最高人民法院下发《量刑指导意见》（2014年版），决定在全国法院正式实施量刑规范化工作，提出“在定性分析的基础上，结合定量分析”。“以定性分析为基础，结合定量分析”的量刑方法第一次强调了“定性”分析在量刑过程中的基础地位先于“定量”分析。该量刑方法为有效地进行定性分析，又进行了相应修改：一是在确定宣告刑时增加了法官行使自由裁量权的权重，幅度由10%增加为20%，当法官认为量刑结果不能达到罪责刑相适应时可以用上下浮动20%的权限进行调整；二是在量刑情节的

❶ 周长军：《量刑治理的模式之争——兼评量刑的两个指导“意见”》，载《中国法学》2011年第1期。

❷ 苏忻：《量刑规范化引发的思考》，载《法制与经济》2016年第11期。

适用规则部分，增加了一条规则，即“具体确定各个量刑情节的调节比例时，应当综合平衡调节幅度与实际增减刑罚量的关系，确保罪责刑相适应”[1]；三是就故意伤害致人轻伤且评定伤残等级的，明确伤残程度既可在确定量刑起点时考虑，也可作为调节基准刑的量刑情节时考虑，赋予法官决定何时考虑该情节的自由裁量权。

上述第一、二两项举措都是针对“以定性分析为基础，结合定量分析”原则展开的，此时法官的自由裁量权得以在一定程度上得到恢复。在具体案件中，一些资深法官会遵循罪责刑相适应原则，用手中20%的自由裁量权来调节案件的量刑结果。改革的主导者也逐渐意识到法官自由裁量权在量刑中的重要作用，更加关注定性分析与定量分析的关系的研究，遵循审判规律将释放自由裁量权逐渐提上议事日程。但如何进行定性、定量分析，改革者也未思考成熟，无法改变量刑结果机械化的倾向。例如，为了避免宣告刑计算结果为0或负数的情况发生，将多个量刑情节的调节方法由“同向相加、逆向相减”调整为“部分连乘、部分相加减”，这是定量思维作用的结果。[2] 正如第二章所述“量刑不是刑之量化而是刑之裁量”，单纯依靠数学计算方式的“定量”分析难免会得出0或负数的结果，如果能够合理赋予法官“定性”的裁量权，可以避免这种情况发生。但改革者并没有考虑将定性分析与定量分析有机结合起来，而是选择了既没有理论基础也没有实践操作便利的“部分连乘、部分相加减”方法，继续用数学计算的方法来应对量刑实践问题，简单地用“硬指标”去衡量量刑这门“软科学”，机械化倾向仍然存在，影响了改革效果。

4. 2017年和2021年“以定性分析为主，定量分析为辅”

随着量刑规范化改革的推进，改革者认识到，在量刑过程中，定性分析始终是主要的、是基础、是根本，定量分析是手段、是过程、是辅助性的，定量分析必须服从和服务于定性分析，只有突出定性分析的主导地位，才能避免机械量刑、数字量刑，才能更好地实现量刑公正。[3] 因此，在《量刑指

---

[1] 李鹏飞：《论量刑规范化视野下法官量刑思维的确立——以〈人民法院量刑指导意见〉为视角》，载《渭南师范学院学报》2018年第15期。

[2] 笔者将在第四章第二节进行详细论述。

[3] 南英主编：《量刑规范化实务手册》，法律出版社2014年版，第10~11页。

导意见》(2017 年版) 中提出了“以定性分析为主，定量分析为辅”的量刑方法，明确了“定性”的主导地位，在某种意义上，将定性分析确定为量刑的主要方法，并辅之以定量分析，是此次量刑文本修改的最大亮点。《量刑指导意见》(2021 年版) 依然强调了“以定性分析为主，定量分析为辅”量刑方法的重要地位，量刑过程中在此基础上确定量刑起点、基准刑和宣告刑，进而实现量刑公正。

根据该量刑方法，在适用量刑情节时，首先要对全案犯罪事实和量刑情节的具体情况进行定性分析，确定是否适用该量刑情节，如果决定适用，再从总体上把握确定如何具体适用，然后在调节幅度内确定合理的调节比例。具体而言，审判人员对案件事实进行充分的分析，对具体案件的当事人进行全面的考量，综合考虑个案行为人的人身危险性、再犯可能性、社会危害性等，再结合审判人员个人专业素养与审判经验，确定适用案件中的哪些量刑情节对量刑进行调节，这种综合考量的过程就是“定性”分析的过程。在“定性”之后，根据《量刑指导意见》(2017 年版) 的具体规定确定量刑起点、基准刑以及量刑情节的调节比例，通过计算得出宣告刑的过程，是“定量”分析的过程。在得出拟宣告刑后，综合考虑全案情况，法官可以在 20% 的幅度内对调节结果进行调整，确定宣告刑，当调节后的结果仍不符合罪责刑相适应原则的，应提交审判委员会讨论，依法确定宣告刑。[1]《量刑指导意见》(2021 年版) 对于确定宣告刑的方法继续沿用 2017 年版，未进行调整和修改。

“以定性分析为主，定量分析为辅”的量刑方法符合量刑的逻辑思路，定量分析为辅意味着尊重量刑规范的基本要求，定性分析为主意味着给予法官合理的自由裁量空间。量刑过程并不是一个由大前提、小前提构成的简单推理判断，也不是相关案件事实与法律条文的简单对应。因为，刑法属于社会科学、人文科学，与人们的生活密切关联，具有很浓厚的人情味。[2] 其中

---

[1] 参见《量刑指导意见》(2017 年版)“确定宣告刑方法”部分：“综合考虑全案情况，独任审判员或合议庭可以在 20% 的幅度内对调节结果进行调整，确定宣告刑。当调节后的结果仍不符合罪责刑相适应原则的，应提交审判委员会讨论，依法确定宣告刑。”

[2] 臧冬斌：《量刑规范化与法官量刑自由裁量权的衡平》，载《河北法学》2007 年第 12 期。

的每一个环节、条件都交织着复杂的人性要素❶，这些人性要素同样会对刑罚产生难以估量的影响，无法单纯地用数字化的形式来计算。人性要素的存在就意味着刑罚的裁量应综合考虑各方面情节，而“以定性分析为主，定量分析为辅”的量刑方法摒弃数字化误读，避免仅依据定量分析而导致的量刑刻板化和僵硬化，正确处理了“定性”与“定量”之间的关系，“定性”分析占主导地位，辅之以“定量”分析。在正确“定性”的前提下，运用科学的量刑规则，能够矫正量刑偏差，从而更好地保护量刑的准确性和公正性，使量刑结果趋于合法与合理的理想结合，实现量刑的形式公正与实质公正完美结合。❷ 因此该量刑方法得到理论界与实务界的肯定。

这种变迁说明了量刑仅仅依靠数字化的计算是远远不能满足形式复杂多变的同类案件与犯罪人个体差异的现实情况的，量刑方法必须与裁判思维的内在规律契合，无论是定罪还是量刑都需要发挥法官的主观能动性进行大量定性分析活动，定性与定量之间的关系既是主从关系，也是先后关系。《量刑指导意见》（2021 年版）确定的“以定性分析为主，定量分析为辅”的量刑方法，是经过十余年的探索、实践、检验、总结而成的科学的量刑思路，是符合我国刑法特点与我国司法实践情况的经验总结，我们要在“以定性分析为主，定量分析为辅”的量刑方法指引下，确立与之相配套的量刑步骤和具体的量刑规则，将这一科学的量刑方法应用于量刑过程的始终。

（二）确立量刑方法操作步骤

量刑步骤是将量刑方法贯彻落实到量刑实践的关键，量刑方法的具体应用主要体现在量刑的操作步骤上。本书将对我国当前正在实施的《量刑指导意见》（2021 年版）所涉及的量刑步骤❸有关内容逐一进行分析，以展示其

---

❶ 曹祐：《论法律的确定性与不确定性》，载《法律科学（西北政法大学学报）》2004 年第 3 期。

❷ 严剑飞、陈思佳：《基层法院量刑规范化改革的检视与修正——以法官量刑思维的转变为视角》，载《中山大学学报（社会科学版）》2017 年第 3 期。

❸《量刑指导意见》（2021 年版）确定的量刑步骤为：“1. 根据基本犯罪构成事实在相应的法定刑幅度内确定量刑起点。2. 根据其他影响犯罪构成的犯罪数额、犯罪次数、犯罪后果等犯罪事实，在量刑起点的基础上增加刑罚量确定基准刑。3. 根据量刑情节调节基准刑，并综合考虑全案情况，依法确定宣告刑。”

对传统“估堆”量刑方法的变革以及对量刑操作步骤的有效规范。

1. 确定量刑起点

在量刑步骤中，确定量刑起点是量刑的第一步，也是确定基准刑的基础。因此，量刑起点便在整个量刑步骤中处于极为重要的位置，它直接决定着其后确定的基准刑是否准确，乃至影响量刑结果是否公正。❶《量刑指导意见》（2021 年版）仅仅确定了量刑起点确定的方法，即“根据基本犯罪构成事实在相应的法定刑幅度内确定量刑起点”，但没有给出量刑起点的定义和内涵。一般认为量刑起点也可简称为“起点刑”，是指根据具体犯罪的基本犯罪构成事实的一般既遂状态所应判决的刑罚。❷

结合《量刑指导意见》（2021 年版）对相关罪名量刑的具体规定来看，量刑起点的确定是与个案的具体案情紧密结合的。在交通肇事后逃逸案件中，法官首先根据刑法对交通肇事后逃逸的规定，确定逃逸情节的轻重程度，如果没有因逃逸致人死亡的情节的，法官依据《量刑指导意见》（2021 年版）关于交通肇事罪的有关规定❸，选取 3 ~ 5 年有期徒刑作为量刑起点幅度，这个幅度是法官不能逾越的。接下来法官要根据具体的案件在这个相对较窄的量刑起点幅度内确定一个点作为量刑起点，之后的整个量刑活动就是围绕具体个案来进行。需要指出的是，案件之间的差别往往非常大，表面看好像是相同的犯罪，但在不同的时空条件下，所造成的危害可能完全不同。因此，法官在确定量刑起点时应运用自由裁量权，使得个案差异能获得体现，但不能突破量刑起点幅度范围。

结合整个过程来看，就量刑起点而言，其本质上是一个确定的数值，法官在量刑过程中应结合案件情况及法定刑幅度选择一个刑期数值作为量刑起点。《量刑指导意见》（2021 年版）关于量刑起点的选取范围规定，与《刑

---

❶ 张向东：《基准刑研究》，吉林大学 2011 年博士学位论文。

❷ 熊选国主编：《〈人民法院量刑指导意见〉与“两高三部”〈关于规范量刑程序若干问题的意见〉理解与适用》，法律出版社 2010 年版，第 65 页。

❸《量刑指导意见》（2021 年版）对交通肇事罪量刑起点规定：“（1）致人重伤、死亡或者使公私财产遭受重大损失的，在二年以下有期徒刑、拘役幅度内确定量刑起点。（2）交通运输肇事后逃逸或者有其他特别恶劣情节的，在三年至五年有期徒刑幅度内确定量刑起点。（3）因逃逸致一人死亡的，在七年至十年有期徒刑幅度内确定量刑起点。”

法》(2021年修正版)规定的抽象个罪的法定刑幅度并不相同。例如,《刑法》(2021年修正版)规定交通肇事罪逃逸的法定刑幅度为3年以上7年以下有期徒刑[1],但是《量刑指导意见》(2021年版)规定的交通肇事逃逸量刑起点范围为3~5年有期徒刑。因此,量刑起点范围并不等同于各罪的法定刑幅度,而是对刑法规定的各罪法定刑幅度进行了更细致的划分。

2. 确定基准刑

《量刑指导意见》(2021年版)规定:"根据其他影响犯罪构成的犯罪数额、犯罪次数、犯罪后果等犯罪事实,在量刑起点的基础上增加刑罚量确定基准刑。"而最终的量刑结果是在确立基准刑后,用量刑情节对基准刑进行调节得出的,基准刑的确立是最终宣告刑确立的前提。因此,基准刑是量刑规范化的基石,是衡量量刑是否均衡的标志,基准刑如何确定及确定在法定刑区间的什么位置,对量刑结果有关键性的影响。[2] 笔者认为,确定基准刑的关键在于如何确定增加刑罚量事实,以及如何具体评价增加刑罚量的事实。

(1)确定增加刑罚量事实。

就犯罪手段的事实来说。能够被纳入增加刑罚量考量范畴的犯罪手段,必然需要满足其属于具体个罪中成立犯罪的独立要素。只有确保这一条件得以满足,才能够将之作为酌定的量刑情节,进而在对犯罪行为实施人进行量刑时纳入考虑的范围。[3] 例如,诈骗罪[4]及抢夺罪[5]等这类侵财性犯罪,通常

---

[1] 《刑法》(2021年修正版)第133条规定:"……交通运输肇事后逃逸或者有其他特别恶劣情节的,处三年以上七年以下有期徒刑……"

[2] 李彦泽:《量刑起点、基准刑及宣告刑的确定标准》,载《人民检察》2018年第13期。

[3] 《量刑指导意见》(2021年版)规定:"根据其他影响犯罪构成的犯罪数额、犯罪次数、犯罪后果等犯罪事实,在量刑起点的基础上增加刑罚量确定基准刑。"此外,在"常见犯罪的量刑"部分,《量刑指导意见》(2021年版)在各常见罪名中分别规定了增加刑罚量所考虑的各种事实因素;在"附则"部分,《量刑指导意见》(2021年版)授权各省、自治区、直辖市高级人民法院、人民检察院结合当地实际,对量刑指导意见规定的量刑起点幅度、增加刑罚量的具体情形等予以细化。

[4] 《量刑指导意见》(2021年版)规定诈骗罪:"……2. 在量刑起点的基础上,根据诈骗数额等其他影响犯罪构成的犯罪事实增加刑罚量,确定基准刑。……"

[5] 《量刑指导意见》(2021年版)规定抢夺罪:"……2. 在量刑起点的基础上,根据抢夺数额、次数等其他影响犯罪构成的犯罪事实增加刑罚量,确定基准刑。多次抢夺,数额达到较大以上的,以抢夺数额确定量刑起点,抢夺次数可以作为调节基准刑的量刑情节;数额未达到较大的,以抢夺次数确定量刑起点,超过三次的次数作为增加刑罚量的事实。……"

情况下，不会把犯罪手段归属到构成要件要素范畴之内，因此其不能作为增加刑罚量的依据，但可作为量刑起点考虑的因素。而故意伤害罪❶、聚众斗殴罪❷等这类暴力犯罪则不同，行为人采取何种犯罪手段，在增加刑罚量时会对此进行考虑，因此其可作为确定基准刑的重要依据之一。

就犯罪数额事实来说。对于数额型犯罪来说，犯罪所涉及的数额是成立犯罪的核心要件和重要基础。其中，通常来说，基本犯罪数额决定了量刑的起点，突破该数额，便根据具体规定和实际情况对刑罚量予以增加。❸ 就拿盗窃罪这类犯罪来说，将扣除盗窃罪入罪基准后所剩下的数额作为增加刑罚量的依据，在量刑基准上增加刑罚量，以此对基准刑加以确定。笔者在研究的过程中主要将 HB 省法院所采用的量刑标准作为具体研究对象。比方说在一起案件中，犯罪嫌疑人盗窃所得钱款 5 000 元，根据这一罪名的入罪标准，2 000 元便可认定为成立该罪，量刑起点为判处 3 个月的拘役，剩余的 3 000 元可以作为增加刑罚量的数额，按照每增加 1 500 元增加 1 个月刑期，确定基准刑为 5 个月。❹

就犯罪次数或犯罪对象人数等事实来说。在盗窃罪❺、抢夺罪、敲诈勒

❶ 《量刑指导意见》（2021 年版）规定故意伤害罪："……2. 在量刑起点的基础上，根据伤害后果、伤残等级、手段残忍程度等其他影响犯罪构成的犯罪事实增加刑罚量，确定基准刑。故意伤害致人轻伤的，伤残程度可以在确定量刑起点时考虑，或者作为调节基准刑的量刑情节。……"

❷ 《量刑指导意见》（2021 年版）规定聚众斗殴罪："……2. 在量刑起点的基础上，根据聚众斗殴人数、次数、手段严重程度等其他影响犯罪构成的犯罪事实增加刑罚量，确定基准刑。……"

❸ 李艳玲：《量刑方法论研究》，中国人民公安大学出版社 2007 年版，第 87 页。

❹ 2018 年河北省高级人民法院发布的《〈关于常见犯罪的量刑指导意见〉的实施细则》规定："盗窃公私财物，犯罪数额达到'数额较大'起点二千元的，两年内三次盗窃的，入户盗窃的，携带凶器盗窃的，或者扒窃的，可以在三个月拘役至一年有期徒刑幅度内确定量刑起点。……在量刑起点的基础上，可以根据盗窃数额、次数、数量、手段等其他影响犯罪构成的犯罪事实增加刑罚量，确定基准刑。有下列情形之一的，可以增加相应的刑罚量：（1）犯罪数额每增加一千五百元，可以增加一个月刑期……"

❺ 《量刑指导意见》（2021 年版）规定盗窃罪："……2. 在量刑起点的基础上，根据盗窃数额、次数、手段等其他影响犯罪构成的犯罪事实增加刑罚量，确定基准刑。多次盗窃，数额达到较大以上的，以盗窃数额确定量刑起点，盗窃次数可以作为调节基准刑的量刑情节；数额未达到较大的，以盗窃次数确定量刑起点，超过三次的次数作为增加刑罚量的事实。……"

索罪[1]等罪中，犯罪次数应当被纳入增加刑罚量的考量中。在这一系列犯罪中，犯罪次数在犯罪成立中扮演着重要角色，其是成立犯罪的重要构成要件，故而，我们可以将犯罪次数作为对基准刑加以确定的重要基础。需要强调的是，倘若在确定个罪量刑起点时已经将犯罪次数考虑在内，那么在对基准刑加以确定时，无须重复考虑，以免形成重复评价。根据《量刑指导意见》(2021年版）的规定，行为人实施的行为所引发的具体人员伤亡数[2]、非法拘禁的人数[3]以及聚众斗殴的人数等，均对增加刑罚量存在影响，所以，在确定基准刑时，应予以考虑。

就犯罪结果的事实来说。这里的犯罪结果是指超出基本犯罪事实的结果，是属于犯罪构成事实的结果。如依照《量刑指导意见》（2021年版）中明确的相关内容，故意伤害、强奸以及抢劫致人伤害三项罪名的后果都能够纳入对案件刑罚量予以增加的研究探讨范畴，能够以此为依据对基准刑加以确定。可在重伤基本事实的量刑起点的基础上，依照实际的伤害程度明确到底增加多少刑罚量，进而对基准刑加以确定。当犯罪结果并未被确定为具体案件中某一罪名的构成要素时，犯罪结果常常在量刑中起到衡量的作用，通过犯罪结果的严重程度，以此适当对基准刑加以调节。需要注意的是，其所起到的作用并非确定基准刑的基础和根据。其他犯罪构成事实还包括犯罪方法或者行为方式，在某种犯罪同时存在着若干种实施方法时，可以将其中某种行为方式作为依据对量刑起点加以确立，其余一系列行为方式则起到对基准刑加以确定的作用。另外，各地高级人民法院以《量刑指导意见》为基础，结合

---

[1] 《量刑指导意见》(2021年版）规定敲诈勒索罪：“……2. 在量刑起点的基础上，根据敲诈勒索数额、次数、犯罪情节严重程度等其他影响犯罪构成的犯罪事实增加刑罚量，确定基准刑。多次敲诈勒索，数额达到较大以上的，以敲诈勒索数额确定量刑起点，敲诈勒索次数可以作为调节基准刑的量刑情节；数额未达到较大的，以敲诈勒索次数确定量刑起点，超过三次的次数作为增加刑罚量的事实。……”

[2] 《量刑指导意见》(2021年版）规定交通肇事罪：“……2. 在量刑起点的基础上，根据事故责任、致人重伤、死亡的人数或者财产损失的数额以及逃逸等其他影响犯罪构成的犯罪事实增加刑罚量，确定基准刑。……”

[3] 《量刑指导意见》(2021年版）规定非法拘禁罪：“……2. 在量刑起点的基础上，根据非法拘禁人数、拘禁时间、致人伤亡后果等其他影响犯罪构成的犯罪事实增加刑罚量，确定基准刑。非法拘禁多人多次的，以非法拘禁人数作为增加刑罚量的事实，非法拘禁次数作为调节基准刑的量刑情节。……”

本省实际出台了对应的实施细则，以此就量刑情节对基准刑进行调节的方式方法作出进一步的细化。❶

（2）对增加刑罚量事实进行评价。

根据《量刑指导意见》（2021 年版）规定的量刑步骤，在确定增加刑罚量的事实后，要对这些事实进行量化评价，在量刑起点的基础上，确定增加具体的刑罚量，最终确定基准刑。这个评价的过程，实际上就是确定增加刑罚量的过程。《量刑指导意见》本身只指明增加刑罚量的事实，但是关于如何增加刑罚量、可采取哪些方法，并未进行明确规定，直接授权给各地方高级人民法院，由后者负责进行细化。也就是说，法官在确定刑罚量时，须参考本地方高级人民法院的规定来实施。尽管各地方高级人民法院采取的评价方法可能存在一定的差异性，但普遍采取了数字评价法。❷ 数字化是一种典型的定量分析方法，具有精确性、严密性、可靠性等特点，但如前文所述，定量分析必须以定性分析为前提和核心，必须尊重法官自由裁量权，各地方高级人民法院制定的实施细则对增加刑罚量事实的量化评价并非一个固定值，而是有一定幅度的，如 2018 年河北省高级人民法院在发布的《〈关于常见犯罪的量刑指导意见〉实施细则》中，针对交通肇事罪进行相应的规定为“具有‘死亡一人’负事故主要责任或者全部责任情形的，每增加重伤一人，可

---

❶ 2018 年河北省高级人民法院发布的《〈关于常见犯罪的量刑指导意见〉实施细则》关于“调节基准刑的方法”规定：“（1）只有单个量刑情节的，根据量刑情节的调节比例直接调节基准刑。（2）具有多个量刑情节的，一般根据各个量刑情节的调节比例，采用同向相加、逆向相减的方法调节基准刑；具有未成年人犯罪、老年人犯罪、限制行为能力的精神病人犯罪、又聋又哑的人或者盲人犯罪，防卫过当、避险过当、犯罪预备、犯罪未遂、犯罪中止，从犯、胁从犯和教唆犯等量刑情节的，先适用该量刑情节对基准刑进行调节，在此基础上，再适用其他量刑情节进行调节。（3）被告人犯数罪，同时具有适用于各个罪的立功、累犯等量刑情节的，先适用该量刑情节调节个罪的基准刑，确定个罪所应判处的刑罚，再依法实行数罪并罚，决定执行的刑罚。”

❷ 2018 年河北省高级人民法院发布的《〈关于常见犯罪的量刑指导意见〉实施细则》对故意伤害罪规定：“1. 法定刑在三年以下有期徒刑、拘役幅度的量刑起点和基准刑　故意伤害致一人二级轻伤的，可以在六个月至一年六个月有期徒刑幅度内确定量刑起点。故意伤害致一人一级轻伤的，可以在一年至二年有期徒刑幅度内确定量刑起点。在量刑起点的基础上，可以根据伤害人数、伤害后果等其他影响犯罪构成的犯罪事实增加刑罚量，确定基准刑。有下列情形之一的，可以增加相应的刑罚量：（1）每增加轻微伤一人，可以增加一个月至二个月刑期；（2）每增加二级轻伤一人，可以增加三个月至四个月刑期；每增加一级轻伤一人，可以增加五个月至六个月刑期；（3）其他可以增加刑罚量的情形。……”

以增加六个月至一年刑期”，法官应在全面把握案件的性质和增加刑罚量事实的性质的基础上，适当地运用自由裁量权，决定在量刑起点的基础上具体增加刑罚量的时间，最后确定基准刑。

3. 确定宣告刑

宣告刑是指法官在确定的基准刑的基础上，根据各种加重或减轻的量刑情节对基准刑进行一定幅度的调整，全盘考察具体个案整体情况而作出的刑罚裁量。[1] 根据《量刑指导意见》（2021 年版）的规定，调节基准刑方法有三种：一是具有单个量刑情节的[2]；二是具有多个量刑情节的[3]；三是被告人犯数罪，同时具有适用于个罪的立功、累犯等量刑情节的。[4] 在调节基准刑之后，得出拟宣告刑，再根据确定宣告刑的方法确定最终的宣告刑，《量刑指导意见》（2021 年版）规定确定宣告刑的具体情形有三种。[5]

需要明确的是，在得出对基准刑调节后的结果时，应坚持罪责刑相适应原则，即要考虑到“罪行轻重”与“刑事责任轻重”两个方面，看结果是否与犯罪行为的社会危害性以及行为人的人身危险性相匹配。如果结果不能体现罪责刑相适应原则，则需要对调节结果作出修正。法官在进行修正调整时，可在 20% 的幅度内经全面考虑案件之后进行调整，在这基础上确

[1] 李彦泽：《量刑起点、基准刑及宣告刑的确定标准》，载《人民检察》2018 年第 13 期。

[2] 《量刑指导意见》（2021 年版）规定：“1. 具有单个量刑情节的，根据量刑情节的调节比例直接调节基准刑。”其计算公式应该是基准刑加上或者减去相应的刑罚量。

[3] 《量刑指导意见》（2021 年版）规定：“2. 具有多个量刑情节的，一般根据各个量刑情节的调节比例，采用同向相加、逆向相减的方法调节基准刑；具有未成年人犯罪、老年人犯罪、限制行为能力的精神病人犯罪、又聋又哑的人或者盲人犯罪，防卫过当、避险过当、犯罪预备、犯罪未遂、犯罪中止，从犯、胁从犯和教唆犯等量刑情节的，先适用该量刑情节对基准刑进行调节，在此基础上，再适用其他量刑情节进行调节。”

[4] 《量刑指导意见》（2021 年版）规定：“3. 被告人犯数罪，同时具有适用于个罪的立功、累犯等量刑情节的，先适用该量刑情节调节个罪的基准刑，确定个罪所应判处的刑罚，再依法实行数罪并罚，决定执行的刑罚。”

[5] 《量刑指导意见》（2021 年版）“确定宣告刑的方法”规定：“1. 量刑情节对基准刑的调节结果在法定刑幅度内，且罪责刑相适应的，可以直接确定为宣告刑；具有应当减轻处罚情节的，应当依法在法定最低刑以下确定宣告刑。2. 量刑情节对基准刑的调节结果在法定最低刑以下，具有法定减轻处罚情节，且罪责刑相适应的，可以直接确定为宣告刑；只有从轻处罚情节的，可以依法确定法定最低刑为宣告刑；但是根据案件的特殊情况，经最高人民法院核准，也可以在法定刑以下判处刑罚。3. 量刑情节对基准刑的调节结果在法定最高刑以上的，可以依法确定法定最高刑为宣告刑。”

定宣告刑。[1] 修正幅度不能超过 20%，而在修正次数方面，则以一次为限。[2] 如果修正之后得出的结果还是没有达到罪责刑相适应原则的要求，应把相关材料提交给审判委员会，并由后者讨论及依据法律规定确定宣告刑。要综合考虑案件情况，这就需要法官运用所积累的专业知识、经验等来确定刑罚，并据此来确定宣告刑。

第三节　量刑情节的改革

在量刑规范化改革之前，我国的量刑情节分散在刑法总则和刑法分则的各罪规定中；《量刑指导意见》出台后，将量刑过程中常见的、法官应当考虑的量刑情节以及量刑情节对量刑的影响进行了统一的规定，这是量刑规范化的重大进步。

一、明确了常见量刑情节

《量刑指导意见》（2021 年版）在"常见量刑情节的适用"引言部分对量刑情节适用进行了总括性规定，要求法官综合全面考量个案的法定和酌定量刑情节，规定在危害严重犯罪中量刑情节适用比例从严，较轻的犯罪则从宽，确保各量刑情节平衡协调，符合罪责刑相适应原则。[3] 同时，明确具体地列举了 18 种常见量刑情节，用以指导具体的量刑过程。18 种常见量刑情节中，包括 6 个法定量刑情节，分别是未成年人犯罪、未遂犯、从犯、自首、立功、累犯；12 个酌定量刑情节，分别是已满 75 周岁的老年人故意犯罪，

---

[1] 郑培炀：《论量刑规范化——以量刑指导意见为切入点》，载《法制与经济》2019 年第 4 期。

[2] 《量刑指导意见》（2021 年版）规定："4. 综合考虑全案情况，独任审判员或合议庭可以在 20% 的幅度内对调节结果进行调整，确定宣告刑。当调节后的结果仍不符合罪责刑相适应原则的，应当提交审判委员会讨论，依法确定宣告刑。"

[3] 《量刑指导意见》（2021 年版）规定："量刑时应当充分考虑各种法定和酌定量刑情节，根据案件的全部犯罪事实以及量刑情节的不同情形，依法确定量刑情节的适用及其调节比例。对黑恶势力犯罪、严重暴力犯罪、毒品犯罪、性侵未成年人犯罪等危害严重的犯罪，在确定从宽的幅度时，应当从严掌握；对犯罪情节较轻的犯罪，应当充分体现从宽。具体确定各个量刑情节的调节比例时，应当综合平衡调节幅度与实际增减刑罚量的关系，确保罪责刑相适应。"

又聋又哑的人或者盲人犯罪，坦白，当庭自愿认罪，退赃、退赔，积极赔偿、取得被害人谅解，有前科，当事人达成刑事和解协议，被告人在羁押期间表现好，被告人认罪认罚，犯罪对象为未成年人、老年人、残疾人、孕妇等弱势人员，在重大自然灾害、预防、控制突发传染病疫情等灾害期间故意犯罪。

笔者对2010年版、2014年版、2017年版、2021年版四个版本《量刑指导意见》中规定的常见量刑情节进行了梳理总结，对其中相关规定的演变进行了对比（详见表3-2），发现随着《量刑指导意见》在司法实践中的深度应用，以及立法技术的进步，其对常见量刑情节的规定也在逐渐地规范和进步，更契合量刑实践，对量刑情节适用的科学指导性在不断提升。

表3-2　四版《量刑指导意见》常见量刑情节对比

类别		情节	2010年版	2014年版	2017年版	2021年版
常见量刑情节适用	法定量刑情节	未成年人犯罪	“对于未成年人犯罪，应当综合考虑未成年人对犯罪的认识能力、实施犯罪行为的动机和目的、犯罪时的年龄、是否初犯、悔罪表现、个人成长经历和一贯表现等情况，予以从宽处罚。 （1）已满十四周岁不满十六周岁的未成年人犯罪，可以减少基准刑的30%～60%； （2）已满十六周岁不满十八周岁的未成年人犯罪，可以减少基准刑的10%～50%。”	“对于未成年人犯罪，应当综合考虑未成年人对犯罪的认识能力、实施犯罪行为的动机和目的、犯罪时的年龄、是否初犯、**偶犯**、悔罪表现、个人成长经历和一贯表现等情况，予以从宽处罚。 （1）已满十四周岁不满十六周岁的未成年人犯罪，**减少**基准刑的30%～60%； （2）已满十六周岁不满十八周岁的未成年人犯罪，**减少**基准刑的10%～50%。”	同2014年版	“对于未成年人犯罪，**综合考虑**未成年人对犯罪的**认知**能力、实施犯罪行为的动机和目的、犯罪时的年龄、是否初犯、偶犯、悔罪表现、个人成长经历和一贯表现等情况，**应当**予以从宽处罚。 （1）已满**十二周岁**不满十六周岁的未成年人犯罪，减少基准刑的30%～60%； （2）已满十六周岁不满十八周岁的未成年人犯罪，减少基准刑的10%～50%。”

续表

类别		情节	2010年版	2014年版	2017年版	2021年版
常见量刑情节适用	法定量刑情节	未遂犯	"对于未遂犯，综合考虑犯罪行为的实行程度、造成损害的大小、犯罪未得逞的原因等情况，可以比照既遂犯减少基准刑的50%以下。"	同2010年版	同2010年版	同2010年版
		从犯	"对于从犯，应当综合考虑其在共同犯罪中的地位、作用，以及是否实施犯罪实行行为等情况，予以从宽处罚，可以减少基准刑的20%～50%；犯罪较轻的，可以减少基准刑的50%以上或者依法免除处罚。"	"对于从犯，应当综合考虑其在共同犯罪中的地位、作用，以及是否实施犯罪实行行为等情况，予以从宽处罚，**减少**基准刑的20%～50%；犯罪较轻的，**减少**基准刑的50%以上或者依法免除处罚。"	"对于从犯，应当综合考虑其在共同犯罪中的**地位、作用等情况**，予以从宽处罚，减少基准刑的20%～50%。犯罪较轻的，减少基准刑的50%以上或者依法免除处罚。"	"对于从犯，**综合考虑**其在共同犯罪中的地位、作用等情况，**应当**予以从宽处罚，减少基准刑的20%～50%；犯罪较轻的，减少基准刑的50%以上或者依法免除处罚。"

续表

类别		情节	2010 年版	2014 年版	2017 年版	2021 年版
常见量刑情节适用	法定量刑情节	自首	“对于自首情节，综合考虑投案的动机、时间、方式、罪行轻重、如实供述罪行的程度以及悔罪表现等情况，可以减少基准刑的 40% 以下；犯罪较轻的，可以减少基准刑的 40% 以上或者依法免除处罚。”	“对于自首情节，综合**自首的**动机、时间、方式、罪行轻重、如实供述罪行的程度以及悔罪表现等情况，可以减少基准刑的 40% 以下；犯罪较轻的，可以减少基准刑的 40% 以上或者依法免除处罚。**恶意利用自首规避法律制裁等不足以从宽处罚的除外。**”	同 2014 年版	同 2014 年版
		立功	“对于立功情节，综合考虑立功的大小、次数、内容、来源、效果以及罪行轻重等情况，确定从宽的幅度。 (1) 一般立功的，可以减少基准刑的 20% 以下； (2) 重大立功的，可以减少基准刑的 20% ~ 50%；犯罪较轻的，可以减少基准刑的 50% 以上或者依法免除处罚。”	“对于立功情节，综合考虑立功的大小、次数、内容、来源、效果以及罪行轻重等情况，确定从宽的幅度。 (1) 一般立功的，可以减少基准刑的 20% 以下； (2) 重大立功的，可以减少基准刑的 20% ~ 50%；犯罪较轻的，**减少**基准刑的 50% 以上或者依法免除处罚。”	同 2014 年版	同 2014 年版

续表

类别		情节	2010 年版	2014 年版	2017 年版	2021 年版
常见量刑情节适用	法定量刑情节	累犯	“对于累犯，应当综合考虑前后罪的性质、刑罚执行完毕或赦免以后至再犯罪时间的长短以及前后罪罪行轻重等情况，可以增加基准刑的 10% ~ 40%。”	“对于累犯，应当综合考虑前后罪的性质、刑罚执行完毕或赦免以后至再犯罪时间的长短以及前后罪罪行轻重等情况，**增加**基准刑的 10% ~ 40%，**一般不少于 3 个月**。”	同 2014 年版	“对于累犯，**综合考虑**前后罪的性质、刑罚执行完毕或赦免以后至再犯罪时间的长短以及前后罪罪行轻重等情况，**应当增加**基准刑的 10% ~ 40%，一般不少于 3 个月。”
	酌定量刑情节	已满 75 周岁的老人故意犯罪	未作规定	未作规定	未作规定	“对于已满七十五周岁的老年人故意犯罪，综合考虑犯罪的性质、情节、后果等情况，可以减少基准刑的 40% 以下；过失犯罪的，减少基准刑的 20% ~ 50%。”
		又聋又哑的人或者盲人犯罪	未作规定	未作规定	未作规定	“对于又聋又哑的人或者盲人犯罪，综合考虑犯罪性质、情节、后果以及聋哑人或者盲人犯罪时的控制能力等情况，可以减少基准刑的 50% 以下；犯罪较轻的，可以减少基准刑的 50% 以上或者依法免除处罚。”

续表

类别		情节	2010年版	2014年版	2017年版	2021年版
常见量刑情节适用	酌定量刑情节	坦白	“对于被采取强制措施的犯罪嫌疑人、被告人和已宣判的罪犯，如实供述司法机关尚未掌握的罪行，与司法机关已掌握的或者判决确定的罪行属同种罪行的，根据坦白罪行的轻重以及悔罪表现等情况，可以减少基准刑的20%以下。”	“对于坦白情节，综合考虑如实供述罪行的阶段、程度、罪行轻重以及悔罪程度等情况，确定从宽的幅度。 （1）如实供述自己罪行的，可以减少基准刑的20%以下； （2）如实供述司法机关尚未掌握的同种较重罪行的，可以减少基准刑的10%～30%； （3）因如实供述自己罪行，避免特别严重后果发生的，可以减少基准刑的30%～50%。”	同2014年版	同2014年版
		当庭自愿认罪	“对于当庭自愿认罪的，根据犯罪的性质、罪行的轻重、认罪程度以及悔罪表现等情况，可以减少基准刑的10%以下，依法认定自首、坦白的除外。”	同2010年版	同2010年版	同2010年版

续表

类别		情节	2010 年版	2014 年版	2017 年版	2021 年版
常见量刑情节适用	酌定量刑情节	退赃、退赔	“对于退赃、退赔的，综合考虑犯罪性质、退赃、退赔行为对损害结果所能弥补的程度，退赃、退赔的数额及主动程度等情况，可以减少基准刑的 30% 以下。”	“对于退赃、退赔的，综合考虑犯罪性质、退赃、退赔行为对损害结果所能弥补的程度，退赃、退赔的数额及主动程度等情况，可以减少基准刑的 30% 以下；**其中抢劫等严重危害社会治安犯罪的应从严掌握**。”	同 2014 年版	“对于退赃、退赔的，综合考虑犯罪性质、退赃、退赔行为对损害结果所能弥补的程度，退赃、退赔的数额及主动程度等情况，可以减少基准刑的 30% 以下；**对抢劫等严重危害社会治安犯罪的，应从严掌握**。”
		积极赔偿，取得被害人谅解	“对于积极赔偿被害人经济损失的，综合考虑犯罪性质、赔偿数额、赔偿能力等情况，可以减少基准刑的 30% 以下。” “对于取得被害人或其家属谅解的，综合考虑犯罪的性质、罪行轻重、谅解的原因以及认罪悔罪的程度等情况，可以减少基准刑的 20% 以下。”	“对于积极赔偿被害人经济损失并取得谅解的，综合考虑犯罪性质、赔偿数额、赔偿能力以及认罪、悔罪程度等情况，可以减少基准刑的 40% 以下；积极赔偿但没有取得谅解的，可以减少基准刑的 30% 以下；尽管没有赔偿，但取得谅解的，可以减少基准刑的 20% 以下；其中抢劫、强奸等严重危害社会治安犯罪的应当从严掌握。”	同 2014 年版	“对于积极赔偿被害人经济损失并取得谅解的，综合考虑犯罪性质、赔偿数额、赔偿能力以及**认罪悔罪表现**等情况，可以减少基准刑的 40% 以下；积极赔偿但没有取得谅解的，可以减少基准刑的 30% 以下；没有赔偿但取得谅解的，可以减少基准刑的 20% 以下；**对抢劫、强奸**等严重危害社会治安犯罪的，应当从严掌握。”

续表

类别		情节	2010年版	2014年版	2017年版	2021年版
常见量刑情节适用	酌定量刑情节	有前科	“对于有前科劣迹的，综合考虑前科劣迹的性质、时间间隔长短、次数、处罚轻重等情况，可以增加基准刑的10%以下。”	**“对于有前科的，**综合考虑**前科的**性质、时间间隔长短、次数、处罚轻重等情况，可以增加基准刑的10%以下。**前科犯罪为过失犯罪和未成年人犯罪的除外。**”	同2014年版	同2014年版
		当事人达成刑事和解协议	未作规定	“对于当事人根据刑事诉讼法第二百七十七条达成刑事和解协议的，综合考虑犯罪性质、赔偿数额、赔礼道歉以及真诚悔罪等情况，可以减少基准刑的50%以下；犯罪较轻的，可以减少基准刑的50%以上或者依法免除处罚。”	同2014年版	“对于当事人根据刑事诉讼法**第二百八十八条**达成刑事和解协议的，综合考虑犯罪性质、赔偿数额、赔礼道歉以及真诚悔罪等情况，可以减少基准刑的50%以下；犯罪较轻的，可以减少基准刑的50%以上或者依法免除处罚。”
		被告人在羁押期间表现好	未作规定	未作规定	未作规定	“对于被告人在羁押期间表现好的，可以减少基准刑的10%以下。”

续表

类别		情节	2010 年版	2014 年版	2017 年版	2021 年版
常见量刑情节适用	酌定量刑情节	被告人认罪认罚	未作规定	未作规定	未作规定	“对于被告人认罪认罚的，综合考虑犯罪的性质、罪行的轻重、认罪认罚的阶段、程度、价值、悔罪表现等情况，可以减少基准刑的 30% 以下；具有自首、重大坦白、退赃退赔、赔偿谅解、刑事和解等情节的，可以减少基准刑的 60% 以下，犯罪较轻的，可以减少基准刑的 60% 以上或者依法免除处罚。认罪认罚与自首、坦白、当庭自愿认罪、退赃退赔、赔偿谅解、刑事和解、羁押期间表现好等量刑情节不作重复评价。”

续表

类别		情节	2010 年版	2014 年版	2017 年版	2021 年版
常见量刑情节适用	酌定量刑情节	向老弱病残孕犯罪的	对于犯罪对象为未成年人、老人、残疾人、孕妇等弱势人员的，综合考虑犯罪的性质、犯罪的严重程度等情况，可以增加基准刑的 20% 以下。	同 2010 年版	同 2010 年版	同 2010 年版
		在重大自然灾害、预防、控制突发传染病疫情等灾害期间犯罪的	对于在重大自然灾害、预防、控制突发传染病疫情等灾害期间犯罪的，根据案件的具体情况，可以增加基准刑的 20% 以下。	同 2010 年版	对于在重大自然灾害、预防、控制突发传染病疫情等灾害期间故意犯罪的，根据案件的具体情况，可以增加基准刑的 20% 以下。	同 2014 年版

说明：（1）本表中前后两版的表述差异均用加粗字体标注。

（2）本表中“同＊＊年版”表明内容表述完全一致。

《量刑指导意见》（2021 年版）在“常见量刑情节的适用”部分规定了 18 种常见量刑情节，可以适用于所有罪名，这些量刑情节均是调节基准刑的量刑情节。同时还在“常见犯罪的量刑”部分的各具体罪名中对仅适用于某一犯罪的量刑情节进行了专门规定，这些规定在具体罪名的量刑情节包括确定基准刑的情节和调节基准刑的情节。以强奸罪为例，《量刑指导意见》（2021 年版）规定：“在量刑起点的基础上，根据强奸妇女、奸淫幼女情节恶劣程度、强奸人数、致人伤害后果等其他影响犯罪构成的犯罪事实增加刑罚量，确定基准刑。强奸多人多次的，以强奸人数作为增加刑罚量的事实，强奸次数作为调节基准刑的量刑情节。”从以上规定可以看出，强奸妇女、奸淫幼女情节恶劣程度、强奸人数、致人伤害后果等是增加刑罚量的事实；而在强奸多人多次的情况下，强奸人数是确定基准刑的情节，强奸次数作为调节基准刑的量刑情节。

二、对量刑情节的分类予以规范

（一）规定了常见的量刑情节

《量刑指导意见》（2021 年版）规定的常见量刑情节均是总则性的量刑情节，对于只适用于一类的犯罪甚至个别犯罪的量刑情节规定在“常见犯罪的量刑”中。《量刑指导意见》（2021 年版）仅对 18 种常见量刑情节进行了明确规定，主要是考虑到这些量刑情节在司法实践中适用频率高，是最常见的量刑情节，因此有足够的经验和实证分析结论进行规范。对于实践中出现频率少的量刑情节，没有规定。比如，在起草《量刑指导意见》（2008 年版）的过程中，曾对犯罪预备、防卫过当和避险过当等法定情节予以规定。后来认为上述法定情节在司法实践中的适用频率较低，虽然刑法进行了明确的规定，但刑法的规定是出于这些情节在刑法适用中的特殊性而规定的，而并非考虑其在实践中的适用频率；对于这些在司法实践中适用频率较低的量刑情节研究还不够深入，经验还不够丰富，对其进行规范的条件还不够成熟，因此暂不规定这些情节。[1] 对于醉酒后犯罪、预交财产刑、超额赔偿经济损失等容易被社会误读甚至引起非议的情节，也未进行规定。

（二）进行一般性和特别性的区分规定

《量刑指导意见》（2021 年版）在“常见量刑情节的适用”部分规定的 6 个法定量刑情节和 12 个酌定量刑情节，是所有罪名均可适用的常见量刑情节，大多是罪前和罪后情节。而罪中情节，即犯罪事实本身的情节，如犯罪时间、地点、对象、工具，犯罪的起因、动机和目的，犯罪主观故意或过失

---

[1] 熊选国主编：《〈人民法院量刑指导意见〉与“两高三部”〈关于规范量刑程序若干问题的意见〉理解与适用》，法律出版社 2010 年版，第 79 页。

程度等，主要用于确定基准刑，而基准刑的确定方法各罪均不相同，故这部分情节放在“常见犯罪的量刑”的 23 类常见犯罪的量刑部分。这是做了一般性和个别性的区分规定。例如，《量刑指导意见》（2021 年版）交通肇事罪[1]中规定的情节有致人重伤、死亡或者使公私财产遭受重大损失的，交通运输肇事后逃逸或者有其他特别恶劣情节的，因逃逸致一人死亡的，事故责任、致人重伤、死亡的人数或者财产损失的数额以及逃逸等其他影响犯罪构成的犯罪事实的。这些情节没有普适性，仅适用于交通肇事罪。

（三）酌定量刑情节法定化

《刑法》（2021 年修正版）对酌定量刑情节的范围没有给出明确具体的规定，只是对量刑情节的适用作出了从轻、减轻或者从重处罚的规定，至于具体量刑情节对刑罚产生多大影响，刑法和司法解释没有进一步明确，导致在司法实践中适用起来相当困难，在量刑过程中法官往往把酌定量刑情节当作可用可不用的情节，甚至对其忽视不用，或者适用了酌定量刑情节而调节幅度过高或过低，从而致使量刑不当。而《量刑指导意见》（2021 年版）在“常见量刑情节的适用”部分列举常见的酌定量刑情节，在一定程度上明确了酌定量刑情节的内容和范围，同时在“常见犯罪的量刑”部分对个别性的量刑情节进行了规定。酌定量刑情节法定化让法官不再只关注法定量刑情节，而是开始将酌定量刑情节作为重要量刑因素予以考虑，相较于忽视酌定量刑情节的“估堆”量刑阶段，具有重大进步意义。

《量刑指导意见》（2021 年版）明确规定 18 种量刑情节，只是因为它们相较于其他情节更加常见和普遍，对其进行具体的规定是基于司法实践中的量刑经验丰富，对其适用幅度可以把握得更准确，而并不意味着量刑时只能

---

[1] 《量刑指导意见》（2021 年版）规定交通肇事罪：“1. 构成交通肇事罪的，根据下列情形在相应的幅度内确定量刑起点：（1）致人重伤、死亡或者使公私财产遭受重大损失的，在二年以下有期徒刑、拘役幅度内确定量刑起点。（2）交通运输肇事后逃逸或者有其他特别恶劣情节的，在三年至五年有期徒刑幅度内确定量刑起点。（3）因逃逸致一人死亡的，在七年至十年有期徒刑幅度内确定量刑起点。2. 在量刑起点的基础上，根据事故责任、致人重伤、死亡的人数或者财产损失的数额以及逃逸等其他影响犯罪构成的犯罪事实增加刑罚量，确定基准刑。3. 构成交通肇事罪的，综合考虑事故责任、危害后果、赔偿谅解等犯罪事实、量刑情节，以及被告人的主观恶性、人身危险性、认罪悔罪表现等因素，决定缓刑的适用。”

或者必须优先考虑这些情节。对于《量刑指导意见》（2021 年版）尚未规定的其他量刑情节，只要是案件中客观存在，在量刑时就必须适用，并确定适当的比例。因此，法官量刑时，必须查清一切与量刑有关的事实和情节，将所有量刑情节都纳入考量范围，使每一个量刑情节都得到实际评价，做到全面、准确、公正地裁量刑罚。《量刑指导意见》（2021 年版）仅对各情节进行了指导性规定，在全国范围内起到指引作用，各省高级人民法院根据各地的实际情况，在此基础上进行细化规定。对于《量刑指导意见》（2021 年版）没有规定的量刑情节，各地高级人民法院可以自行增加规定并报最高人民法院备案。如果出现了最高人民法院和各地高级人民法院均没有明确规定调节幅度的量刑情节，那么法官不能因为没有规定就不适用，而是必须充分发挥主观能动性，根据案件和情节的具体情况予以适用，在适用时可以《量刑指导意见》（2021 年版）中与其相似的量刑情节规定作为参考。

第四节　小结

本章是对我国量刑规范化改革成果——《量刑指导意见》实施后积极效果的研究。《量刑指导意见》是量刑规范化改革司法应用的表现形式，该意见从规范化目标、量刑原则、量刑方法、量刑情节对规范化改革的四个重要方面进行了集中统一规定，改变了我国长期以来没有专门性量刑规范的刑事法律格局。在量刑规范化价值目标方面，《量刑指导意见》经过历次修正，量刑规范化的目标从追求量刑均衡、同案同判走向量刑公正，在我国量刑理论与实务中产生了重要的影响。但是随着《量刑指导意见》在全国的广泛适用，其弊端也逐渐显现出来，对此笔者将在第四章和第五章中进行分析。

第四章

《量刑指导意见》的文本评析

虽然《量刑指导意见》形成了较为统一的量刑规则，在实施后取得了一些积极效果，但量刑原则、量刑方法、量刑情节三个方面的规则设计上仍然存在理论问题尚未厘清，导致目前的量刑体系不完善、不协调，而这些理论上的问题进一步引发了司法实践中的问题，阻碍了实现量刑公正的步伐。

第一节　量刑原则设计的评析

《量刑指导意见》确定的量刑原则有四个，即：依法量刑；罪责刑相适应；宽严相济；量刑均衡。[1] 这四个原则自《量刑指导意见》（2010 年版）开始确立，《量刑指导意见》（2010 年版）与《量刑指导意见》（2017 年版）对于量刑原则的阐述并没有发生变化，《量刑指导意见》（2021 年版）仅在“应当坚持宽严相济刑事政策”原则中增加了“确保裁判政治效果”，其他部分未发生变动。原则的设计仍存在着一定的理论问题，特别是存在与刑法原

[1] 《量刑指导意见》(2021 年版）中对于量刑指导原则的规定为：“（一）量刑应当以事实为根据，以法律为准绳，根据犯罪的事实、性质、情节和对于社会的危害程度，决定判处的刑罚。（二）量刑既要考虑被告人所犯罪行的轻重，又要考虑被告人应负刑事责任的大小，做到罪责刑相适应，实现惩罚和预防犯罪的目的。（三）量刑应当贯彻宽严相济的刑事政策，做到该宽则宽，当严则严，宽严相济，罚当其罪，确保裁判政治效果、法律效果和社会效果的统一。（四）量刑要客观、全面把握不同时期不同地区的经济社会发展和治安形势的变化，确保刑法任务的实现；对于同一地区同一时期案情相似的案件，所判处的刑罚应当基本均衡。”

则重复、以刑事司法政策为原则、原则设计考虑不够全面等问题。

一、依法量刑原则与刑法原则重复

《量刑指导意见》（2021 年版）在量刑指导原则第一条提出“依法量刑原则”。依法量刑包含两方面的内容。一是量刑要以犯罪事实为根据。❶ 二是量刑要依法进行。一般是指两个内容：其一，对罪犯量刑的刑种和刑度，只能适用刑法分则的规定。其二，对于量刑方法，应当根据《刑法》的有关规定来执行。即要依法执行《刑法》（2021 年修正版）第 62 条❷、第 63 条❸、第 64 条❹，以及《刑法》（2021 年修正版）规定的法定量刑情节和酌定量刑情节。简而言之，在刑法的框架下量刑是依法量刑的本质要求。依法量刑并无不妥，是量刑规范化的保证，但是依法量刑原则写入《量刑指导意见》值得商榷。这条原则是《刑法》（2021 年修正版）第 61 条❺内容的翻版，既然早写入《刑法》，本身就是所有刑事活动应当遵循的原则，那么单独提炼出来，写入《量刑指导意见》作为量刑原则似乎没有必要。

二、宽严相济原则应属刑事政策而非原则

《量刑指导意见》（2021 年版）在量刑指导原则第 3 条提出“宽严相济

---

❶ 具体而言，犯罪事实的构成包含：①犯罪构成事实，如被告人主体、主观方面、客观方面的事实。②修正犯罪构成的“修正情节”，我国《刑法》（2021 年修正版）第二章“犯罪”部分规定了犯罪预备、犯罪未遂、犯罪中止、主犯、从犯等法定情节，同时，《刑法》（2021 年修正版）总则部分对其也规定了从重、从轻、减轻、免除处罚等情形，这些既是犯罪构成事实又是量刑情节的事实。③不属于犯罪构成的某些犯罪事实，体现一定的社会危害性但并非属于犯罪构成事实的犯罪情节，属于酌定量刑情节，如动机、手段等。

❷ 《刑法》（2021 年修正版）第 62 条规定：“犯罪分子具有本法规定的从重处罚、从轻处罚情节的，应当在法定刑的限度以内判处刑罚。”

❸ 《刑法》（2021 年修正版）第 63 条规定：“犯罪分子具有本法规定的减轻处罚情节的，应当在法定刑以下判处刑罚；本法规定有数个量刑幅度的，应当在法定量刑幅度的下一个量刑幅度内判处刑罚。犯罪分子虽然不具有本法规定的减轻处罚情节，但是根据案件的特殊情况，经最高人民法院核准，也可以在法定刑以下判处刑罚。”

❹ 《刑法》（2021 年修正版）第 64 条规定：“犯罪分子违法所得的一切财物，应当予以追缴或者责令退赔；对被害人的合法财产，应当及时返还；违禁品和供犯罪所用的本人财物，应当予以没收。没收的财物和罚金，一律上缴国库，不得挪用和自行处理。”

❺ 《刑法》（2021 年修正版）第 61 条规定：“对于犯罪分子决定刑罚的时候，应当根据犯罪的事实、犯罪的性质、情节和对于社会的危害程度，依照本法的有关规定判处。”

的量刑原则"❶。宽严相济刑事政策关注的是群体刑责之间的平衡，强调的是公平的理念。❷ 宽严相济刑事政策的实质是要区别对待，一方面既要做到对于犯罪行为进行有力打击，另一方面又要区别犯罪行为的危险性，宽严结合，确保裁判政治效果、法律效果和社会效果的统一。宽严相济刑事政策作为一项政策，具有宏观性、概括性、模糊性的特点，导致对其内涵的理解难以做到明确统一，进而制约对法官的量刑实践❸。在刑事司法裁判时，为防止有些法官机械固守地适用法律规定而忽视政策，导致量刑结果偏离量刑公正的要求。因此，"宽严相济"原则的精神在一定程度上符合量刑公正目标的要求，但其主要是来源于刑事司法政策，是为了在宏观上调控刑法的适用，满足加强社会治安的需求，用于指导和规范某一类案件，并且在不同时期会有不同的宽严标准。而量刑多是针对具体的案件，标准不明确不利于实现罚当其罪。所以，笔者认为宽严相济作为量刑的原则实质为刑法政策而非量刑的原则。

三、量刑均衡原则的实质内涵需进一步明确

《量刑指导意见》（2021 年版）中规定的第 4 条量刑指导原则是"量刑要客观、全面把握不同时期不同地区的经济社会发展和治安形势的变化，确保刑法任务的实现；对于同一地区同一时期案情相似的案件，所判处的刑罚应当基本均衡。"此种表述强调的是均衡量刑，即强调的是在不同时期、不同范围，对相似案情的量刑可以进行必要的区别，但是同一地区、同一时期，相似案件需要实现刑罚基本均衡。量刑均衡原则是量刑规范化改革后提出来的一个重要原则，指引着规范化改革初期的方向，在量刑规范化改革初期，

---

❶ 其基本内涵是该宽则宽，该严则严，宽严适度，宽严有据。

❷ 参见董邦俊、王振：《宽严相济的刑事政策初论》，载赵秉志主编：《和谐社会的刑事法治》，中国人民公安大学出版社 2006 年版，第 220 页。

❸ 对于宽严相济刑事政策，司法实务部门非常重视。最高人民法院原院长肖扬曾指出："必须正确把握宽严相济这个度，宽和严都是相对的，不能强调一方面而弱化另一方面，不能宽无边，严无度。必须全面衡量从宽与从严情节，正确把握宽严尺度，做到因时而宜、因地而宜、因案而宜、因人而宜，确保罚当其罪。"这也表明宽严相济的政策内容肯定会随着社会治安形势的变化而变化。这种不统一、不稳定的状况，显然将影响司法人员对宽严相济刑事政策的科学理解和正确把握，并进一步影响他们的量刑实践。

被认为是评估量刑规范化改革成效的一个重要指标。但是如果仅仅强调量刑均衡，特别是把其作为衡量量刑公正与否的唯一指标，则与社会复杂的犯罪行为与多样犯罪人的实际不相符合。本书在刑罚目的发展史的总结中也已经提及，世界多国在经历了绝对的量刑均衡后，又不得不开始回应“刑罚个别化”。因此在我国量刑规范化改革初期，以“量刑均衡”为基本原则来修正我国传统的“估堆”量刑方法的弊端本无可厚非，但是在原则中没有回应“刑罚个别化”的需求是有失偏颇的。

需要明确的是，量刑均衡和“量刑统一”是两个不同的概念，与“同案同判”在内涵上也不同。首先，出现“同案不同判”的裁决结果，不应当成为认定法官存在量刑失衡的依据，这是由于在“同案不同判”中，存在一定的合理性，这类判决符合量刑公正要求。当前，我国在推行量刑规范化改革时把量刑均衡与“量刑统一”等同起来，这是一种曲解现象，即未能正确理解量刑规范化的本质要求。其次，量刑均衡在强调量刑统一化的同时，还强调量刑个别化，强调二者之间的辩证统一。“量刑统一化”是指仅就法律规定的量刑情节进行比较，对同样案件持相同的量刑基准。“量刑个别化”是充分考虑到实际情况不同而在量刑上实现个别化，也就是在量刑时体现一定的差异化。本书认为在推进量刑规范化改革过程中，对于各种不当的量刑做法问题的解决，应加强完善量刑机制，给予法官相应的量刑自由裁量权，注重协调好量刑统一化与量刑个别化之间的关系。

第二节 量刑方法设计的评析

量刑步骤为量刑明确了具体的方法，让法官量刑时有规可循，较“估堆”量刑方法有了进步，但《量刑指导意见》规定的量刑步骤也不是尽善尽美，一些内容还有待完善。

一、量刑步骤与当前量刑方法需要加强匹配

《量刑指导意见》（2017 年版）确立了“以定性分析为主，定量分析为

辅”的量刑方法，《量刑指导意见》（2021 年版）延续此量刑方法，但从量刑步骤的规定来看，均体现对量化的过分重视。学者储槐植提出，定量因素是中国刑法的创新，其经统计后得出“含定量因素的犯罪概念在我国刑法占绝对比重”的结论。❶ 笔者赞同将定量分析引入到量刑方法中，以避免“估堆”量刑方法的弊端。但使用量化方法的同时必须明确定性分析的主导地位，虽然理性和数学能为量刑提供意见，但绝对的理性和精确的数学对于量刑公正来说绝对是灭顶之灾。❷ 量刑的本质是一种判断活动，属于刑之裁量而不是刑之量化。❸ 科学的量刑方法并不要求统一的实现路径，单纯的定量分析也不是实现量刑公正的“制胜法宝”。❹ 因此，在某种程度上，“定量”只能是量刑裁量活动中的一部分，仅是一种技术手段，而“定性”才是决定案件的价值判断，“定量”不能喧宾夺主。

《量刑指导意见》（2021 年版）“量刑步骤”中量刑起点的确定、增加刑罚量事实确定基准刑、量刑情节对基准刑的调节、多种量刑情节的数学运算方式等均是以比例形式进行规定，被明确量化，这均体现了定量的方法，而定性的规定只体现在多情节并存时对拟宣告刑的限制上，未体现出定性的主导作用。笔者接触过一个案例，被告人入室抢劫，但入室后发现被害人是熟人，于是主动中止了犯罪，后案发。当时针对该案有两种不同的意见，因为法律适用问题引发了对该案如何量刑的讨论。根据《刑法》（2021 年修正版）第 24 条的规定，“对于中止犯，没有造成损害的，应当免除处罚”，因被告人主动中止犯罪未造成任何损害后果，理应免除处罚。但是根据《量刑指导意见》（2021 年版）的规定，入室抢劫既遂应该在 10 年以上确定量刑起点，适用中止犯减轻处罚情节，也只能在 3 至 10 年的刑格量刑，无法计算出免除处罚的结果，导致量刑结果不符合刑罚目的要求。这就是过分强调定量的后果，对于案件应先进行定性分析，被告人主动中止犯罪未造成任何损害

❶ 储槐植、汪永乐：《再论我国刑法中犯罪概念的定量因素》，载《法学研究》2000 年第 2 期。

❷ 李鹏飞：《论量刑规范化视野下法官量刑思维的确立——以〈人民法院量刑指导意见〉为视角》，载《渭南师范学院报》2018 年第 15 期。

❸ 唐亚南：《量刑方法类型化研究》，载《人民司法（应用）》2015 年第 1 期。

❹ 石经海主编：《量刑研究》，法律出版社 2015 年版，第 39 页。

后果应直接免除处罚，而不再进入量刑步骤进行计算。上述量刑步骤的规定自 2010 年一直沿用至今，而量刑方法却从定量分析为主已转变到以定性分析为主，依常识量刑方法变了，量刑步骤也应进行相应的调整，事实上量刑步骤却十年未变，那么量刑步骤如何匹配量刑方法的改变？如何反映定性的主要地位？改革者在规范化的进程中，一直在探索“定性”与“定量”两者之间的关系，经过数次调整，虽然确立了“以定性分析为主，定量分析为辅”的科学量刑方法，但没有给出“定性”和“定量”的概念，也没有规定如何进行“定性”和“定量”，“以定性分析为主，定量分析为辅”貌似成了一个摆设，量刑方法的数次调整仅仅是字面上的变更，没有将方法贯彻到具体的量刑步骤中。探索与科学量刑方法匹配的步骤也是本书写作的旨趣。

二、部分罪名量刑起点设计需细化

量刑起点幅度必须基于大量的实证研究和全国各地审判经验的总结，并随着司法实践的变化进行调整。笔者认为，我国《量刑指导意见》在各罪量刑起点的确立上存在设计不科学的问题，例如，《量刑指导意见》（2010 年版）将寻衅滋事罪的起点刑的规定低于故意伤害罪致人轻伤的情形❶。寻衅滋事罪的法定刑重于故意伤害罪致人轻伤的情形是刑罚的常识，但《量刑指导意见》（2010 年版）规定寻衅滋事罪的起点刑低于故意伤害罪致人轻伤的情形，这样的常识性错误执行了 3 年多。直到《量刑指导意见》（2014 年版）才提高了部分罪名的量刑起点。❷ 同样，交通肇事罪、抢夺罪等罪的最初设计量刑起点也偏低，《量刑指导意见》（2014 年版）进行了相应提高。

出现这样的问题，主要是由《量刑指导意见》与司法实践结合不足造成的。《量刑指导意见》（2010 年版）中量刑起点数据是来自试点法院一年的试行结果，这样确定量刑起点的科学性值得质疑。我国量刑规范化改革过程

❶ 《量刑指导意见》（2010 年版）规定：“构成寻衅滋事罪的，可以在三个月拘役至一年有期徒刑幅度内确定量刑起点”；“故意伤害致一人轻伤的，可以在六个月至一年六个月有期徒刑幅度内确定量刑起点”。

❷ 具体包括交通肇事罪，故意伤害罪，强奸罪，非法拘禁罪，抢劫罪，盗窃罪，诈骗罪，职务侵占罪，敲诈勒索罪，聚众斗殴罪，寻衅滋事罪，掩饰、隐瞒犯罪所得、犯罪所得收益罪等罪的起点刑。寻衅滋事罪的起点刑（3 年以下）调至高于故意伤害罪致人轻伤情形（2 年以下）。

中借鉴了美国的量刑指南制度[1]，但是美国的《量刑指南》是在统计分析了40 000件有罪案件的简要报告、10 000件同类案件的量刑结果的基础上经精算而形成的参考数据，而我国《量刑指导意见》（2010年版）所确立的量刑起点是来自试点法院的一年实证，历时短，就每类案件的数量而言也达不到10 000件的标准，量刑起点数值的来源是部分试点法院量刑实证数据的平均值，并不能涵盖全国量刑的实际状况，2014年版、2017年版《量刑指导意见》两次修改个罪量刑起点的事实说明当时定的参考值本身就缺乏广泛实证的支持。量刑起点需要建立在大量实证数据的基础上进行科学归纳，并定期进行修正。

笔者对2010年版、2014年版、2017年版、2021年版四个版本《量刑指导意见》中规定的常见犯罪的量刑起点进行了总结梳理，详见表4－1。

表4－1　四版《量刑指导意见》常见犯罪量刑起点对比

罪名	情形	2010年版	2014年版	2017年版	2021年版
交通肇事罪	致人重伤、死亡或者使公私财产遭受重大损失的	6个月至2年有期徒刑	2年以下有期徒刑、拘役	同2014年版	同2014年版
	交通运输肇事后逃逸或者有其他特别恶劣情节的	3～4年有期徒刑	3～5年有期徒刑	同2014年版	同2014年版
	因逃逸致一人死亡的	7～8年有期徒刑	7～10年有期徒刑	7～10年有期徒刑	同2014年版
危险驾驶罪	构成危险驾驶罪的	未作规定	未作规定	1～2个月拘役	1～6个月拘役

[1] 熊选国主编：《〈人民法院量刑指导意见〉与“两高三部”〈关于规范量刑程序若干问题的意见〉理解与适用》，法律出版社2010年版，第628～629页。2006年2月，最高人民法院中国应用法学研究所与美国耶鲁大学中国法律研究中心签订协议，就量刑规范化问题开展合作。2007年1月，最高人民法院中国应用法学研究所就美国的量刑指南和量刑程序改革进行研究，组织翻译了《弗吉尼亚州量刑指南》《明尼苏达州量刑指南》以及英国有关量刑的实体和程序规则，字数达60余万。

续表

罪名	情形	2010年版	2014年版	2017年版	2021年版
非法吸收公众存款罪	犯罪情节一般的	未作规定	未作规定	1年以下有期徒刑、拘役	同2017年版
	达到数额巨大起点或者有其他严重情节的	未作规定	未作规定	3～4年有期徒刑	同2017年版
	达到数额特别巨大起点或者有其他特别严重情节的	未作规定	未作规定	未作规定	10～12年有期徒刑
集资诈骗罪	达到数额较大起点的	未作规定	未作规定	2年以下有期徒刑、拘役	3～4年有期徒刑
	达到数额巨大起点或者有其他严重情节的	未作规定	未作规定	5～6年有期徒刑	7～9年有期徒刑
	达到数额特别巨大起点或者有其他特别严重情节的	未作规定	未作规定	10～12年有期徒刑	未作规定
信用卡诈骗罪	达到数额较大起点的	未作规定	未作规定	2年以下有期徒刑、拘役	同2017年版
	达到数额巨大起点或者有其他严重情节的	未作规定	未作规定	5～6年有期徒刑	同2017年版
	达到数额特别巨大起点或者有其他特别严重情节的	未作规定	未作规定	10～12年有期徒刑	同2017年版
合同诈骗罪	达到数额较大起点的	未作规定	未作规定	1年以下有期徒刑、拘役	同2017年版
	达到数额巨大起点或者有其他严重情节的	未作规定	未作规定	3～4年有期徒刑	同2017年版
	达到数额特别巨大起点或者有其他特别严重情节的	未作规定	未作规定	10～12年有期徒刑	同2017年版

续表

罪名	情形	2010年版	2014年版	2017年版	2021年版
故意伤害罪	故意伤害致一人轻伤的	6个月至1年6个月有期徒刑	2年以下有期徒刑、拘役	同2014年版	同2014年版
	故意伤害致一人重伤的	3～4年有期徒刑	3～5年有期徒刑	同2014年版	同2014年版
	以特别残忍手段故意伤害致一人重伤，造成六级严重残疾的	10～12年有期徒刑	10～13年有期徒刑	同2014年版	同2014年版
	故意伤害至一人死亡	10～15年有期徒刑	未作规定	未作规定	未作规定
强奸罪	强奸妇女一人的	强奸妇女、奸淫幼女一人一次的：❶ 3～5年有期徒刑	3～5年有期徒刑	3～6年有期徒刑	同2017年版
	奸淫幼女一人的		4～7年有期徒刑	同2014年版	同2014年版
	强奸妇女、奸淫幼女情节恶劣的；强奸妇女、奸淫幼女三人的；在公共场合当众强奸妇女的：二人以上轮奸妇女的；强奸致被害人重伤或者造成其他严重后果的	10～12年有期徒刑	10～13年有期徒刑	同2014年版	同2014年版
非法拘禁罪	未造成伤害后果的	3个月拘役至6个月有期徒刑	未作规定	未作规定	未作规定
	犯罪情节一般的	未作规定	1年以下有期徒刑、拘役	同2014年版	同2014年版

❶ 《量刑指导意见》（2010年版）规定强奸罪第一档次量刑起点的情形为“强奸妇女、奸淫幼女一人一次的”自《量刑指导意见》（2014年版）将上述情形分为两种：一是强奸妇女一人的，二是奸淫幼女一人的。

续表

罪名	情形	2010年版	2014年版	2017年版	2021年版
非法拘禁罪	致一人重伤的	3～4年有期徒刑	3～5年有期徒刑	同2014年版	同2014年版
	致一人死亡的	10～12年有期徒刑	10～13年有期徒刑	同2014年版	同2014年版
抢劫罪	抢劫一次的	3～5年有期徒刑	3～6年有期徒刑	同2014年版	同2014年版
	八种加重情节：入户抢劫的；在公共交通工具上抢劫的；抢劫银行或者其他金融机构的；抢劫三次或者抢劫数额达到数额巨大起点的；抢劫致一人重伤的，没有造成残疾的（2010年后的版本将此情节中的没有造成残疾的去掉了）；冒充军警人员抢劫的；持枪抢劫的；抢劫军用物资或者抢险、救灾、救济物资的	10～12年有期徒刑	10～13年有期徒刑	同2014年版	同2014年版
盗窃罪	达到数额较大起点的，或一年内入户盗窃或者在公共场所扒窃或者在公共场所扒窃三次的（2010年版的表述）	3个月拘役至6个月有期徒刑	1年以下有期徒刑、拘役	同2014年版	同2014年版
	达到数额巨大起点或者有其他严重情节的	3～4年有期徒刑	同2010年版	同2010年版	同2010年版
	达到数额特别巨大起点或者有其他特别严重情节的	10～12年有期徒刑	同2010年版	同2010年版	同2010年版

续表

罪名	情形	2010年版	2014年版	2017年版	2021年版
诈骗罪	达到数额较大起点的	3个月拘役至6个月有期徒刑	1年以下有期徒刑、拘役	同2014年版	同2014年版
	达到数额巨大起点或者有其他严重情节的	3～4年有期徒刑	同2010年版	同2010年版	同2010年版
	达到数额特别巨大起点或者有其他特别严重情节的	10～12年有期徒刑	同2010年版	同2010年版	同2010年版
抢夺罪	达到数额较大起点的（2010年版、2014年版的表述） 达到数额较大起点或者两年内三次抢夺的（2017年版、2021年版的表述）	3个月拘役至1年有期徒刑	1年以下有期徒刑、拘役	同2014年版	同2014年版
	达到数额巨大起点或者有其他严重情节的	3～4年有期徒刑	同2010年版	3～5年有期徒刑	同2017年版
	达到数额特别巨大起点或者有其他特别严重情节的	10～12年有期徒刑	同2010年版	同2010年版	同2010年版
职务侵占罪	达到数额较大起点的	3个月拘役至1年有期徒刑	2年以下有期徒刑、拘役	同2014年版	1年以下有期徒刑、拘役
	达到数额巨大起点的	5～6年有期徒刑	同2010年版	同2010年版	3～4年有期徒刑
	达到数额特别巨大起点的	未作规定	未作规定	未作规定	10～11年有期徒刑

续表

罪名	情形	2010年版	2014年版	2017年版	2021年版
敲诈勒索罪	达到数额较大起点的(2014年增加“或者两年内三次敲诈勒索的”)	3个月拘役至6个月有期徒刑	1年以下有期徒刑、拘役	同2014年版	同2014年版
	达到数额巨大起点或者有其他严重情节的	3～4年有期徒刑	3～5年有期徒刑	同2014年版	同2014年版
	达到数额特别巨大起点或者有其他特别严重情节的	未作规定	10～12年有期徒刑	同2014年版	同2014年版
妨害公务罪	构成妨害公务罪的	3个月拘役至1年有期徒刑	2年以下有期徒刑、拘役	同2014年版	同2014年版
聚众斗殴罪	犯罪情节一般的	6个月至1年6个月有期徒刑	2年以下有期徒刑、拘役	同2014年版	同2014年版
	聚众斗殴三次的；聚众斗殴人数多，规模大，社会影响恶劣的；在公共场所或者交通要道聚众斗殴，造成社会秩序严重混乱的；持械聚众斗殴的	3～4年有期徒刑	3～5年有期徒刑	同2014年版	同2014年版
寻衅滋事罪	寻衅滋事一次的	仅规定一种情形：构成寻衅滋事的，3个月拘役至1年有期徒刑	3年以下有期徒刑、拘役	同2014年版	同2014年版
	纠集他人三次寻衅滋事（每次都构成犯罪），严重破坏社会秩序的		5～7年有期徒刑	同2014年版	同2014年版

续表

罪名	情形	2010 年版	2014 年版	2017 年版	2021 年版
掩饰、隐瞒犯罪所得、犯罪所得收益罪	犯罪情节一般的	3 个月拘役至 6 个月有期徒刑	1 年以下有期徒刑、拘役	同 2014 年版	同 2014 年版
	情节严重的	3～4 年有期徒刑	同 2010 年版	同 2010 年版	同 2010 年版
走私、贩卖、运输、制造毒品罪	走私、贩卖、运输、制造鸦片不满二百克，海洛因、甲基苯丙胺不满十克或者其他少量毒品的	3 个月拘役至 3 年有期徒刑；情节严重的，3～4 年有期徒刑	3 年以下有期徒刑、拘役；情节严重的，3～4 年有期徒刑	同 2014 年版	同 2014 年版
	走私、贩卖、运输、制造鸦片二百克，海洛因、甲基苯丙胺十克或者其他毒品数量达到数量较大起点的	7～8 年有期徒刑	同 2010 年版	同 2010 年版	同 2010 年版
	走私、贩卖、运输、制造鸦片一千克，海洛因、甲基苯丙胺五十克或者其他毒品数量达到数量较大起点的	15 年有期徒刑	同 2010 年版	同 2010 年版	同 2010 年版
非法持有毒品罪	非法持有鸦片二百克、海洛因或者甲基苯丙胺十克或者其他毒品数量较大的	未作规定	未作规定	1 年以下有期徒刑、拘役	同 2017 年版
	非法持有毒品情节严重的	未作规定	未作规定	3～4 年有期徒刑	同 2017 年版
	非法持有鸦片一千克、海洛因或者甲基苯丙胺五十克或者其他毒品数量较大的	未作规定	未作规定	7～9 年有期徒刑	同 2017 年版

续表

罪名	情形	2010年版	2014年版	2017年版	2021年版
容留他人吸毒罪	构成容留他人吸毒罪的	未作规定	未作规定	1年以下有期徒刑、拘役	同2017年版
引诱、容留、介绍卖淫罪	情节一般的	未作规定	未作规定	2年以下有期徒刑、拘役	同2017年版
	情节严重的	未作规定	未作规定	5~7年有期徒刑	同2017年版

通过对表4-1所载内容进行总结梳理，笔者发现量刑起点区间逐渐变宽。《量刑指导意见》（2014年版）中15类常见犯罪的量刑起点均有所提高，且区间幅度变大。例如，交通肇事罪第二档量刑起点区间由3~4年有期徒刑调整为3~5年有期徒刑，第三档量刑起点区间由7~8年有期徒刑调整为7~10年有期徒刑。《量刑指导意见》（2017年版）再次对强奸罪、抢夺罪的量刑起点进行了上调，以抢夺罪为例，将达到数额特别巨大起点或者有其他严重情节情形的量刑起点由3~4年有期徒刑调整为3~5年有期徒刑。《量刑指导意见》（2021年版）将危险驾驶罪的区间幅度扩大为1~6个月的拘役，将集资诈骗罪第一档量刑起点区间由2年以下有期徒刑、拘役调整为3~4年有期徒刑、第二档量刑起点区间由5~6年有期徒刑调整为7~9年有期徒刑。多次扩大区间幅度、提高量刑起点的事实印证了量刑规范化改革推行仓促，致使量刑起点实证不足，与司法实践的匹配度低，影响了改革的实施效果。

三、宣告刑刑种置换规则有待补充

当根据《量刑指导意见》（2017年版）的规定拟定宣告刑时，可能会出现超出有期徒刑、拘役的最高刑期或低于有期徒刑、拘役的最低刑期的情况。按照《量刑指导意见》（2017年版）的规定，高于法定最高刑，以法定最高刑为宣告刑；低于法定最低刑的，有减轻处罚情节，该量刑结果为宣告刑，没有则以法定最低刑为宣告刑，依法报最高人民法院核准在法定刑以下量刑的除外。该宣告刑确立的规则从形式上看似乎是解决量刑问题，但从实际效果看却是限制了法官的量刑自由裁量权。在量刑实践中往往会出现宣告刑低于有期徒刑的最低刑期，鉴于《量刑指导意见》（2017 年版）没有对刑种转换进行规定，导致法官无法裁量刑期。而《量刑指导意见》（2021 年版）继续沿用《量刑指导意见》（2017 年版）中的相关规定，仍未对遇到的问题予以回应，也未提出相应的解决方案。

我国《量刑指导意见》目前只适用于有期徒刑以下的刑种，而《刑法》（2021 年修正版）对《量刑指导意见》（2021 年版）所规范的 23 种罪名的量刑空间，除有期徒刑外，还有免处、罚金、管制、无期和死刑，以及刑罚的执行方式之缓刑。《量刑指导意见》（2021 年版）将罚金、缓刑的适用纳入规范的范围并作出一些原则性规定，对于其他刑罚及执行方式仍未提及。如果拟宣告刑低于 1 个月拘役是否可转换为管制、免处或单处罚金，同理超过有期徒刑最高刑期时，法官也不能将有期徒刑与无期徒刑以上刑罚进行衔接转换，这无疑是当前规范化量刑方法实践操作的重大缺漏。对基层人民法院而言，在审理轻刑案件时经常面对法定最低刑以下刑种转换的问题；而中级人民法院审理的案件大多是依法可能判处无期徒刑以上刑罚的案件，《量刑指导意见》（2017 年版）不适用于无期徒刑以上的案件，对于有期徒刑与无期徒刑以上刑罚之间如何衔接转换缺乏明确规范，不仅会导致有期徒刑与无期徒刑以上刑罚的适用存在脱节，也会严重影响最终量刑结果的均衡与公正。[1]《量刑指导意见》（2021 年版）仍未解决该问题。我们从审判委员会决策的案件类型来看，基层人民法院的审判委员会主要讨论可能免除刑事处罚、缓刑等量刑较轻的案件，中级人民法院审判委员会主要讨论可能判处无期徒刑以上的案件，说明轻刑和重刑往往是容易出现量刑差错的，是“权力寻租”的重点，而《量刑指导意见》（2021 年版）缺少对缓刑、单处罚金、管制和无期徒刑、死刑等刑种转换的规范，这便导致法官在刑种衔接转换时无规则可循。因此，完善拘役、有期徒刑与其他刑种之间的转换规则以及自由刑内部的转换规则，能够帮助法官解决刑种衔接的难题。

---

[1] 熊选国主编：《量刑规范化办案指南》，法律出版社 2011 年版，第 414 页。

四、法官宣告刑裁量权空间有待提高

在《量刑指导意见》历次修改过程中，宣告刑裁量权空间经历了从无到有，从少到多的变化，最终确立了20%的宣告刑裁量空间。在计算出的量刑结果基础上浮动20%的量刑裁量权似乎是不小的权力，但是遇到一些棘手的案件时并不能解决问题，不能满足量刑公正的要求。

笔者在司法实践中审理过这样一起案件：李某某在玩麻将过程中与被害人刘某某发生争执，持刀将刘某某刺伤，经鉴定为重伤、伤残九级，给被害人刘某某造成经济损失合计74 116.4元。一审法院依照《量刑指导意见》（2010年版）确定该案的量刑起点为有期徒刑4年，因致被害人伤残九级增加刑罚量，确定量刑基准为4年6个月，被告人具有自愿认罪的从轻情节给予3%的从轻幅度，拟宣告刑为4年5个月。但被告人拒不主动赔偿被害人经济损失，扬言坐牢也不赔，被害人情绪激烈有矛盾升级的倾向。为达到缓解社会矛盾的目的，合议庭使用10%的自由裁量权[1]将拟宣告刑上调，但认为4年10个月的结果仍起不到震慑被告人的目的，将该案提交审判委员会讨论，最终决定判处被告人李某某有期徒刑7年，该案上诉二审维持原判。该案在当地引起了较大的反响。一是震慑了拒不赔偿被害人经济损失的被告人，向他们传递了这样的信号：有能力赔偿而拒不赔偿的将获得较重的处罚。二是抚慰了被害人的心灵，缓解社会矛盾，化解了上访的隐患。三是促进了当地附带民事案件的调解率的增加，让公众知道赔不赔，量刑结果不一样，培育公众知法守法的行为习惯。在审判实践中，有能力赔偿而拒不赔偿的情形不在少数，但能够获得上述案例的处理结果的却很少。众所周知，审判委员会讨论的案件一般是重大、疑难、复杂的案件，量刑问题在审判实践中并不被认为是一个复杂的问题，笔者从事刑事审判30多年来，所见到因量刑问题

---

[1] 该案在《量刑指导意见》（2014年版）实施之前，适用《量刑指导意见》（2010年版），法官仅有10%的宣告刑自由裁量空间。即使按照《量刑指导意见》（2014年版）20%的宣告刑自由裁量空间计算，4年5个月（53个月）×（1+20%）=64个月，即5年4个月，也起不到震慑被告人的目的。

进入审判委员会讨论的案件少之又少。如若此种情况均由审判委员会讨论决定，不仅程序烦琐，浪费司法资源，而且存在过分约束法官自由裁量权的嫌疑。笔者认为，在之前的量刑步骤中无论是确定量刑起点区间、确定量刑起点还是基准刑的确定、对基准刑的调节，均已经对法官的自由裁量权进行了一定程度的约束，量刑偏差不会很大。如果在确定宣告刑阶段用百分比限制法官的自由裁量权，再以审判委员会讨论程序作为监督渠道，那么很难实现量刑公正的实质要求。

五、“部分连乘、部分相加减”的计算方法缺乏理论支撑

依照《量刑指导意见》（2021 年版）的规定，同时存在着若干个量刑情节的情况，应具体研究每一个量刑情节所对应的基准刑占的比重，以此为基础对最终的基准刑予以确定。也就是说，部分情节会增加基准刑，而部分则会减少，应按照“同向相加、逆向相减”的方法对整个基准刑中不同部分所占比重进行调节，最后再同基准刑进行比较，进而实现对基准刑最终的调整和确立。另外，《量刑指导意见》（2021 年版）中还明确了“部分连乘、部分相加减”的方法。❶ 这种量刑情节适用方法更具合理性，有助于解决部分案件中调整结果清零甚至发生负数的情况。❷

《量刑指导意见》针对罪前罪后量刑情节，依旧适用“同向相加、逆向相减”这一方法来调节基准刑。对需要最先进行考量的特殊的事实情节与其余量刑情节同时存在的情况，则需要以“修正的犯罪构成”事实情节为依据调整基准刑，再以此为基础，将剩余的各种量刑情节根据“同向相加、逆向相减”的原则对基准刑做出调节。站在数学层面进行解析，1 以下的数字相乘，将会得到越来越小的数字。这就意味着，相比于“同向相加、逆向相减”，利用“部分连乘、部分相加减”这一方法对基准刑进行调整，从轻幅

---

❶ 主要内容为：“具有未成年人犯罪、老年人犯罪、限制行为能力的精神病人犯罪、又聋又哑的人或者盲人犯罪、防卫过当、避险过当、犯罪预备、犯罪未遂、犯罪中止，从犯、胁从犯和教唆犯等量刑情节的，先适用该量刑情节对基准刑进行调节，在此基础上，再用其他量刑情节进行调节。”

❷ 熊选国主编：《〈人民法院量刑指导意见〉与“两高三部”〈关于规范量刑程序若干问题的意见〉理解与适用》，法律出版社 2010 年版，第 89 页。

度会显著降低。例如，在某一起案件中，犯罪嫌疑人主要存在三种情节：一是犯罪未遂；二是自首；三是累犯。依照《量刑指导意见》（2017 年版），在未遂的情况下，基准刑缩减至 1/2；自首的情况下，基准刑缩减 2/5；累犯则应当对基准刑增加 1/5。如采用“同向相加、逆向相减”计算方法，则经计算之后得出的宣告刑是 3 年；如采用先后调节方法来计算，得出的宣告刑是 4 年。[1]《量刑指导意见》（2021 年版）仍未作出调整和修改。可见，若采用的是后一种方法，则在从宽程度方面要小。

笔者认为，导致“部分连乘、部分相加减”计算后的结果不科学的原因主要有两个。一是“修正的犯罪构成”只是一种学术上的理论，《量刑指导意见》（2017 年版）和《量刑指导意见》（2021 年版）均用该理论作为“部分连乘、部分相加减”的理论基础并不牢靠，实质上是规避宣告刑为 0 或负数情况出现的借口。二是这种方法仍然是“定量”思维模式下的产物，依然强调用机械的公式计算出量刑结果，单纯地计算幅度而不考虑功能。如果法官首先要进行价值判断，确认从重、从轻、减轻还是免除处罚，然后再根据情节进行计算，那么是不会出现计算结果为“0”甚至为“负数”的现象的。这也在一定程度上证明“以定性分析为主，定量分析为辅”的量刑方法没有贯彻到具体的量刑过程中。如果把“以定性分析为主，定量分析为辅”的量刑方法真正落实到量刑过程中，同时充分发挥法官的自由裁量权，不可能发生计算结果为“0”甚至为“负数”的现象。

第三节　量刑情节设计的评析

一、量刑情节适用阶段需要明确

根据《量刑指导意见》（2021 年版）的规定，需要根据基本犯罪构成事

---

[1] 熊选国主编：《〈人民法院量刑指导意见〉与“两高三部”〈关于规范量刑程序若干问题的意见〉理解与适用》，法律出版社 2010 年版，第 89 页。

实来确定量刑起点，其余诸如犯罪数额、次数之类的一系列犯罪事实主要用于增加刑罚量，并最终确定基准刑。但若被告人的犯罪行为同时符合多个基本犯罪构成事实，对于这种情形，应如何确定量刑起点，以及如何确定基准刑，是否存在把剩余情节作为调节基准刑这种情形没有明确。《量刑指导意见》（2021 年版）中对量刑情节的规定，实质上是个案中犯罪构成事实以外的，体现犯罪行为社会危害程度和被告人主观恶性、人身危险性大小、影响被告人刑罚的各种事实。量刑情节通过比例形式进行量化，通过运算作用于基准刑，这些情节均是罪前或罪后情节。而确定量刑起点和基准刑的情节是罪中情节。不考虑各情节的作用和阶段，规定随意适用，不妥之处显而易见。况且，将量刑情节放在确定量刑起点阶段适用还是在调节基准刑阶段适用，得出的量刑结果明显不一致。

此外，在个罪中可能存在多个基本犯罪构成，如果一个犯罪行为符合多个基本犯罪构成，到底哪一部分作为确定量刑起点的依据，哪一部分作为确定基准刑的依据，《量刑指导意见》（2021 年版）也没有明确量刑情节的适用顺序。例如，《量刑指导意见》（2021 年版）中关于强奸罪的规定❶，其中强奸情节的恶劣程度、人数、致害后果这些情节既在确定量刑起点阶段适用，又用来增加刑罚量确定基准刑。如果作为确定量刑起点的基本犯罪构成事实予以评价，就不得作为其他犯罪构成事实和量刑事实予以评价，不然违反禁止重复评价原则。但在实践中，如果犯罪行为符合既达到情节恶劣程度，又导致了致人伤害的后果，那么哪种情形作为量刑起点，哪些是调节基准刑的量刑情节，这类问题应予以明确。

二、量刑情节适用规则需要补充

量刑情节的适用是一项非常复杂的工作，法定量刑情节是法律明确规定

---

❶ 《量刑指导意见》（2021 年版）关于“强奸罪”的规定：“构成强奸罪的，根据下列情形在相应的幅度内确定量刑起点：（1）强奸妇女一人的，可以在三年至六年有期徒刑幅度内确定量刑起点。奸淫幼女一人的，在四年至七年有期徒刑幅度内确定量刑起点。（2）有下列情形之一的，在十年至十三年有期徒刑幅度内确定量刑起点：强奸妇女、奸淫幼女情节恶劣的；强奸妇女、奸淫幼女三人的；在公共场所当众强奸妇女的；二人以上轮奸妇女的；强奸致被害人重伤或者造成其他严重后果的。依法应当判处无期徒刑以上刑罚的除外。”

的，必须要适用的情节，无须多言。但对于酌定量刑情节，由于其本身体现为非法定性，加上选取范围具有广泛性特点，所以加剧了复杂性。《刑法》（2021年修正版）和《量刑指导意见》（2021年版）不能将所有的酌定量刑情节全部规定翔实，而在如此众多的案件情节中，要想正确选择并适用量刑情节，必须从宏观上把握好适用规则。量刑情节的适用规则贯穿法官对量刑情节适用的全过程，对量刑情节的正确适用具有基础性和指导性作用。因此，我们有必要对量刑情节的适用规则予以探讨。

三、认罪认罚从宽情节需要补充细化

《刑事诉讼法》（2018年修正版）确立了认罪认罚从宽制度，并在总则和分则中分别作出规定。《刑事诉讼法》（2018年修正版）总则中第15条[1]对认罪认罚从宽作出原则性规定，明确其作为一项贯穿刑事诉讼始终的基本制度的定位。《刑事诉讼法》（2018年修正版）分则中第120条[2]、第173条[3]、第174条[4]、

[1] 《刑事诉讼法》（2018年修正版）第15条规定："犯罪嫌疑人、被告人自愿如实供述自己的罪行，承认指控的犯罪事实，愿意接受处罚的，可以依法从宽处理。"

[2] 《刑事诉讼法》（2018年修正版）第120条规定："侦查人员在讯问犯罪嫌疑人的时候，应当首先讯问犯罪嫌疑人是否有犯罪行为，让他陈述有罪的情节或者无罪的辩解，然后向他提出问题。犯罪嫌疑人对侦查人员的提问，应当如实回答。但是对与本案无关的问题，有拒绝回答的权利。侦查人员在讯问犯罪嫌疑人的时候，应当告知犯罪嫌疑人享有的诉讼权利，如实供述自己罪行可以从宽处理和认罪认罚的法律规定。"

[3] 《刑事诉讼法》（2018年修正版）第173条规定："人民检察院审查案件，应当讯问犯罪嫌疑人，听取辩护人或者值班律师、被害人及其诉讼代理人的意见，并记录在案。辩护人或者值班律师、被害人及其诉讼代理人提出书面意见的，应当附卷。犯罪嫌疑人认罪认罚的，人民检察院应当告知其享有的诉讼权利和认罪认罚的法律规定，听取犯罪嫌疑人、辩护人或者值班律师、被害人及其诉讼代理人对下列事项的意见，并记录在案：（一）涉嫌的犯罪事实、罪名及适用的法律规定；（二）从轻、减轻或者免除处罚等从宽处罚的建议；（三）认罪认罚后案件审理适用的程序；（四）其他需要听取意见的事项。人民检察院依照前两款规定听取值班律师意见的，应当提前为值班律师了解案件有关情况提供必要的便利。"

[4] 《刑事诉讼法》（2018年修正版）第174条规定："犯罪嫌疑人自愿认罪，同意量刑建议和程序适用的，应当在辩护人或者值班律师在场的情况下签署认罪认罚具结书。犯罪嫌疑人认罪认罚，有下列情形之一的，不需要签署认罪认罚具结书：（一）犯罪嫌疑人是盲、聋、哑人，或者是尚未完全丧失辨认或者控制自己行为能力的精神病人的；（二）未成年犯罪嫌疑人的法定代理人、辩护人对未成年人认罪认罚有异议的；（三）其他不需要签署认罪认罚具结书的情形。"

第176条[1]、第190条[2]、第201条[3]、第222条[4]进一步细化，规定了各个诉讼环节的具体程序要求，涵盖了认罪认罚从宽的适用条件、公诉机关的起诉规定、证据审查规定、被告人权利义务规定、速裁程序、法院对认罪认罚从宽的审查等规定。但这些规定均是刑事程序方面的，直至《量刑指导意见》（2021年版）才将认罪认罚作为独立的常见量刑情节予以规定，明确了认罪认罚可以减少基准刑的幅度，以及与自首、坦白等情节的关系[5]。至此，改变了认罪认罚从宽制度的规定均散见于《刑事诉讼法》中，刑事实体法未对该制度进行明确规定的局面，进而导致适用不统一的局面，有利于认罪认罚从宽制度价值的实现。但量刑建议幅度及采纳标准问题以及一审后上诉和抗诉问题如何解决等规范化问题，仍没有明确。

（一）量刑建议缺少规范化指引

当前，认罪认罚从宽制度在具体司法实践中不断深入，由于存在量刑建

---

[1] 《刑事诉讼法》（2018年修正版）第176条规定："人民检察院认为犯罪嫌疑人的犯罪事实已经查清，证据确实、充分，依法应当追究刑事责任的，应当作出起诉决定，按照审判管辖的规定，向人民法院提起公诉，并将案卷材料、证据移送人民法院。犯罪嫌疑人认罪认罚的，人民检察院应当就主刑、附加刑、是否适用缓刑等提出量刑建议，并随案移送认罪认罚具结书等材料。"

[2] 《刑事诉讼法》（2018年修正版）第190条第2款规定："被告人认罪认罚的，审判长应当告知被告人享有的诉讼权利和认罪认罚的法律规定，审查认罪认罚的自愿性和认罪认罚具结书内容的真实性、合法性。"

[3] 《刑事诉讼法》（2018年修正版）第201条规定："对于认罪认罚案件，人民法院依法作出判决时，一般应当采纳人民检察院指控的罪名和量刑建议，但有下列情形的除外：（一）被告人的行为不构成犯罪或者不应当追究其刑事责任的；（二）被告人违背意愿认罪认罚的；（三）被告人否认指控的犯罪事实的；（四）起诉指控的罪名与审理认定的罪名不一致的；（五）其他可能影响公正审判的情形。人民法院经审理认为量刑建议明显不当，或者被告人、辩护人对量刑建议提出异议的，人民检察院可以调整量刑建议。人民检察院不调整量刑建议或者调整量刑建议后仍然明显不当的，人民法院应当依法作出判决。"

[4] 《刑事诉讼法》（2018年修正版）第222条规定："基层人民法院管辖的可能判处三年有期徒刑以下刑罚的案件，案件事实清楚，证据确实、充分，被告人认罪认罚并同意适用速裁程序的，可以适用速裁程序，由审判员一人独任审判。人民检察院在提起公诉的时候，可以建议人民法院适用速裁程序。"

[5] 《量刑指导意见》（2021年版）规定："对于被告人认罪认罚的，综合考虑犯罪的性质、罪行的轻重、认罪认罚的阶段、程度、价值、悔罪表现等情况，可以减少基准刑的30%以下；具有自首、重大坦白、退赃退赔、赔偿谅解、刑事和解等情节的，可以减少基准刑的60%以下，犯罪较轻的，可以减少基准刑的60%以上或者依法免除处罚。认罪认罚与自首、坦白、当庭自愿认罪、退赃退赔、赔偿谅解、刑事和解、羁押期间表现好等量刑情节不作重复评价。"

议的幅度以及采纳意见不统一的问题，导致检法两院分歧明显。“余某平案”❶ 就是典型代表，引发了学术界和实务界的激烈讨论。争议的背后实质是求刑权与量刑权的争锋，即检察机关的量刑建议权是求刑权还是定罪量刑权，检察机关如何把握量刑建议的标准，法院应如何采纳检察机关所提出的量刑建议。这主要涉及量刑建议是否应当精确化以及量刑建议对法院的拘束力问题。

1. 确定刑量刑建议偏离立法初衷

在实践中，检察机关在就认罪认罚案件提出量刑建议时，对精准度方面的要求逐渐提升，强调刑罚的种类、刑度、执行方式均符合精确要求。从《关于适用认罪认罚从宽制度的指导意见》第 33 条第 2 款规定得知，检察机关在提出量刑建议时，应以确定刑为原则，同时辅以幅度刑❷。理论界有诸多学者赞同上述量刑建议精准化观，认为检察机关提出的确定刑量刑建议，从理论上来说，符合正当性与合理性要求，法院对该建议持完全排斥态度显然不妥。❸ 笔者认为，如果普遍采用确定刑量刑建议，弊端甚多。一方面，法官的量刑自由裁量空间会受到不合理的挤压，根据《刑事诉讼法》（2018

❶ 2019 年 6 月 5 日晚上 21 时许，被告人中国中铁股份有限公司总部纪检干部余某平酒后驾车撞到被害人宋某致其死亡后逃逸，负事故全部责任。被告人余某平到公安机关自动投案，如实供述了自己的罪行，赔偿被害人宋某的近亲属经济损失，获得了谅解。北京市门头沟区人民检察院量刑建议称，余某平自愿认罪认罚，并在辩护人的见证下签署具结书，同意该院提出的有期徒刑 3 年、缓刑 4 年的量刑建议。北京市门头沟区人民法院认为，被告人余某平作为一名纪检干部，酒后驾车致人死亡后逃逸，主观恶性较大，判处缓刑不足以惩戒犯罪，因此对于公诉机关判处缓刑的量刑建议不予采纳。鉴于被告人余某平自动投案，到案后如实供述犯罪事实，可认定为自首，依法减轻处罚；其系初犯，案发后其家属积极赔偿被害人家属经济损失，得到被害人家属谅解，可酌情从轻处罚，判处被告人余某平犯交通肇事罪，判处有期徒刑 2 年。北京市门头沟区人民检察院提起抗诉，北京市人民检察院第一分院支持抗诉。二审法院认为，余某平交通肇事后逃逸，应在 3 年以上 7 年以下有期徒刑的法定刑幅度内处罚。余某平在发生本次交通事故前饮酒，属酒后驾驶机动车，应酌予从重处罚，其在案发后自动投案，认罪认罚且在家属的协助下积极赔偿被害人亲属并取得谅解，可酌予从轻处罚。对检察机关适用缓刑不予采纳。一审法院认定余某平的行为构成自首并据此对其减轻处罚以及认定余某平酒后驾驶机动车却并未据此对其从重处罚不当。认定上诉人余某平犯交通肇事罪，判处有期徒刑 3 年 6 个月。

❷ 《关于适用认罪认罚从宽制度的指导意见》第 33 条第 2 款规定：“办理认罪认罚案件，人民检察院一般应当提出确定刑量刑建议。对新类型、不常见犯罪案件，量刑情节复杂的重罪案件等，也可以提出幅度刑量刑建议。提出量刑建议，应当说明理由和依据。”

❸ 董坤：《认罪认罚案件量刑建议精准化与法院采纳》，载《国家检察官学院学报》2020 年第 3 期。

年修正版）第 201 条规定，在认罪认罚案件中，从原则上来说，法院采纳量刑建议，只有在特殊情况下才不采纳，那么就存在人民检察院直接取代人民法院进行量刑的嫌疑，这是对法院专属量刑裁判权的冲击。另一方面，当法官依法行使自由裁量权并适当偏离量刑建议时，会被认定为法官排斥量刑建议，这违背认罪认罚从宽速裁快审的程序初衷。总之，一旦量刑建议由“建议”转变为“必选”，此时量刑建议也就丧失了其立法时的本意。其中的一个重要原因就是人民检察院的求刑权与定罪量刑权的不当混同。定罪量刑权是法院专有的权力，不能也不应该让渡给其他机关。

基于以上论述，笔者认为《关于适用认罪认罚从宽制度的指导意见》第 33 条第 2 款的规定，存在立法依据支撑缺位的问题。这是由于在《刑事诉讼法》（2018 年修正版）第 176 条第 2 款规定中，仅就量刑建议存在哪些基本要素进行明确，关于应如何确定量刑建议则未规定。在《刑事诉讼法》（2018 年修正版）中，第 201 条第 2 款明确规定量刑建议有效规则，并通过《关于适用认罪认罚从宽制度的指导意见》第 40 条第 1 款[1]细化确认，即一般应当采纳，同时兼顾程序效率问题，为提高量刑建议采纳标准，应当为量刑建议采纳提供适度的裁量空间，以幅度刑量刑建议作为最优选择。综合上述分析，关于量刑建议的确定程度方面，《刑事诉讼法》（2018 年修正版）在第 201 条第 2 款已经进行明确规定，即规定以幅度刑量刑建议为主，同时辅以确定刑量刑建议。那么《关于适用认罪认罚从宽制度的指导意见》第 33 条第 2 款“量刑建议以确定刑为原则，以幅度刑为例外”的规定缺乏法律依据，与《刑事诉讼法》（2018 年修正版）的规定相冲突。

2. 法院不采纳量刑建议的标准不明

北京市门头沟区人民检察院在“余某平案”的抗诉书中，指出法院未采纳检察机关提出的量刑建议行为，实际上就是一种“改判”行为，且还是存

[1] 《关于适用认罪认罚从宽制度的指导意见》第 40 条第 1 款规定：“量刑建议的采纳。对于人民检察院提出的量刑建议，人民法院应当依法进行审查。对于事实清楚，证据确实、充分，指控的罪名准确，量刑建议适当的，人民法院应当采纳。具有下列情形之一的，不予采纳：（一）被告人的行为不构成犯罪或者不应当追究刑事责任的；（二）被告人违背意愿认罪认罚的；（三）被告人否认指控的犯罪事实的；（四）起诉指控的罪名与审理认定的罪名不一致的；（五）其他可能影响公正审判的情形。”

在“程序违法”的改判[1]。“改判”的本意是法院作出新的判决，是法院依法行使其审判权的一种法律行为。[2] 表面上看，这好像是维护检察机关量刑建议的效力，实际上却有检察建议权分享审判权的嫌疑。之所以出现如此表述，原因是《刑事诉讼法》（2018 年修正版）确立的认罪认罚从宽制度。其第 201 条明确规定，通常情况下，对于检察院提出的罪名及量刑建议，法院“应当采纳”。很多人对“量刑建议权”进行解读时存在偏差问题，错误地认为这是一种量刑裁判权。事实上并非如此，刑事审判权是宪法授予人民法院的权力，这项国家权力由人民法院行使，不能分享给其他司法机关行使。[3] 再者，从《刑事诉讼法》（2018 年修正版）第 12 条规定得知，在人民法院没有作出判决之前，不能确定任何人有罪。由此可见，检察机关并不具有定罪量刑权，其量刑建议权自然也就不是量刑权。认罪认罚案件虽适用简易程序，但检察机关依然会将依法获取的证据提交人民法院，经受庭审的检验，即便庭审的内容、时间等出现变化，但其所具有的作用并未出现变化。[4] 在认罪认罚案件中，对于人民检察院提出的量刑建议，需由人民法院进行审查，是否采纳则依据案件实际情况来定。[5] 即便对于人民检察院提出的量刑建议，人民法院方面最终选择完全采纳，这也是人民法院依法行使审判权的体现。因此，不应将《刑事诉讼法》（2018 年修正版）第 201 条内容理解为人民法院把其享有的审判权分享或者让渡给人民检察院。

依据相关法律规定得知，对于人民检察院提出的量刑建议，法院有三种可能的态度：第一，当然不采纳；第二，一般应采纳；第三，例外不采纳。但其中，第一类情况便是《刑事诉讼法》（2018 年修正版）第 201 条第 1 款规定的 5 种情形；第二类是除上述 5 种情形之外的绝大多数情况；而第三类

---

[1] 参见北京市第一中级人民法院（2019）京 01 刑终 628 号刑事判决书。

[2] 顾永忠：《顾永忠对余金平案的思考 · 兼与龙宗智、车浩、门金玲教授交流》，载微信公众号“案例法学研究”，2020 年 6 月 24 日。

[3] 顾永忠：《顾永忠对余金平案的思考 · 兼与龙宗智、车浩、门金玲教授交流》，载微信公众号“案例法学研究”，2020 年 6 月 24 日。

[4] 胡云腾：《认罪认罚案件，法院有权变更罪名调整量刑》，载微信公众号“刑事法库”，2019 年 12 月 13 日。

[5] 胡云腾：《认罪认罚案件，法院有权变更罪名调整量刑》，载微信公众号“刑事法库”，2019 年 12 月 13 日。

情况所指为何，是争议的焦点，即在何种情况下法院可以不采纳量刑建议尚不明确。根据上述法律规定，采纳量刑建议的例外情形仅为“量刑建议明显不当”一种，而《刑事诉讼法》（2018 年修正版）及《关于适用认罪认罚从宽制度的指导意见》均没有明确“明显不当”的具体含义。就目前而言，参与立法者认为，“明显不当”指的是在选择刑罚的主刑时出现错误问题。❶ 而在司法实务部门办案人员看来，“明显”是对不当程度进行的一种描述，需从普通人视角来进行判断。❷ 在认罪认罚案件中，对于人民检察院提出的不当量刑建议，人民法院往往会拒绝采纳，这就要求司法界应深入明确“量刑建议明显不当”的具体范围。本书认为对此需要总结，当各方面条件成熟时，就把所进行的总结上升为规范性文件，可对各相关方进行约束，使得执法尺度能实现统一化，据此来达到减少分歧这个目的。

（二）认罪认罚从宽案件上诉、抗诉问题规范不明

当前，认罪认罚从宽制度已经在全国范围内施行，然而，在这类案件中，如果被告人面对一审判决结果存在异议，并依法提出上诉，人民检察院能否以当事人不再认罪认罚为理由提出同步抗诉，此问题仍需要进一步探讨和明确。

1. 被告人的上诉权应予明确

认罪认罚一审获得从宽量刑之后，被告人以量刑过重为由提起上诉，这就意味着被告人对自身的认罪认罚行为反悔，试图通过上诉来获得双重利益，这显然不符合规定，与这项制度的设立初衷即提升审判效率也不符合。事实上，在推行这项制度试点期间，被告人滥用上诉权行为就已经被发现，“在认罪认罚案件中，被告人在提出上诉时，多数理由是刑期较短的这些被告人，他们想留在看守所服刑，由此引发上诉权滥用问题”。❸ 作为一项新制度，认罪认罚从宽制度在试点实施阶段，就受到各机关的极大关注。在试点开始初期上诉率并不是很高。如结合试点中期报告数据得知，“被告人提出上诉行

---

❶ 董坤：《认罪认罚案件量刑建议精准化与法院采纳》，载《国家检察官学院学报》2020 年第 3 期。

❷ 董坤：《认罪认罚案件量刑建议精准化与法院采纳》，载《国家检察官学院学报》2020 年第 3 期。

❸ 胡云腾主编：《认罪认罚从宽制度的理解与适用》，人民法院出版社 2018 年版。

为概率极低，具体上诉率只有3.6%”，因此在试点期间，上诉问题并不是很明显。[1] 然而，进入试点后期尤其是《刑事诉讼法》（2018年修正版）正式确立该制度之后，上诉问题逐步凸显。广东法纳川穹律师事务所专门对该问题进行分析研究，发现在64 859份认罪认罚案件文书中，“二审改判率高达20.73%，而普通案件的改判率也只有12%左右”[2]。笔者在工作实践中也发现，认罪认罚案件中的被告人提出上诉行为，更是获得很多刑事辩护律师的支持。

事实上，部分被告人并不是真的觉得量刑有问题，而是在拖延案件生效时间，从而可以留在看守所服刑，至于对诉讼资源的消耗、诚信问题，并不在被告人的考虑范围之内。甚至还有被告人对司法程序比较了解，清楚认罪认罚从宽制度的本质含义在一审中认罪认罚，获得从轻的司法利益，而又在上诉不加刑原则的保护下，提起上诉，如此一来，严重影响了诉讼效率和认罪认罚秩序，有违认罪认罚从宽制度的内在要求。那么，如何处理认罪认罚从宽与上诉不加刑原则之间的关系，以实现制度的真正意义，是一个急需解决的问题。学界与实务界均有提出应当对被告人上诉权进行一定限制的态度。[3] 陈瑞华针对司法实践中认罪认罚的轻刑案件实行一审终审制的提法进行了批判，认为小额民事速裁的一审终审制推广到刑事速裁的认罪认罚中不具备正当性[4]，对于其理由，笔者也赞同，在未修正现行《刑事诉讼法》之前，被告人具有上诉权，且这是一项绝对权利，不受任何限制。同时，司法实践面对的情况差别极大，由二审法院负责审理上诉个案较为合理。[5] 但是对实践中被告人钻法律空子的情形，如何应对也是不能回避的现实问题。

---

[1] 参见最高人民法院院长周强在第十二届全国人民代表大会常务委员会第三十一次会议上所做《最高人民法院、最高人民检察院关于在部分地区开展刑事案件认罪认罚从宽制度试点工作情况的中期报告》，“最高人民法院”微信公众号，2017年12月23日。

[2] 《认罪认罚案件大数据报告》，载微信公众号“法纳刑辩”，2018年8月9日。

[3] 郭烁：《控辩主导下的“一般应当”：量刑建议的效力转型》，载《国家检察官学院学报》2020年第3期。

[4] 陈瑞华：《认罪认罚从宽制度的若干争议问题》，载《中国检察官》2017年第9期。

[5] 郭烁：《控辩主导下的“一般应当”：量刑建议的效力转型》，载《国家检察官学院学报》2020年第3期。

2. 被告人上诉，人民检察院同步抗诉缺乏法律依据

在司法实践中，针对部分被告人在一审时，因为认罪认罚被从宽处罚后，又以量刑过重为由向上级人民法院提出上诉，而同时人民检察院又提出抗诉的情况，人民法院的裁判结果出现两种极端结果：一种是支持抗诉，加重处罚，以警示认罪认罚反悔行为❶；另一种是认为被告人拥有无因上诉权，一审量刑并无不当，驳回抗诉。❷ 笔者认为，检察机关同步抗诉缺乏理论基础。认罪认罚从宽制度处在以审判为中心的诉讼制度框架之下，在进行审判之前，关于是否可适用认罪认罚从宽制度，应充分发挥检察机关的主导作用，一旦进入审判环节，则检察机关不应再发挥该主导作用，毕竟检察机关的法律监督权是针对公权力的，而非包括上诉权在内的被告人自有权利。同时，检察机关同步抗诉缺乏法律依据。根据《刑事诉讼法》（2018 年修正版）第 228 条规定，只有在“第一审的判决、裁定确有错误的时候”，检察机关才可以提起抗诉。被告人在审查起诉阶段即认罪认罚，还签署具结书等书面文书。同时符合相关程序的规定，且无违反法定程序的情形，而且被追诉人在客观行为上践行了退赃退赔、赔偿损失、缴纳罚金等认罚承诺，就是自愿认罪认罚。❸ 此时即使被告人以量刑过重为由提出上诉，在二审时被认定为不认罚，这也是二审法院根据一审判决后的新情况，基于事实与法律作出的新判决，并非意味着一审判决的错误，人民检察院当然也不能依此提出抗诉。

---

❶ 在一起贩卖毒品案中，广州市天河区人民法院判处被告人姜某有期徒刑 9 个月、罚金 2 000 元，广州市天河区人民检察院将被告人以量刑过重为由上诉评价为“认罪动机不纯”而抗诉，广州市中级人民法院将主刑与罚金刑分别增加 6 个月、8 000 元，认定此种上诉行为属于“认罪但不认罚”。参见钟亚雅、黄泽龙、储颖超：《认罪认罚被从宽处理后又想上诉获减刑》，载《检察日报》2019 年 4 月 9 日，第 1 版。《人民法院报》对该案的结果持肯定性态度，指出“对认罪认罚上诉案件抗诉、加刑，体现的是司法机关在制度框架下对违背诚信行为的规制，是维护认罪认罚制度‘不走样’的实践探索，这样的努力无疑是值得鼓励的。”参见张伟、徐晨馨：《认罪认罚制度中的新问题》，载《人民法院报》2019 年 5 月 10 日，第 2 版。

❷ 深圳市中级法院在个案中指出：“上诉人在一审审理阶段同意适用认罪认罚程序审理，并签订了认罪认罚具结书，据此获得量刑减让，一审宣判后又以量刑过重为由提出上诉，违背之前认罪认罚的承诺，虽其行为有违诚实信用原则，但根据现行法律规定，被告人不服一审判决仍然可以提出上诉，综合全案事实和证据，原判根据犯罪事实、情节，社会危害程度及归案后的认罪、悔罪表现，量刑并无不当，抗诉机关的抗诉理由不能成立。”参见广东省深圳市中级人民法院（2018）粤 03 刑终 43 号刑事裁定书。

❸ 闵丰锦：《一般不应抗诉：认罪认罚后“毁约”上诉的检察谦抑》，载《河南财经政法大学学报》2020 年第 3 期。

第四节 小结

本章是对我国量刑规范化改革成果——《量刑指导意见》（2021 年版）文本在设计方面存在的理论问题的研究。主要从量刑原则、量刑方法、量刑情节三个方面进行了分析。在量刑原则方面，《量刑指导意见》（2021 年版）规定的量刑原则，多为刑法原则的重述，过于原则与模糊，没有体现量刑的特点，量刑原则的独有性彰显不足。具体表现为依法量刑原则与刑法原则重复，贯彻宽严相济应属刑事政策范畴，量刑均衡原则的实质内涵模糊不清，刑罚个别化原则的缺失。本书认为量刑的原则应当体现量刑公正的目的，量刑原则应当具体规定为罪责刑相适应原则、量刑均衡原则与刑罚个别化原则。在量刑方法方面，虽然摒弃了传统“估堆”量刑方法，将“定量”分析引入量刑，在改革过程中不断厘清“定性”与“定量”关系，确立“以定性分析为主，定量分析为辅”的量刑方法指导思路和量刑方法操作步骤，但在具体量刑规则方面未明确如何定性、定量，以及如何处理二者之间的关系。在量刑情节方面，改变了之前量刑情节散见于刑法各类规范中的局面，规范性极大增强，改革主要体现为规定了常见的量刑情节、对量刑情节进行一般性和特别性的区分规定、酌定量刑情节法定化三个方面，但是也造成了量刑情节适用阶段不明确、缺乏量刑情节适用规则、认罪认罚从宽情节缺乏规范化指引的问题，这些问题均需要解决。本章分析了量刑文本的具体规定存在的问题之后，将在第五章结合我国当前司法实践情况，分析量刑规范化改革的司法实践效果，以及量刑规范化过程中存在的立法、司法问题，以检视量刑规范化改革的相关文件是否真正实现了量刑的价值目标。

第五章

《量刑指导意见》的实践考察

实行量刑规范化改革至今，《量刑指导意见》历经了数次修改，量刑规范化改革所追求的量刑目标是否实现，需要通过司法实践效果来进行验证。笔者根据司法实践中出现的各种量刑问题，剖析《量刑指导意见》中存在的立法和司法困境，更能使我们清晰地认识《量刑指导意见》在实践中适用的情况，为完善量刑的路径找准切入点和着力点。

第一节　刑期计算的合理性审视

《量刑指导意见》在改革理念以及立法规范上的不足，导致了司法实践中出现了诸多量刑难题，这些难题无法在量刑规范化指南文件中找到解决方案，在一定程度上制约了我国量刑规范化改革的实际效果。

一、多人多次的共同犯罪案件难以精准量刑

在共同犯罪案件中，像多次实施盗窃、抢劫罪这类犯罪，其参与犯罪的人数较多、持续时间较长，犯罪的客观情况千差万别，并且共同犯罪人的表现各式各样，这决定了这类共同犯罪案件的量刑情节非常多，共同犯罪人的刑罚裁量工作难度也会加大。在司法实践中，对于多人多起的共同犯罪存在以下几种量刑难点。

（一）主从犯不应适用相同量刑起点

共同犯罪是指两人及以上共同参与犯罪。由于实施犯罪的人数多，量刑情节往往呈现多样化、复杂化，法官对共同犯罪人的刑罚裁量工作难度也比较大。共同犯罪案件中，各个共同犯罪人在共同犯罪中所起作用大小是量刑的基准。犯罪过程中的情节最能反映每个被告人在共同犯罪中的作用，根据其在共同犯罪中所起的作用大小分为“起主要作用的人”和“起次要作用的人”。“起主要作用的人”是主犯，其社会危害性和人身危险性更高，在适用量刑情节时要更加严格。例如，在故意伤害罪中，主犯有自首情节，减少基准刑 40%，并在罪后积极赔偿被害人，取得被害人谅解，减少基准刑 40%，而从犯没有任何减轻、从轻处罚的情节，仅从犯身份减轻 50%。因为《量刑指导意见》（2021 年版）对主犯和从犯的量刑起点并未作区分，此时，如果对主犯全部顶格适用减少基准刑的比例，将导致主犯的宣告刑要低于从犯，显然违背罪责刑相适应原则，难以实现量刑公正。主犯在故意伤害过程中实施犯罪的方式、手段、给被害人造成的伤害，决定其是主犯身份，起主要作用，社会危害性和人身危险性高于从犯，受到的刑罚必然重于起次要作用的从犯。因此，主从犯应适用差别的量刑起点。

（二）涉案金额在共同犯罪中对量刑的影响偏重

在共同犯罪中，数额有着非常重要的意义，像许多犯罪，特别是侵犯财产类犯罪和破坏经济秩序类犯罪，数额不仅决定该犯罪是否成立，而且还决定量刑的程度。对共同犯罪案件而言，整个案件在定性的时候，尤其需要考虑犯罪总额，需要全体共同犯罪人对此数额承担共同的刑事责任。在数额犯中，数额影响定罪量刑，但是，在其他的犯罪情节中，数额也是作为影响犯罪行为社会危害性的一个重要因素。[1] 共同犯罪人最终承担共同犯罪的刑事责任，不仅要确定全体共同犯罪人的刑事责任范围，而且还需要确定每一个共同犯罪人的刑事责任范围。每个共同犯罪行为人都需要对共同犯罪总额承担一份属于自己的责任。当然，针对共同犯罪总额，并不要求每个共同犯罪

[1] 沈惠娣：《共同经济犯罪中从犯数额的认定》，载《华东政法学院学报》2002 年第 4 期。

人都要承担全部的刑事责任或者平均责任，每个共同犯罪人所承担刑事责任的大小还要根据其在共同犯罪中的地位和作用来确定。

在共同犯罪中，共同犯罪人的地位和作用，可以从其是否处于组织者、领导者的地位、是否属于主犯、是否直接导致危害结果等多个方面来说明。主犯的身份是指行为人在整个共同犯罪中起到了主要作用，从犯的身份是指行为人在整个共同犯罪中起到了次要或辅助作用，这些共同犯罪人的刑事责任分担问题并不能完全由身份来确定。这一点在我国的刑法中有明确的体现。依据《刑法》（2021 年修正版）第 26 条[1]、第 27 条[2]的规定，一般主犯应当按照其参与的或者组织、指挥的全部犯罪处罚；也就是说，一般主犯需要对其参与实施的或者组织的数次犯罪负责，但是，这些犯罪并不仅仅是由主犯实施的，从犯、胁从犯也应该对各自的犯罪行为承担相应的刑事责任。共同犯罪人的刑事责任与其在共同犯罪中的作用成正比，换言之，在某一次共同犯罪中，本人在这次犯罪中所起到作用的大小决定了其承担刑事责任的大小。在侵犯财产罪的共同犯罪中，共同犯罪人的分赃情况可以直接反映其在共同犯罪中的地位和作用，因为根据共同犯罪人的分赃原则，在犯罪中贡献大的多分，在犯罪中贡献小的少分。从这个意义上来说，共同犯罪中的分赃数额能够间接地起到衡量犯罪分子所起到作用大小的尺度功能，所以对共同犯罪人适用刑罚时必须要考虑分赃数额。但是我们也不能将分赃数额与犯罪分子在共同犯罪中的作用等同起来，因为毕竟这是两个不同的概念。法官在对共同犯罪人量刑时，不仅要考虑其分赃的数额，而且要兼顾其他情节。在司法实践中，数额和情节作为对共同犯罪人裁量刑罚的标准，是一个十分复杂的问题。[3]

---

[1] 《刑法》（2021 年修正版）第 26 条规定："组织、领导犯罪集团进行犯罪活动的或者在共同犯罪中起主要作用的，是主犯。三人以上为共同实施犯罪而组成的较为固定的犯罪组织，是犯罪集团。对组织、领导犯罪集团的首要分子，按照集团所犯的全部罪行处罚。对于第三款规定以外的主犯，应当按照其所参与的或者组织、指挥的全部犯罪处罚。"

[2] 《刑法》（2021 年修正版）第 27 条规定："在共同犯罪中起次要或者辅助作用的，是从犯。对于从犯，应当从轻、减轻处罚或者免除处罚。"

[3] 孙维：《权力约束语境下关于公安机关实践公平正义的认识与思考》，载《公安研究》2014 第 1 期。

笔者所在辖区基层人民法院发生过一起案件，一审法院笼统将全部犯罪后果让所有共同犯罪人承担，没有进行细致划分，草率定罪。具体案情为：2009年3月某日，被告人詹某国驾车在QY县某村与该村村民贾某某开车发生碰撞，在解决车辆碰撞纠纷过程中发生争执。双方后来通过电话联系决定在某村坟地附近进行斗殴。被告人詹某国、詹某波纠集付某某、詹某伟、詹某召、詹某雪、詹某义、詹某昌、于某牛以及李某某、詹某普、于某某、詹某远、詹某光、詹某伟（现均外逃）携带木棍、铁棍、弩等工具，被告人于某明纠集被告人肖某某、于某利、于某杰和郑某民、肖某、岳某某、崔某某、刘某某、张某某（现均外逃）携带铁棍、扎枪、砍刀等工具，与马庄粮站附近展开斗殴，造成劝架人詹某涛轻伤（九级伤残）、被告人詹某国、被告人张某某轻伤，并且造成两辆汽车被损毁。一审法院认定上述被告人构成聚众斗殴罪，具体量刑情节见表5－1。

表5－1　一审认定的量刑情节

姓名	主犯或从犯	是否当庭认罪
于某明	主犯	是
詹某国	主犯	是
肖某某	从犯	是
于某利	从犯	是
付某某	从犯	是
詹某义	从犯	是
詹某召	从犯	是
詹某雪	从犯	是
于某杰	从犯	是
詹某伟	从犯	是

一审法院判处被告人于某明有期徒刑5年；判处詹某国有期徒刑5年；判处肖某某有期徒刑3年；判处于某利有期徒刑3年；判处付某某有期徒刑3年；判处詹某义有期徒刑3年；判处詹某召有期徒刑3年；判处詹某雪有

期徒刑3年；判处于某杰有期徒刑3年；判处詹某伟有期徒刑3年2个月。

二审法院经审理认为，一审定罪准确，但量刑不当，一审法院忽略了一些量刑情节，故依法做出改判处理。表5-2是二审量刑处理情况。

表5-2 二审认定的量刑情节

姓名	主犯或从犯	积极赔偿被害人或取得谅解	累犯、前科	是否当庭认罪
于某明	主犯	积极赔偿被害人并得到谅解	无	是
詹某国	主犯	无	无	是
肖某某	从犯	积极赔偿被害人并得到谅解	无	是
于某利	从犯	积极赔偿被害人并得到谅解	无	是
付某某	从犯	无	无	是
詹某义	从犯	无	无	是
詹某召	从犯	无	无	是
詹某雪	从犯	无	无	是
于某杰	从犯	无	无	是
詹某伟	从犯	无	前科	是

二审法院发现：原判笼统地将被告人认定为聚众斗殴的共犯，让其对共同造成的轻伤3人、轻微伤1人，两辆车受损的结果负责不妥，应当各自对己方人员造成的损伤后果共同负责，并根据表5-2所述量刑情节，作出以下判决：判处上诉人（原审被告人）于某明有期徒刑3年8个月；判处詹某国有期徒刑3年9个月；判处肖某某有期徒刑1年10个月；判处于某利有期徒刑1年10个月；判处付某某有期徒刑2年；判处詹某义有期徒刑2年；判处詹某召有期徒刑2年；判处詹某雪有期徒刑2年；判处于某杰有期徒刑2年4个月；判处詹某伟有期徒刑2年5个月。

从上述案例中，可以看出共同犯罪中的侵犯财产案件中，各个共同犯罪人需要对本人参与的总额承担刑事责任，而不是全案的总额。对共同犯罪需要区别对待，并非表现在各个共同犯罪人对其本人分赃所得数额承担刑事责任上，而是体现在综合地考察其在共同犯罪中的作用，并根据每一个共同犯罪人作用大小来进行轻重有别的处罚。在共同犯罪中，各个共同犯罪人的地位和作用是对各共同犯罪人裁量刑罚的基本根据。对于数额，是多数共同犯罪的量刑应当参考的一个因素。数额不能成为共同犯罪量刑中的绝对关键，而是要把其与其他犯罪情节结合起来统一进行考察。

二、在成年前后犯同种罪行的量刑计算依据不明

在刑事犯罪案件中，未成年人犯罪案件占有一定的比重。与世界其他的国家相比，我国的刑法典针对未成年人犯罪定罪量刑问题规定得较为原则性，除了不适用死刑的规定外，就只有一条从轻或减轻处罚的规定，在司法实践中，可操作性不强。《量刑指导意见》（2021 年版）也仅对“犯罪时未成年”这一情节做了幅度规定，没有更具体的操作规范[1]。但“犯罪时未成年”具体适用的比例如何把握，是否单纯依据年龄进行计算，文本并没有予以回应，司法实践中适用方法也不尽相同。笔者认为，在一般情况下，尤其是在共同犯罪案件中，不同年龄的未成年被告人“犯罪时未成年”的这一量刑情节对于基准刑调节的比例原则上应当与被告人的年龄成反比。换言之，被告人的年龄越接近 18 周岁，“犯罪时未成年”作为一种量刑情节对基准刑的调节比例或调节幅度就会越小，这反映了未成年人辨认和控制能力受年龄的直接影响。然而，这并非绝对的，总体而言，在对未成年人的犯罪量刑调节比例进行确定时，应当依据未成年人对犯罪的认知能力、实施犯罪行为的动机和目的、犯罪时的年龄、是否初犯、偶犯、悔罪表现、个人成长经历和一贯表现等情况合理确定。此外，我们还应特别注意定罪的关键节点，即未成年人在

[1] 《量刑指导意见》（2021 年版）规定：“（一）对于未成年人犯罪，综合考虑未成年人对犯罪的认知能力、实施犯罪行为的动机和目的、犯罪时的年龄、是否初犯、偶犯、悔罪表现、个人成长经历和一贯表现等情况，应当予以从宽处罚。1. 已满十二周岁不满十六周岁的未成年人犯罪，减少基准刑的 30% ~60%；2. 已满十六周岁不满十八周岁的未成年人犯罪，减少基准刑的 10% ~50% 。”

实施行为时是否已年满16周岁，以便准确适用不同的刑罚领域，以适当调整基准刑。不同跨年龄段的犯罪有三种：一是行为人的危害行为包括12岁以下和12岁以上、16岁以下两个年龄段；二是行为人的危害行为包括12岁以上、16岁以下和16岁以上、18岁以下两个年龄段；三是行为人的犯罪行为包括16岁以上、18岁以下和18岁以上两个年龄段。[1] 对于上述跨年龄段犯罪，如何进行量刑，怎样才能区分不同年龄段施以不同的刑罚，做到罪责刑相适应，文本的规定更是空白，这是第一个难题。第二个难题是对同一被告人在未成年前后分别实施犯罪的，或多次抢劫、抢夺，部分未遂，部分既遂的，如何确定和适用犯罪情节的问题。

有这样一起抢劫案，被告人王某某，1991年10月28日出生，2009年3月11日抢劫出租车司机现金120元及手机一部；2009年3月16日，抢劫出租车司机未遂；2009年3月22日，抢劫过路行人现金11元；2009年12月底，抢劫过路行人现金40元。王某某实施抢劫4起，其中3起系未成年时犯罪，1起系成年后犯罪，3起抢劫既遂，1起抢劫未遂。在具体量刑时，考虑其未成年时犯罪的比例远大于其成年后犯罪，故在确定减少的刑罚量时，选择了未成年人犯罪减少幅度中接近中间的幅度。在考虑未遂情节时，因既遂的犯罪事实系多次，只有1起未遂，故合议庭没有在未遂应减少的幅度内确定减少的比例，而是在此幅度外对未遂确定了5%作为减少的比例。根据量刑情节，依法对被告人王某某判处有期徒刑5年6个月。以上在同一被告人犯罪中，既有未成年部分，也有成年部分，既有既遂，也有未遂，合议庭综合考虑未成年部分和未遂部分在全部犯罪中所占的比例确定了减少的刑罚量比例。

笔者认为，对上述未成年人跨年龄段的犯罪应做不同程度的区分，分别作出相应的处理。第一种处理情况是被告人实施危害行为时若跨刑事责任年龄和非刑事责任年龄段两个阶段，仅对应当负刑事责任年龄的危害行为承担刑事责任，并依照《量刑指导意见》来确定基准刑的调节幅度。[2] 针对被告

[1] 赵俊：《少年刑法比较总论》，武汉大学2010年博士学位论文。

[2] 曾粤兴：《正当防卫的司法误区》，载《中国刑事法杂志》2019年第5期。

人在14周岁以前实施的危害行为是否能够作为酌定从重量刑情节，目前学界仍有一定争议。笔者认为，未成年人的主观恶性有其一贯表现，量刑时应当充分考虑，但根据《中华人民共和国刑法修正案（八）》（以下简称《刑法修正案（八）》）的有关规定，不满18周岁时实施判处5年以下有期徒刑的犯罪不构成累犯，应慎重地适用从重情形，把握住从重的幅度。第二种处理情况是被告人在跨不同刑事责任的年龄段实施不同种犯罪行为，应分别依照实施犯罪时所处年龄段来确定从宽幅度。第三种处理情况是被告人在跨刑事责任年龄段实施同种犯罪行为，应当依照实施主要犯罪行为时所处的年龄段来酌情确定从宽幅度。当主要犯罪事实无法区分时，应综合考虑案件情况，从最有利于未成年被告人被教育、感化、挽救的角度出发，来确定适当的从宽处罚幅度。

第二节　对法官自由裁量权的影响

《量刑指导意见》确立了量刑原则、量刑目的、量刑方法和步骤，让法官在量刑原则和量刑公正目的的指引下，使用规定的量刑方法，按照法定量刑步骤进行量刑活动，并规定了“常见的量刑情节”以供刑事法官在审判时适用。量刑起点和基准刑被确立以后，法官在排除各种法定和酌定情节的情况下，对某种既遂状态的抽象犯罪进行判处刑罚时有了标准。我国法官在量刑方法的使用和量刑情节适用方面被赋予了一定的自由裁量权，但是仍然存在“量刑机械化”的倾向。

一、有关自由裁量权的规定

从量刑方法的使用方面剖析，本书认为法官的量刑自由裁量权表现为三方面。一是法官有在量刑起点幅度内确定个案量刑起点的裁量权。《量刑指导意见》（2021年版）明确规定，法官要依据具体的案件事实，行使自由裁量权，在相对较窄的量刑起点幅度内确定一个点作为量刑起点。二是法官有确定增加刑罚量幅度的裁量权。法官应在全面把握案件的性质和增加刑罚量事实的性质的基础上，适当地运用自由裁量权，在增加刑罚量事实的量化评价幅度内，决定具体增加刑罚的量，最后确定基准刑。三是法官有调节宣告刑的裁量权。法官根据量刑情节调节基准刑后得出拟宣告刑后，如果认为拟宣告刑不符合罪责刑相适应原则，可以根据《量刑指导意见》（2021 年版）的规定在 20% 的幅度内调整拟宣告刑，确定最终的宣告刑。

在进行量刑情节的适用时，法官的量刑自由裁量权主要有三种。第一，法官有选择在哪些具体案件中适用量刑情节的权力。除定罪情节以外，具体案件中还包含很多其他情节，而在这些其他情节中法官选择出最适用本案的量刑情节，加以适用。第二，法官有选择量刑情节功能的权力。我国刑法中所规定的法定量刑情节多是多功能情节，而在具体案件中一个量刑情节所对应的功能只有一个，对于多功能情节的功能选择也是法官自由裁量权的题中应有之义。第三，法官有选择量刑情节功能的具体幅度的权力。《量刑指导意见》（2021 年版）中将量刑情节同基准刑相对应，规定增加或减少一定百分比的基准刑。但这个百分比所规定的基准刑是一个幅度，在具体案件中将具体的量刑情节确定为一个具体确定的值，这需要法官在进行量刑时自由选择适用。

二、量刑自由裁量权行使的问题

（一）裁量权的数字量化模式难以回应个案的复杂性

试点之初，《量刑指导意见》（2008 年版）精确限制法官的量刑自由裁量权，严格按照量刑步骤确定量刑幅度，用数字量化模式规范法官的裁量权，法官量刑时没有自由裁量的空间。到《量刑指导意见》（2010 年版）全面试行阶段，给了法官上下浮动 10% 的量刑空间；在 2014 年版、2017 年版和 2021 年版的《量刑指导意见》中，法官的自由裁量空间增加至 20% 。[1] 在此理念的指导下，量刑自由裁量权设置以数字化为标准，以规避量刑失衡的发生。但司法实践是生动鲜活的，罪犯不可能严格按教科书规范的形式去犯罪，

---

[1] 2014 年版、2017 年版和 2021 年版《量刑指导意见》在“确定宣告刑方法”中规定：“综合考虑全案情况，独任审判员或合议庭可以在 20% 的幅度内对调节结果进行调整，确定宣告刑。”

立法者也不可能把所有的量刑情节都预先考虑到并找到一一对应的解决方法，法官也不可能仅依据刑法典就能轻松地为千奇百怪的案件找到统一的标准答案。❶ 不同案件之间的量刑存在的差异是司法裁判的规律之一，并不存在标准化与精确到具体数字的量刑。

笔者并非赞同不加限制的自由裁量权。笔者理解的量刑自由裁量权指的是规范化的裁量权，是约定俗成或明文规定的准则，而非设置严苛的数字化的模式来回应复杂的个案。《量刑指导意见》采用的这种数字量化的量刑方式是将量刑情节细分若干情况并对应相应百分比，法官只能在这个百分比区间内选择。这种做法的一个显著特征是整齐划一，但从另一个角度解读就是机械化。犯罪情节包容万千，很难用明确的比例予以计算。按照这种模式量刑，表面上是"一把尺子量人"，不会因人的不同、区域的差别产生不同的量刑结果，看似平等的量刑实现了形式上的平等，但实际量刑结果并不一定公正，法官在实践中也很难操作与把握。

（二）《量刑指导意见》给予法官的自由裁量权幅度较小

《量刑指导意见》是以约束法官的自由裁量权为改革目标的，因此在量刑的每一个步骤上都有缩减自由裁量的痕迹，表现为：对量刑起点选择、宣告刑确定、基准刑的增减以及常见量刑情节的提取和取舍、各罪量刑情节的适用幅度，以及法官在刑种的选择、刑罚执行方式、附加刑等裁量权的选择都作出了较为细致的规定。让法官的量刑行为成了按照量刑方法、步骤进行的四则运算行为，则法官的量刑裁量权几乎没有用武之地。由于犯罪的个别化和特殊性，基准刑只是法定刑幅度内一个更小的幅度范围，但这一相对精确的幅度范围无疑严格限制了法官刑事量刑裁量权，法定量刑情节与酌定量刑情节的严格计算方法可以计算出整齐划一的量刑结果，但是法官无法通过量刑回应法定量刑情节与酌定量刑情节之外的个案差异与社会发展的多元情况。世界上不仅没有两个完全相同的案件，而且不会有两个完全相同的犯罪行为人，没有相应的自由裁量权，刑法难以做到真正意义上的公正，刑罚目

---

❶ 石经海：《量刑思维规律下的量刑方法构建》，载《法律科学（西北政法大学学报）》2010 年第 2 期。

的也难以实现。[1] 如在交通肇事、故意伤害等案件中，这些案件量刑情节一般表现为赔偿和谅解，目的在于督促犯罪人的积极赔偿以尽量恢复被害人受损的法律权利。犯罪人积极赔偿获得被害人的谅解后，可以在量刑时适当减轻犯罪人的刑罚。但是根据《量刑指导意见》（2021 年版）的规定，积极赔偿被害人经济损失并取得谅解只能减少基准刑的 40% 以下[2]，在有期徒刑 3 年以下的幅度内，赔偿不赔偿的差距不会超过 1 年的刑期，即使在此基础上，法官再顶格行使 20% 的量刑裁量权，两者的差距有时也起不到鼓励被告人积极赔偿被害人损失的作用。因此，在有些经济欠发达地区，出现被告人宁愿多坐 1 年牢也不愿赔偿损失的情形，导致被害人难以获得赔偿。这使得“恢复性司法”目的落空。严格的数字量刑模式，约束了法官的自由裁量权，使得法官在面对诸多复杂案情时束手无策。《量刑指导意见》需要在一定条件下，给予法官适当灵活的自由裁量权限以回应案件的复杂性。

司法活动的本质属性是自由裁量，司法活动的生命所在也是自由裁量，自由裁量是实现司法公正的内在要求。但是自由裁量是有限度的，“自由”必须是在法律规定的幅度内进行的“自由”，必须是合理的、有限度的。量刑规范化不会导致法官的自由裁量权被限制或者被剥夺，更不会否定刑罚个别化。量刑规范化的目的是规范自由裁量权的行使，使宽严相济刑事政策得到落实、量刑的公开性得到增强。

第三节　罪名与刑种规范的局限

一、规范罪名覆盖面较小

在量刑规范化改革之初，《量刑指导意见》（2008 年版）规范量刑的适

[1] 李晓明：《刑事量刑自由裁量权及其规范》，载《人民检察》2008 年第 21 期。

[2] 《量刑指导意见》（2021 年版）规定：“对于积极赔偿被害人经济损失并取得谅解的，综合考虑犯罪性质、赔偿数额、赔偿能力以及认罪悔罪表现等情况，可以减少基准刑的 40% 以下；积极赔偿但没有取得谅解的，可以减少基准刑的 30% 以下；尽管没有赔偿，但取得谅解的，可以减少基准刑的 20% 以下。对抢劫、强奸等严重危害社会治安犯罪的，应当从严掌握。”

用范围被限定在了盗窃、故意伤害、抢劫、交通肇事和毒品犯罪等5类罪名。截至2009年11月出台了《新增十个罪名的量刑指导意见（试行）》，规范量刑的适用范围增加至15个。[1] 最高人民法院发布的《量刑指导意见（二）》（2017年版）进行了修订，补充了8种罪名。这样《量刑指导意见》涉及的罪名增加至23种。2021年，最高人民法院、最高人民检察院联合发布《量刑指导意见》（2021年版），将《量刑指导意见》（2017年版）（包含正式实施的15种罪名）和《量刑指导意见（二）》（2017年版）（包含试行的8种罪名）合二为一，一同纳入确立23种规范量刑的罪名。最高人民法院发布了2014—2018年刑事审判大数据报告，统计了审结一审刑事案件类型情况（见图5-1和图5-2）。[2]

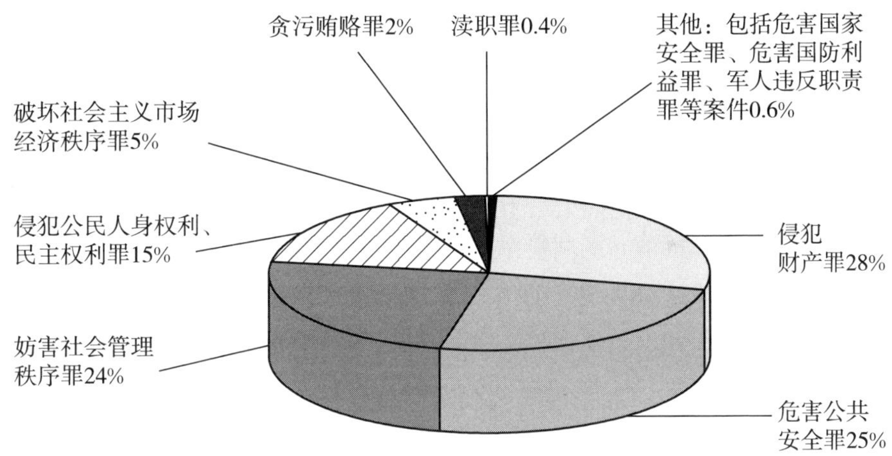

图5-1 最高人民法院发布的2014—2018年审结一审刑事案件类型[3]

---

[1] 将强奸、非法拘禁、诈骗、抢夺、职务侵占、敲诈勒索、妨害公务、聚众斗殴、寻衅滋事、掩饰、隐瞒犯罪所得、犯罪所得收益等10个罪名纳入量刑规范化改革的试点范围之中，从而使得量刑规范化的适用罪名达到了15个。

[2] 参见《最高法最新发布2014—2018年刑事审判大数据报告》，载微信公众号"法纳刑辩"，2019年10月25日。

[3] 《量刑指导意见》（2021年版）主要是两个《量刑指导意见》（2017年版）的合并，更改内容不多，因此2014—2018年的数据能够体现实践情况。

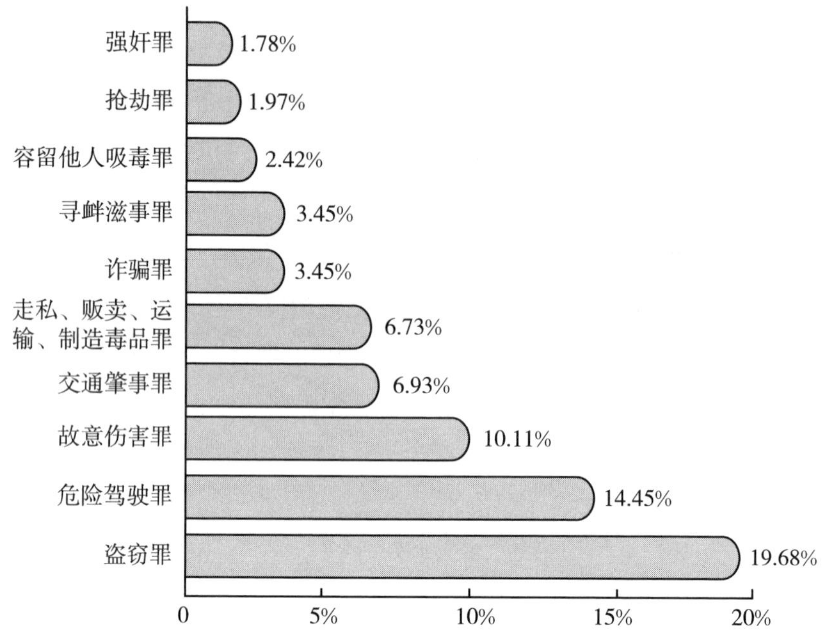

图 5－2　最高人民法院发布的 2014—2018 年审结一审刑事案件前十名

从报告发布的审结一审刑事案件类型来看，五年来审结刑事案件主要包括侵犯财产罪、危害公共安全罪、妨害社会管理秩序罪、侵犯公民人身权、民主权利罪、破坏社会主义市场经济秩序罪、贪污贿赂罪、渎职罪等，其中前十位的罪名包括盗窃罪，危险驾驶罪，故意伤害罪，交通肇事罪，走私、贩卖、运输、制造毒品罪，诈骗罪，寻衅滋事罪，容留他人吸毒罪，抢劫罪，强奸罪，这些罪名中大部分已经为《量刑指导意见》所规范。最高人民法院在《量刑指导意见》中仅涉及部分罪名，可能是基于量刑规范化改革的要求，任何刑事法律规范的出台都需要经过理论的论证与实践的试点，需要循序渐进的过程。但是，作为量刑规范化的指导文件，《量刑指导意见》是一种统一的标准、统一的司法方法，应该做到普遍适用于所有刑法罪名。

《量刑指导意见》所规定的内容应当从整体出发，兼顾整个刑事司法的全局性与协调性，不能针对特定的少数罪名作出不同于一般罪名的量刑方法。不然会出现以下难以回答的问题："以定性分析为主，定量分析为辅"是科学有效的量刑方法，为何不能适用于所有刑法罪名？没有规定在《量刑指导意见》中的绝大多数罪名倘若参照已有罪名的量刑情节、方法进行适用，则可能会产生类推的嫌疑。假如被告人或其辩护律师要求审判人员依照《量刑指导意见》对其中未规定的犯罪进行量刑，法院能否采纳，适用的理由是否足够充分？笔者以职务犯罪一审量刑为例分析在反腐败高压态势下，贪污贿赂类犯罪的量刑特点，来说明《量刑指导意见》应该对这种公众关注度高的贪腐犯罪予以规范。

表5－3中犯罪数额基本相同，量刑情节也大体一致，但判决结果有的是免于刑事处罚，有的是判处有期徒刑1年以上，相差较大。自党的十八大以来，党中央加大力度反腐倡廉，严厉打击职务类犯罪，有相应的实践数据为基础，有必要对此类的量刑进行统一规范。《量刑指导意见》应是适用所有罪名的一种量刑规范，但是目前来讲，仅对23种罪名进行量刑指导，缺乏法律规范应有的全局性与协调性。

表5－3 贪污贿赂犯罪量刑对比

被告人	罪名	犯罪数额	量刑情节	判决结果
韩某某	贪污罪	50 400元	认罪、退赃	有期徒刑1年2个月，并处罚金10万元
梁某	受贿罪	60 000元	坦白、退赃	免于刑事处罚
王某某	受贿罪	59 490元	坦白、退赃	免于刑事处罚
王某	贪污罪	67 903元	认罪、退赃	有期徒刑1年3个月，并处罚款10万元

我国刑法的规定存在犯罪数额增长与刑期增长之间不均衡的现象。这个问题在贪污罪、受贿罪中表现得尤其突出，《中华人民共和国刑法修正案（九）》（以下简称《刑法修正案（九）》）虽然把贪污罪的量刑改为数额加情节的规则，但是数额仍然是量刑的基本参照量，从3万元起刑到20万元是3年以下，有3年的刑量，20万～300万元是7年的刑量，300万元以上是10年以上直至死刑。在第一个量刑幅度，平均5万～6万元判处1年刑期；在第二个量刑幅度，平均40万元判处1年刑期；在第三个量刑幅度，几百万元判处1年刑期，从经济角度分析，贪污得越多，刑期越短。在司法实践中，

受贿金额 1 000 万元，通常处刑在有期徒刑 11～12 年，而受贿金额 3 000 万元左右，通常处刑也在有期徒刑 13～14 年，金额相差 3 倍，而量刑的差距很小。笔者在中国裁判文书网中检索了《刑法修正案（九）》施行前后判处 10 年以上有期徒刑的受贿案件，并犯罪数额和刑期进行了统计分析和对比，具体数额与刑期对应关系详见表 5－4。

表 5－4 《刑法修正案（九）》施行前后判处 10 年以上有期徒刑的受贿案件中数额与刑期的关系

时段	刑期/年	数额满 10 万元不满 20 万元/人	数额满 20 万元不满 150 万元/人	数额满 150 万元不满 300 万元/人	数额 300 万元以上/人	最高数额/万元
《刑法修正案（九）》施行之前	10	7	19	4	1	359.2
	11	1	3	3	2	370
	12	—	2	4	4	3 979
	13	—	1	2	4	400
	14	—	—	—	3	600
	15	—	—	—	8	4 856
《刑法修正案（九）》施行之后	10	—	—	—	2	1 118
	11	—	—	—	5	1 356
	12	—	—	—	14	2 046
	13	—	—	—	6	2 371
	14	—	—	—	2	2 328
	15	—	—	—	6	6 056

注：表中所列不同有期徒刑刑期包括该刑期本数及以上 1 个月不满 12 个月的刑期。例如，有期徒刑 10 年包括 10 年、10 年 1 个月、10 年 2 个月，直到 10 年 11 个月。表中案例来源于《刑法修正案（九）》施行前后副省部级国家工作人员犯罪案件各 40 件，《刑法修正案（九）》施行前后其他人员受贿案件 100 件（施行前）和 50 件（施行后）。

《刑法修正案（九）》施行前，发现了几个问题。一是受贿罪适用的10～15 年有期徒刑的刑期中，每提高两年刑期，其犯罪数额则成倍增长，刑期越高，则倍数增长越大。表 5－4 显示，适用有期徒刑 10～11 年的受贿犯罪最低数额为满 10 万元不满 20 万元，而适用有期徒刑 12～13 年的受贿犯罪最低数额为满20万元不满150万元，适用有期徒刑14～15年的受贿犯罪最低数额则为300万元以上，最高到4 856万元。二是受贿案件适用10年以上有期徒刑的5年刑期差距，所对应的犯罪数额由最低的满10万元不满20万元到最高4 856万元，之间存在巨大差距。《刑法修正案（九）》施行后，也发现了几个问题。一是案件均为300万元以上的，受贿150万元以上不满300万元同时具有其他严重情节的案件数量为0。二是适用10年以上各刑期的最高受贿数额与之前相比明显提高，且刑期越高，数额提幅越大。适用有期徒刑10年的案件，最高受贿数额已从施行前的359.2万元提高到施行后1 118万元；适用15年有期徒刑的案件，最高受贿数额从施行前的4 856万元提高到6 056万元。《刑法修正案（九）》尝试将贪污贿赂的量刑原则改为数额加情节，不再单纯强调数额对量刑的影响。[1] 但《量刑指导意见》未将公众关注度高的贪污贿赂等职务犯罪纳入规范范围内。

二、规范刑种有待增加

罚金刑是社会经济发展到一定阶段的产物。人们摒弃了传统的重义轻利的观念，对正义的重要性有了新的认识，在当下越来越重利的情况下，作为一种越来越受到重视的经济制裁，罚款的严重程度不亚于一般的短期自由刑。[2] 但在司法实践中，罚金的处罚差异性很大，笔者从中国裁判文书网上选取了关于抢劫罪的案例，分析抢劫犯罪中对罚金刑的适用；在选取案例时按照地域及经济发达程度分别选取了北部、中部、南部省份的案件各1件。黑龙江省大庆市萨尔图区人民法院2019年曾有一判决认定魏某某持刀5次抢劫，抢劫金额495元，具有坦白情节，依法判处其有期徒刑10年2个月，罚金1万元[3]。河北省石家庄市鹿泉区人民法院2019年曾有一判决认定梁某波、梁某明二人共同抢劫涉案金额2 508元，具有坦白情节，依法判处其有期徒刑4年6个月，罚金5 000元[4]。江苏省苏州市吴中区人民法院2019年曾有

[1] 韩晋萍：《受贿罪刑罚制度研究》，法律出版社2019年版，第185页。

[2] 周应德、周海林：《试论罚金刑的缓刑》，载《现代法学》1998年第3期。

[3] 黑龙江省大庆市萨尔图区人民法院（2019）黑0602刑初155号判决书。

[4] 河北省石家庄市鹿泉区人民法院（2019）冀0110刑初214号刑事判决书。

一判决认定丁某持刀抢劫，涉案金额959元，具有坦白情节，依法判处其有期徒刑3年9个月，罚金3 000元[1]。显而易见，以上案例涉案金额不尽相同，罚金数额也是五花八门，有涉案金额少但是判处罚金多的，有涉案金额多但是判处罚金少的。从刑法学上来看，罚金主要是为了更好地惩罚罪犯，打击其犯罪的经济基础，但是这种罚金处罚的参差不齐，容易受人诟病“同罪不同罚”，所以应当归纳总结罚金刑的裁判规则。目前，《量刑指导意见》（2021年版）尝试将罚金的适用纳入规范范围，但仅在“量刑的基本方法”“常见犯罪的量刑”部分作出了一些原则性规定，鉴于罚金刑的广泛适用性和灵活性的特点，有必要对罚金刑的刑事规则进行更为具体的、统一的规范。

社会的文明程度越高，社会就会表现得越稳定；与此同时，社会对于犯罪危害之感受程度就会越轻微，因此，对犯罪所适用的刑罚也应当越缓和。[2]司法实践中适用缓刑较多的罪名为交通肇事罪、危险驾驶罪和故意伤害罪，并且随着时间的推移有上升趋势，但量刑规范化运行数年来，也仅是在《量刑指导意见》（2021年版）中将缓刑的适用纳入规范范围，作出一些原则性规定，而缺少更为具体的、详细的规定。具体内容笔者已经在第三章中予以论述。

第四节　实践效果的整体评价

笔者用实证研究方法，以BD等市量刑规范化改革以来各种指标来检视量刑方法改革的成效，用数据和实践案例，从审判质效、量刑结果、司法裁量、司法公开、同案同判五个方面来全方位地分析量刑改革对量刑之间的指导效果。

一、对审判质效的影响——从上诉率、抗诉率着眼

按照改革设计者的初衷，改革细化量刑标准，以公开量刑情节适用比例和幅度的方法促进量刑均衡，达到量刑公正的目的。在改革之初确实出现了上诉率、抗诉率下降的现象，但是在更长的改革期限内，该“成效”并没有

---

[1] 江苏省苏州市吴中区人民法院（2019）苏0506刑初447号刑事判决书。

[2] 马克昌主编：《近代西方刑法学说史》，中国人民公安大学出版社2008年版，第156页。

持续的生命力。上诉率、抗诉率也代表案件当事人对量刑结果的满意程度，“在确定人们认为处理案件的具体司法机关是否公正时，我们将人们是否满意案件的处理结果这一指标引入方程。结果发现，这一因素对人们如何认识程序正义的含义产生了强烈的影响。实证研究认为，人们是否满意案件的处理结果这一因素会影响人们对司法机关公正性的看法”❶。量刑规范化改革的初衷包含提升公众对司法公正的满意度，那么笔者用上诉率、抗诉率来检验这一初衷是否实现，用图形的方法呈现改革之初到改革十年上诉率、抗诉率的变化，能够很清晰地印证笔者的观点——上诉率、抗诉率在长期时限内未实现持续下降，社会对量刑公正满意度并未持续提升。

调研数据显示，改革之初的三年，15 类常见罪名抗诉率维持在较低水平。HB 省 11 个地级市法院中，有 9 个法院三年来的抗诉率均保持在 10% 以下。其中，BD 市没有 15 类罪名的抗诉案件，因为 BD 市法院在改革之初被最高人民法院列为试点法院，公检法三家积极配合，响应量刑规范化改革，加之案件质量较优，因此没有相关罪名的抗诉案件。而 TSH 市和 HD 市两地法院三年的抗诉率均超过 10%，尤其是 TSH 市法院连续三年的抗诉率位列 HB 省第一，抗诉案件数量均超过 100 件，抗诉率在 40% 左右，2010 年的抗诉率接近 50% （见图 5－3）。

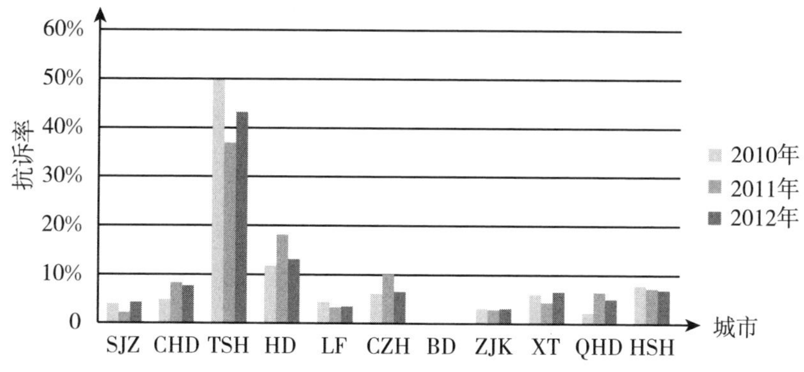

图 5－3　2010—2012 年 HB 省各地法院 15 类案件抗诉率

注：以 HB 省 11 个中级人民法院在量刑规范化改革的初期（2010—2012 年）的案件为调研对象，统计各中级人民法院的刑事案件抗诉率。

---

❶ ［美］汤姆·R. 泰勒：《人们为什么遵守法律》，黄永译，中国法制出版社 2015 年版，第 245 页。

调研数据显示，改革之初的三年，15 类常见罪名上诉率维持在较低水平。HB 省 11 个地级市法院中，有 9 个法院三年来上诉率均保持在 10% 以下。上诉率最低的法院是 CHD 市法院，三年的上诉率均维持在 2% 左右，而 TSH 市和 SJZ 市两地法院三年的上诉率均超过 15%，尤其是 TSH 市法院连续三年的上诉率位列 HB 省第一，上诉率接近 30%（见图 5－4）。

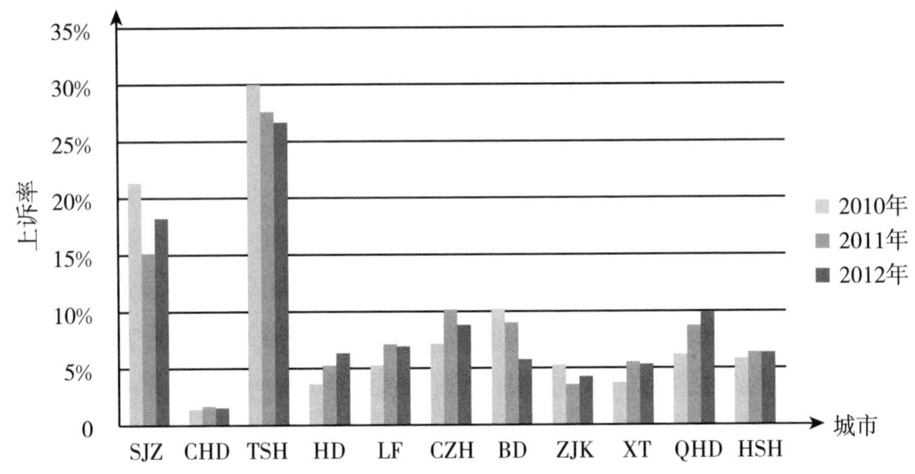

图 5－4　2010—2012 年 HB 省各地法院 15 类案件上诉率

注：以 HB 省 11 个中级人民法院在量刑规范化改革的初期（2010—2012 年）的案件为调研对象，统计各中级人民法院的刑事案件上诉率。

从图 5－3、图 5－4 中的数据来看，在量刑规范化实施之初，纵向比较三年数据，抗诉率呈现上下起伏趋势，甚至 2012 年有些地方法院上诉率明显高于前两年数据。笔者把上诉率、抗诉率的统计期限延长至 2019 年，以 BD 市辖区人民法院 15 类常见犯罪整体的上诉率、抗诉率为样本，统计在更长的改革周期内上诉率、抗诉率的变化状态（详见图 5－5 和图 5－6）。

通过对 HB 省 BD 市调研数据分析，适用量刑规范化审理的案件数量呈逐年上升的趋势。2010—2019 年审结案件数量由 2 304 件上升至 4 536 件，同时上诉率由 7.72% 上升至 14.88%。2010—2014 年试行期间上诉率均维持在 10% 以下，自 2015 年起上诉率开始超过 10%，并呈现逐年上升趋势。

笔者对 BD 市辖区人民法院常见犯罪中的非法拘禁罪，交通肇事罪，强奸罪，故意伤害罪，诈骗罪，盗窃罪，抢夺罪，敲诈勒索罪，职务侵占罪，寻衅滋事罪，聚众斗殴罪，妨害公务罪，走私、贩卖、运输、制造毒品罪等15种罪名在2016—2018年三年间[1]的抗诉率和上诉率进行了统计（详见图5－5和图5－6）。

从图5－5中可以看出15种常见犯罪在2016—2018年三年来的抗诉率的变化趋势，仅有抢劫罪、盗窃罪、诈骗罪三类罪名呈现连续三年下降趋势，非法拘禁罪、抢夺罪两类罪名三年抗诉率持续上升，其余罪名的抗诉率呈现反复状态。

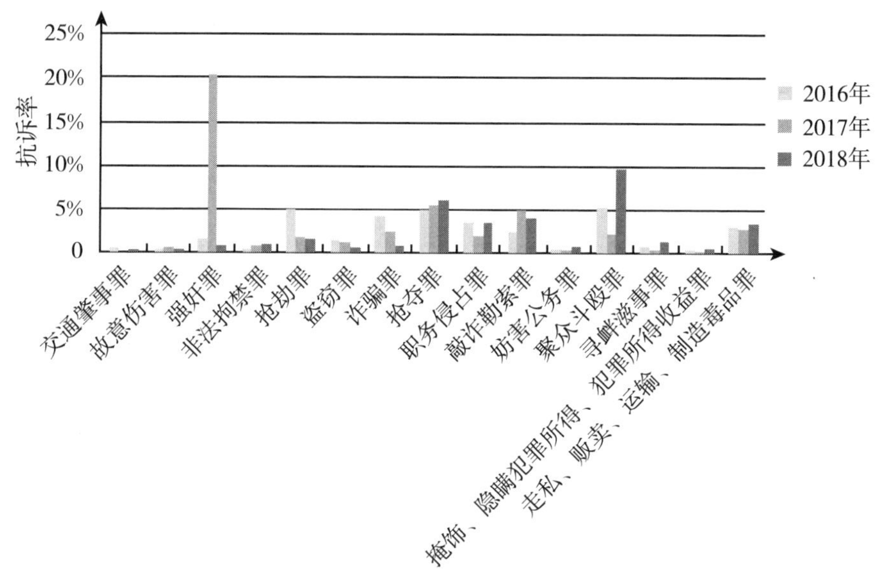

图5－5　2016—2018年BD市辖区人民法院常见犯罪抗诉率

注：以BD市辖区人民法院2016—2018年15种常见罪名为调研对象，统计15种常见犯罪案件抗诉率变化情况。

从图5－6中可以看出15种常见犯罪在2016—2018年三年来的上诉率的变化趋势，没有一个罪名是连续三年持续呈现下降趋势的。其中抢劫罪、诈骗罪、抢夺罪、聚众斗殴罪的上诉率呈现三年连续上升趋势。其余罪名的上诉率均呈现反复趋势。2018年的趋势线亦呈现出上诉率上升趋势。

[1] 目前生效使用的《量刑指导意见》为2021年发布的，其有关规定较2010年版、2014年版、2017年版有了一定程度的进步，但正式实施时间较短，因此笔者通过《量刑指导意见》（2017年版）生效前后的常见犯罪的上诉率、抗诉率趋势，来检视量刑规范化近几年的改革效果。

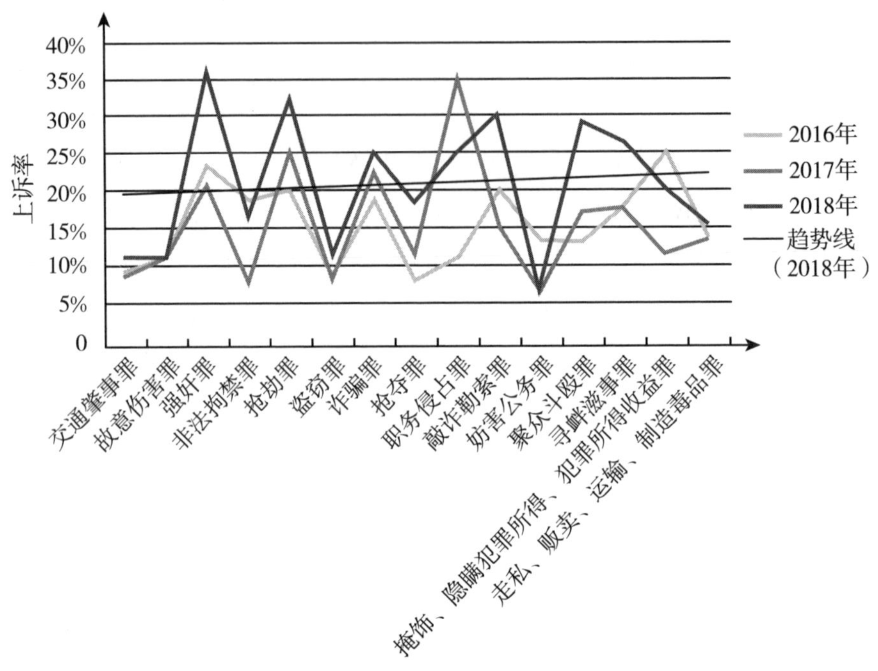

图 5-6　2016—2018 年 BD 市辖区人民法院常见犯罪上诉率

注：以 BD 市辖区人民法院 2016—2018 年 15 种常见罪名为调研对象，统计 15 种常见犯罪的案件上诉率变化情况。

综上所述，无论是 HB 省各地市常见犯罪的上诉率、抗诉率，还是 HB 省 BD 市辖区常见犯罪的上诉率、抗诉率均是稳中有升，上诉案件不减反增，上诉率、抗诉率并未得到有效抑制。量刑规范化的效果仅在实施之初有所体现，随着时间的推移，司法实践活动的深入，量刑规范化凸显了其自身的弊病，上诉率、抗诉率并未实现持续稳定的下降的目标。

二、对量刑结果的影响——从刑期变化的角度观察

2010 年公布《量刑指导意见》，最高人民法院希望通过公开量刑标准，规范量刑行为，实现量刑均衡以达到维护司法公正的目的。2014 年版、2017 年版和 2021 年版《量刑指导意见》，将“增强量刑的公开性、实现量刑公正”作为量刑的目标，但是在具体内容上一直是以约束、规范法官自由裁量权为重点。《量刑指导意见》运行 10 多年来，案件的量刑结果并没有发生大

的波动。以强奸罪为例，虽然对定罪起点进行了两次调整，但对量刑结果的影响并不显著。如《量刑指导意见》（2010 年版）规定强奸罪起刑点为 3 ~5 年❶；《量刑指导意见》（2014 年版）将强奸对象划分为妇女和幼女，强奸妇女起刑点保持不变，强奸幼女起刑点为 4 ~7 年❷；《量刑指导意见》（2017 年版）将强奸妇女量刑起点增长为 3 ~6 年❸，其他与 2014 年版一致；《量刑指导意见》（2021 年版）与《量刑指导意见》（2017 年版）相比未有较大变动，仅在 10 ~13 年量刑起点幅度内增加了“奸淫不满十周岁幼女或造成幼女伤害的”。❹ 我们用图形方式展现 2011—2018 年 HB 省辖区人民法院强奸罪判处 3 ~10 年以及 10 年以上有期徒刑的人数占比（见图 5 –7）。

---

❶ 《量刑指导意见》（2010 年版）规定：“构成强奸罪的，可以根据下列不同情形在相应的幅度内确定量刑起点：（1）强奸妇女、奸淫幼女一人一次的，可以在三年至五年有期徒刑幅度内确定量刑起点。（2）有下列情形之一的，可以在十年至十二年有期徒刑幅度内确定量刑起点：强奸妇女、奸淫幼女情节恶劣的；强奸妇女、奸淫幼女三人的；在公共场所当众强奸妇女的；二人以上轮奸妇女的；强奸致被害人重伤或者造成其他严重后果的。依法应当判处无期徒刑以上刑罚的除外。”

❷ 《量刑指导意见》（2014 年版）规定：“构成强奸罪的，可以根据下列不同情形在相应的幅度内确定量刑起点：（1）强奸妇女一人的，可以在三年至五年有期徒刑幅度内确定量刑起点。奸淫幼女一人的，可以在四年至七年有期徒刑幅度内确定量刑起点。（2）有下列情形之一的，可以在十年至十三年有期徒刑幅度内确定量刑起点：强奸妇女、奸淫幼女情节恶劣的；强奸妇女、奸淫幼女三人的；在公共场所当众强奸妇女的；二人以上轮奸妇女的；强奸致被害人重伤或者造成其他严重后果的。依法应当判处无期徒刑以上刑罚的除外。”

❸ 《量刑指导意见》（2017 年版）规定：“构成强奸罪的，可以根据下列不同情形在相应的幅度内确定量刑起点：（1）强奸妇女一人的，可以在三年至六年有期徒刑幅度内确定量刑起点。奸淫幼女一人的，可以在四年至七年有期徒刑幅度内确定量刑起点。（2）有下列情形之一的，可以在十年至十三年有期徒刑幅度内确定量刑起点：强奸妇女、奸淫幼女情节恶劣的；强奸妇女、奸淫幼女三人的；在公共场所当众强奸妇女的；二人以上轮奸妇女的；强奸致被害人重伤或者造成其他严重后果的。依法应当判处无期徒刑以上刑罚的除外。”

❹ 《量刑指导意见》（2021 年版）构成强奸罪的：“构成强奸罪的，根据下列情形在相应的幅度内确定量刑起点：（1）强奸妇女一人的，可以在三年至六年有期徒刑幅度内确定量刑起点。奸淫幼女一人的，在四年至七年有期徒刑幅度内确定量刑起点。（2）有下列情形之一的，在十年至十三年有期徒刑幅度内确定量刑起点：强奸妇女、奸淫幼女情节恶劣的；强奸妇女、奸淫幼女三人的；在公共场所当众强奸妇女的；二人以上轮奸妇女的；强奸致被害人重伤或者造成其他严重后果的。依法应当判处无期徒刑以上刑罚的除外。”

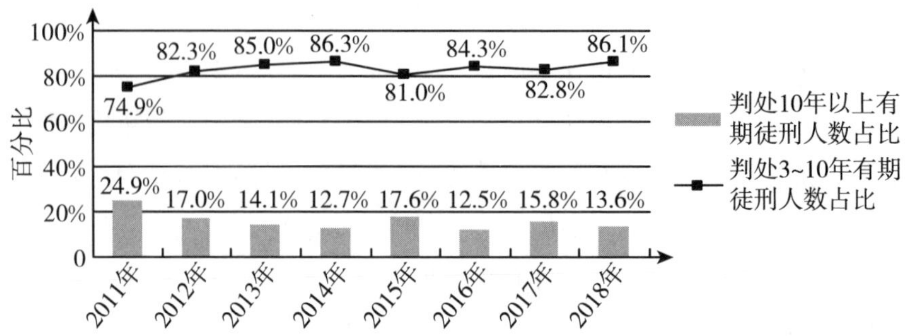

图 5－7　2011—2018 年 HB 省辖区人民法院强奸罪刑期

注：以 HB 省辖区人民法院在量刑规范化改革进程中（2011—2018 年）的强奸案件为调研对象，逐年统计强奸罪刑期的变化。

由图 5－7 可知，8 年间 HB 省强奸罪判处 3～10 年有期徒刑人数占比在 74.9% 至 86.3% 之间波动，平均值为 83%；判处 10 年以上有期徒刑人数占比在 12.5% 至 24.9% 之间波动，平均值为 16%，每年百分比围绕平均值上下浮动不大，趋于平稳。

如图 5－8 所示，盗窃罪的刑期变化与强奸罪一致，变化幅度并不明显。判处 3 年以下有期徒刑的人数占比在 9.0% 至 17% 之间浮动；判处 3～10 年有期徒刑的人数占比在 62.5% 至 71.8% 之间浮动；判处 10 年以上有期徒刑的人数占比在 2.0% 到 7.6% 之间浮动。3 种刑期占比都没有较大浮动。

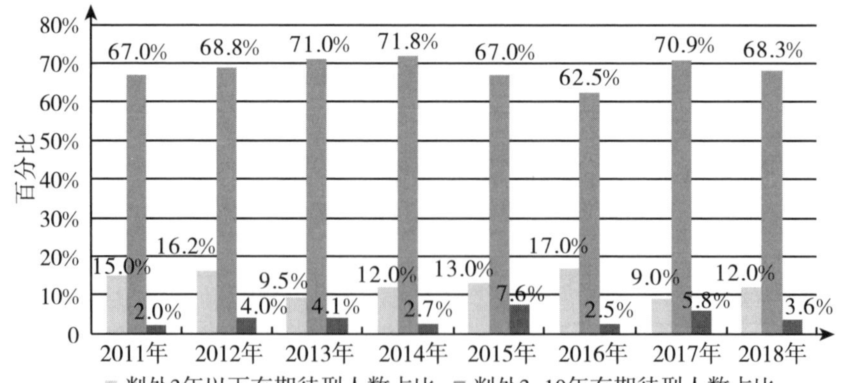

图 5－8　2011—2018 年 HB 省辖区人民法院盗窃罪刑期

注：以 HB 省辖区人民法院在量刑规范化改革进程中（2011—2018 年）的盗窃案件为调研对象，逐年统计盗窃罪刑期的变化。

图5－7和图5－8中的数据表明在量刑起点不同、量刑标准不同的情况下，强奸罪和盗窃罪的刑期基本稳定，说明《量刑指导意见》规定的量刑规则对法官的指引并不大，而实际上发挥作用的是法官的自由裁量权，表明量刑规范化对判处刑期没有实质性影响。

三、对司法裁量的影响——从对待量刑情节的态度入手

量刑改革者在意识到酌定量刑情节的重要性后，在量刑文本中赋予酌定量刑情节与法定量刑情节同样的地位。在酌定量刑情节的选取和适用方面，给予了法官一定的权限，打消了法官不敢适用的顾虑，矫正了法官普遍存在重法定、轻酌定，重罪中罪后情节、轻罪前情节的倾向，它激活了沉睡的酌定量刑情节，从这一点上看是一个进步。但是文本并没有规定量刑情节适用的规则，忽略了刑法对应当情节和可以情节的区别规定，尤其是酌定量刑情节，如何提取、提取哪些、怎么适用的问题都没有予以解决。《量刑指导意见》（2021年版）对于法定量刑情节之外的酌定量刑情节也没有明确细致的规定，但在司法实践中并不代表着法官仅需要考虑《量刑指导意见》中规定的酌定量刑情节，但凡能够在一定程度上反映犯罪行为危害性和犯罪人人身危险性的情节均应予以考虑，同时也要防止提取的泛化。笔者选取了2011年BD辖区人民法院审理的抢劫罪和故意伤害罪案例各5个，通过总结量刑规范化改革初期的相关案例，考察了量刑规范化改革后，法官对量刑条件的适用情况，详见表5－5和表5－6。

表5－5　抢劫罪适用量刑情节分析❶

序号	被告人	基本案情	量刑情节	量刑结果
1	尚某某	用甩棍将被害人打伤，抢劫化妆品价值617元	（1）未成年（16周岁不满17周岁）减少30% （2）退赃、退赔减少20% （3）认罪减少5%	有期徒刑2年2个月，罚金200元

❶ 此表案例均来源于笔者实务中的调研案例。

续表

序号	被告人	基本案情	量刑情节	量刑结果
2	康某	伙同他人强奸、抢劫，强奸未遂，抢劫手机价值1 000元	（1）未遂减少15% （2）认罪减少10% （3）共犯中作用较小减少10% （4）退赃、退赔减少20% （5）犯罪对象是孕妇增加15%	抢劫罪有期徒刑2年2个月，罚金1 000元；强奸罪有期徒刑2年5个月。合并执行3年6个月，罚金1 000元
3	冯某某	伙同其他三人抢劫四次，数额2 330元	（1）自首减少15% （2）退赃、退赔减少10% （3）谅解减少10% （4）结伙作案增加10%	有期徒刑7年，罚金300元，剥夺政治权利1年
4	胡某	持刀抢劫，数额960元	（1）未成年减少40% （2）从犯减少40% （3）自首减少25% （4）退赃、退赔减少20% （5）谅解减少15% （6）结伙作案增加10%	有期徒刑6个月，罚金1 000元
5	孟某	抢劫两起，一起未遂，一起数额400元	（1）未成年（16周岁不满17周岁）减少45% （2）作用较小的主犯减少10% （3）自愿认罪减少10% （4）赔偿减少15% （5）结伙增加10%	有期徒刑2年，缓刑3年，罚金10 000元

注：适用2010年河北省高级人民法院发布的《〈人民法院量刑指导意见（试行）〉实施细则》中“常见量刑情节的适用”及“常见犯罪的量刑”之（五）抢劫罪的有关量刑规定。

表5－6 故意伤害罪适用量刑情节分析❶

序号	被告人	伤害后果	量刑情节	量刑结果
1	韩某某	轻伤害一人	（1）自愿认罪减少10% （2）赔偿15% （3）谅解减少10% （4）因家庭矛盾引发纠纷减少10%	有期徒刑8个月，缓刑1年
2	张某某	打伤两人，一人轻伤，一人重伤	（1）自首减少20% （2）赔偿减少20% （3）邻里纠纷减少12% （4）持械作案增加12%	有期徒刑2年
3	冯某某	轻伤害一人	（1）自愿认罪减少5% （2）赔偿减少20% （3）邻里纠纷减少10% （4）谅解减少10% （5）持凶器作案增加10%	有期徒刑8个月
4	李某某	轻伤害一人	（1）自愿认罪减少10% （2）赔偿减少20% （3）谅解减少15%	有期徒刑10个月，缓刑2年
5	陈某某	轻伤害一人	（1）自愿认罪减少10% （2）赔偿减少20% （3）谅解减少20%	有期徒刑8个月

注：适用2010年河北省高级人民法院发布的《〈人民法院量刑指导意见（试行）〉实施细则》中"常见量刑情节的适用"及"常见犯罪的量刑"之（二）故意伤害罪的有关量刑规定。

从表5－5和表5－6可以看出，法官改变了原来只关注法定量刑情节的观念，开始更全面地关注各种量刑情节。量刑时不仅关注犯罪未完成形态、自首、未成年人犯罪、主从犯等法定量刑情节，也开始关注认罪、退赃、赔偿谅解、犯罪原因（邻里纠纷、家庭纠纷）、犯罪对象（孕妇）、作案方式

❶ 此表中案例均来源于笔者实务中的调研案例。

（结伙作案、持械伤人）等酌定量刑情节，体现了《量刑指导意见》酌定量刑法定化的特点，要求法官对于法定量刑情节和酌定量刑情节给予同等重视。同时，笔者还发现一个普遍存在的现象，法官对量刑情节的适用比例通常不会用满，一般取中间数值。只有对自愿认罪情节适用的比例为满格10%，因为自愿认罪情节可以清楚明确地判断，该情节只存在认罪和不认罪两种情况，容易区分认定。

除了刑法及相关法律规定中有章可循的法定、酌定量刑情节外，实践中还存在一些案外因素对量刑产生影响。通过访谈以及司法实践的经历，笔者发现舆论、信访、干预、社会治安状况都是介入因素。同时法官的个人经历和阅历同样也会对量刑产生潜移默化的影响。其中信访对量刑的影响力在各因素中居首位，尤其是重刑案诸如杀人、伤害致死、抢劫等案件，信访的情况是影响判不判死刑的重要因素。法官作为量刑主体，在量刑时要综合考虑各方面因素。法官在审理死刑案件时，常常要全面考虑法定和酌定量刑情节，对是否作出死刑认定进行谨慎的判断，而被害人家属秉持着“杀人偿命，欠债还钱”的观念，通过信访表达愤慨，进而对法院造成压力。此时，法官为了避免案件结果对自身利益产生负面影响，更看重量刑结果能否抑制被害人无休无止的闹访，由于法律对酌定量刑情节没有明确的规定，法官往往忽略从轻处罚因素❶，在审理案件时加重对酌定情节从严的适用，导致了裁判的不公正。

如果说信访是法官不得不关注的量刑因素，那么刑事政策则是法官要主动关注的量刑因素。多年来，刑罚如何实施是我国刑事政策的主要内容，像认罪认罚从宽制度、刑事和解制度等政策，一直是刑事政策的核心内容。从本质上来看，刑事政策是国家根据不同的社会形势宏观指导刑罚适用的一种方式，如果单看量刑方面，它属于刑法规定的范围，不同的犯罪由不同的刑罚来进行调节。❷ 换言之，对某些类型犯罪的容忍程度，体现在刑罚的程度上，而量刑情节是在现行刑法中调节刑罚的一个必不可少的环节。以往刑事

❶ 黄楚涵：《酌定量刑情节规范适用的途径研究》，载《法制与社会》2016年第26期。

❷ 郭磊：《量刑情节适用研究》，吉林大学2011年博士学位论文。

政策的一个重要方面就是量刑情节的适用，换言之，量刑情节是依据一定的刑事政策指导完成的。可以说，刑事政策的价值直接决定了某些自由裁量权的适用以及量刑情节对案件结果的影响[1]。治安环境好的地区量刑相对较轻，反之则量刑较重，对于社会治安乱的地区必须用重典。

四、对司法公开的影响——从裁判说理的角度切入

权力的行使需要监督和制约，否则会导致权力滥用，法官的自由裁量权也是如此。量刑规范化如果仅是法官自我实现量刑方法和步骤的清晰规范，而公众从裁判文书中无法看到适用规则的一致性、价值选择的同一性，那么量刑的个案差异就很可能被误解为“量刑失衡”和裁判结果的非正当性。[2]对量刑进行公开说理，是量刑过程接受监督的重要途径，而判决书是体现审判活动的“司法产品”，具体到量刑说理，其价值显得更为突出。[3] 正如一些学者所言，“批判传统刑事诉讼的关键不是判决结果的差异，而是这些结论的论证过程和理由不明确”[4]。刑事裁判文书说理不充分、内容刻板单调降低了量刑结果的公信力，也给予法官滥用自由裁量权的可乘之机。因此，要在千差万别的刑事案件中实现量刑规范化，提高量刑公信力，建立裁判文书说理机制是必由之路。我们从社会广泛关注的“许某案”[5] 和“于某水案”[6]两案的判决书说理情况，可以明显看出量刑说理机制的重要性。

在引起社会轩然大波的“许某案”中，二审与一审判决出现了截然不同的量刑。广州市中级人民法院一审判决对控辩双方意见的定罪认定只作了简

---

[1] 姜涛：《量刑基准：原理法则与计算程式》，载刘远、汤建国主编：《量刑规范化理论探要》，中国人民公安大学出版社2010年版，第174页。

[2] 赵廷光：《法定刑中间线是量刑公正的生命线》，载《中国刑事法杂志》2010第12期。

[3] 叶圣彬：《量刑观研究》，武汉大学2015年博士学位论文。

[4] 王利荣：《量刑说理机制》，中国人民公安大学出版社2012年版，第4页。

[5] “许某案”是发生于2006年，2008年判决的广东广州的一桩刑事案件。许某利用银行的ATM取款机发生故障，恶意取款17.5万余元人民币，广州市中级人民法院以盗窃罪判处其无期徒刑，经上诉后改判为有期徒刑5年。

[6] “于某水案”是发生于2013年，2014年判决的广东惠州的一起刑事案件。于某水利用ATM取款机发生故障，恶意取款9万余元人民币，惠州市中级法院以盗窃罪判处其3年有期徒刑，缓刑3年，并处罚金1万元。

要说明，直接作出无期徒刑、附加刑的判决结果，定罪的理由和证明都是一张白纸。无期徒刑仅次于死刑，量刑的理由既不能说服当事人，也不能说服公众，法院对“许某案”的论点主要集中在：定罪，判决理由不足150字，量刑理由不够充分，仅表明可以依法在最低刑以下判处刑罚，但没有包含对终审判决的具体解释。❶ 判决理由的缺失不能体现司法的正当性和合理性，虽然二审判决的推理优于一审，但是在适用减轻处罚的法律依据方面仍然不足。从无期徒刑减成有期徒刑，其依据是《刑法》（2006年修正版）第63条，这条在理论上称为特别减轻处罚，也称酌情减轻处罚，但案件针对为什么在法定刑以下判处刑罚、应该减轻的幅度是多少只字未提。这种全国关注的案件尚且这样，我们可以得出结论，现阶段刑事量刑说理问题不容乐观。

“于某水案”与“许某案”极为相似，但判决书的说理风格与众不同，法官运用了法理、情理和道义。用“我们”这样的称呼代替惯用的“本院认为”，称被告人为“这孩子”体现了法官的智慧和专业，而不是适用法律的机器。在定罪的正当性问题上，法官首先分析了犯罪人的主观方面，由于人的贪婪引发了犯罪意图，我们应该在一个适当的框架内控制人的欲望，以免危害他人的利益，所以要对犯罪人执行严厉的刑罚，即刑罚的理由。然后判决书又从犯罪人的主观恶意、个人情况、行为结果和行为方式四个方面阐述了对犯罪分子从轻处罚的原因。法官合理考虑定罪量刑时的酌定量刑情节，将道德评价融入理性分析，充分体现人文关怀，提高了整个判决结果的公正性和可接受性，体现出法官的独立思考和法学修养。所以，法律界将此份判决书称为“伟大的判决书”。当然，判决书需要侧重于犯罪事实和法律依据，但这并不意味着不讲法理、不讲道义，只有既讲道义又讲法理的判决才更有说服力，法律与道义相统一的判决最能体现公平正义。

“于某水案”的法官是一位智慧的法官，但目前全国法院的法官能达到如此水平的并不占多数，所以量刑说理机制仍是制约司法公开的一个瓶颈。量刑规范化改变了“估堆”量刑没有统一量刑标准、无法明确进行说理的弊

❶ 参见（2008）穗中法刑二重字第2号刑事判决书。

端，明确了量刑步骤、应当适用的量刑情节及比例，法官可以在裁判文书中写明采用的量刑情节及缘由，以及量刑情节适用比例，让公众知晓量刑所考虑的各种因素。但《量刑指导意见》没有规定“定性”“定量”的规则，法官难以在裁判文书中说明如何定性，无法将自己量刑裁判的思维过程、心证路径、影响量刑的依据及作用力度在裁判文书中充分展示。

五、对同案同判的影响——从缓刑的适用说起

缓刑[1]是当前刑罚轻缓化的发展趋势，对于犯罪情节较轻、人身危险性较低的犯罪分子，以缓刑代替实际刑罚。近几年来，我国的保障人权理念和人性化司法理念进一步发展，使得案件适用缓刑的趋势得到进一步的上升。[2]根据缓刑的修复功能和缓刑适用的判断标准，财产性犯罪的缓刑率应该高于其他类型的犯罪。但是，从故意伤害罪和交通肇事罪的缓刑率来看，适用率相对较高，这似乎与认知不符。在公众认知中，侵犯公民人身权利犯罪及危害公共安全犯罪，社会关系不易修复，人身风险性高，缓刑适用率应当较财产类犯罪低。

笔者选取了2011—2018年HB省范围内的故意伤害罪与交通肇事罪缓刑适用情况作为例证来分析缓刑适用的趋势。

从图5-9和图5-10可以看出，交通肇事、故意伤害案件缓刑适用呈波动上升趋势。HB省2011—2013年交通肇事罪缓刑适用比例由15%上升至33%，2014—2018年稳中有升，从29%上升至36%，总体趋势是缓刑适用比例越来越高。故意伤害罪也同样呈现这样的趋势，自2011年的16%上升至2014年的28%，2015年有所回落，但至2018年又稳步上升至22%，整体呈现上升趋势。

---

[1] 缓刑是指被判处拘役、3年以下有期徒刑的犯罪人，犯罪情节较轻，有悔罪表现，没有再犯罪的危险，暂不执行刑罚对所居住的社区没有重大不良影响，就可以规定一定的考验期，暂缓刑罚的执行。

[2] 陈珍建：《着眼三个转变 促进缓刑适用规范》，载《检察日报》2018年12月7日，第3版。

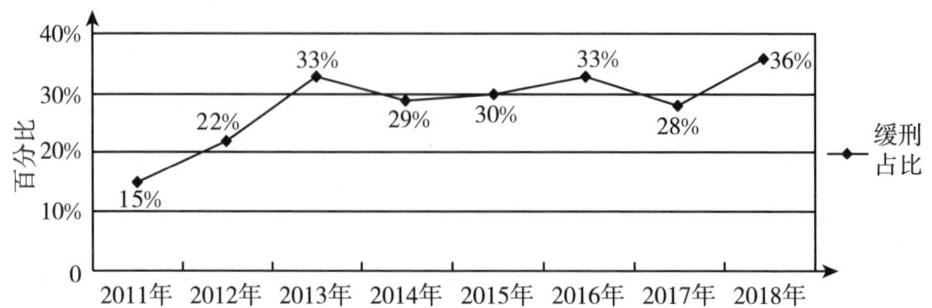

图 5－9　2011—2018 年 HB 省交通肇事罪缓刑适用比例

注：以 HB 省辖区人民法院在量刑规范化改革进程中（2011—2018 年）的交通肇事案件为调研对象，统计交通肇事罪适用缓刑的比例。

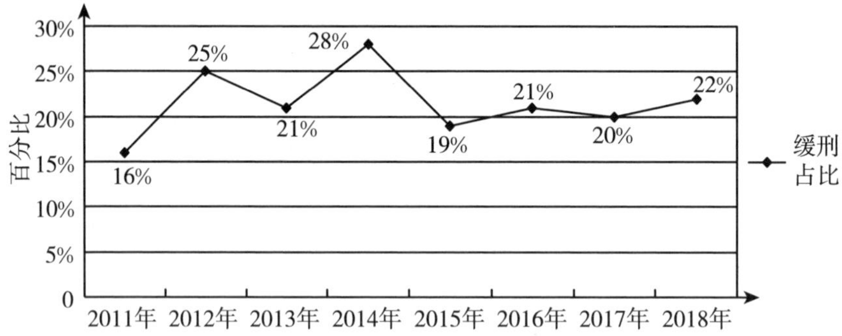

图 5－10　2011—2018 年 HB 省故意伤害罪缓刑适用比例

注：以 HB 省辖区人民法院在量刑规范化改革进程中（2011—2018 年）的故意伤害案件为调研对象，统计故意伤害罪适用缓刑的比例。

适用缓刑能体现出司法的人文关怀，体现对被告人以教育挽救为主的刑事方针，对于缓和社会矛盾，实现社会和谐具有一定积极作用。[1] 司法实践中存在交通肇事罪、故意伤害罪的缓刑适用率比较高的现象，反映了缓刑适用中的不均衡、量刑情节不能对缓刑考验期的长短进行调节以及赔偿情节对缓刑的适用影响大的问题。在 2021 年最新修订之前，历次《量刑指导意见》的制定与修改，均未对缓刑进行规范，而 2021 年新修订的意见也仅是将缓刑

[1] 苏力：《问题意识：什么问题以及谁的问题？》，载《武汉大学学报（哲学社会科学版）》2017 年第 1 期。

纳入规范范围，作出一些原则性规定，尚未制定出统一的、具体的、可操作的衡量标准。在实践中，由于缺乏统一的衡量标准，高缓刑率往往成为一个可自由裁量的领域。而且，实践中监督手段不多，使得缓刑适用成为量刑规范化的“盲点”，可能为权力寻租提供新的土壤，在一定程度上影响了量刑公正的充分实现。造成上述问题的主要原因是缓刑“情节较轻”的条件不清晰、法律对缓刑考验期的规定不完整和赔偿情节适用不规范。《刑法》（2021年修正版）第72条❶、第73条❷规定了缓刑适用的条件，就一般缓刑而言，其共同条件如下：一是刑期条件，即判处拘役、3年以下有期徒刑；二是情节条件，即犯罪情节较轻有悔罪表现且无再犯危险的，宣告缓刑对所居住社区没有重大不良影响；三是对象条件，即犯罪时不满18周岁、判决宣告之前怀有身孕、年满75周岁的老人；四是禁用条件，即不得对累犯、犯罪集团的首要分子适用缓刑。从《刑法》关于缓刑的规定可以看出，缓刑实质条件的判断是一种价值判断，“犯罪情节”“悔罪表现”和“没有再犯罪的危险”“宣告缓刑对所居住社区没有重大不良影响”仅是原则上的模糊性的规定，缺乏具体详细的司法解释在实践中予以指明。具体来讲，犯罪情节较轻的情形有什么，什么情况下判定行为人有“悔罪表现”，如何确定行为人没有再犯危险，这些问题在立法中并没有给出界定的方法，司法实践中审判人员也未达成一致共识，导致增加了具体个人审判中的难度与不确定性。

笔者通过分析随机抽取的2012—2013年21件交通肇事案件的判决情况（见表5－7），来看缓刑在司法实践中的适用情况。

---

❶ 《刑法》（2021年修正版）第72条规定：“对于被判处拘役、三年以下有期徒刑的犯罪分子，同时符合下列条件的，可以宣告缓刑，对其中不满十八周岁的人、怀孕的妇女和已满七十五周岁的人，应当宣告缓刑：（一）犯罪情节较轻；（二）有悔罪表现；（三）没有再犯罪的危险；（四）宣告缓刑对所居住社区没有重大不良影响。宣告缓刑，可以根据犯罪情况，同时禁止犯罪分子在缓刑考验期限内从事特定活动，进入特定区域、场所，接触特定的人。被宣告缓刑的犯罪分子，如果被判处附加刑，附加刑仍须执行。”

❷ 《刑法》（2021年修正版）第73条规定：“拘役的缓刑考验期限为原判刑期以上一年以下，但是不能少于二个月。有期徒刑的缓刑考验期限为原判刑期以上五年以下，但是不能少于一年。缓刑考验期限，从判决确定之日起计算。”

表5－7　交通肇事罪案件情况明细❶

序号	被告人	主要案情	量刑情节	判决结果	法律依据
1	刘某某、中国平安财产保险股份有限公司保定中心支公司（缓刑）	被告人刘某某无证驾驶面包车与推自行车的王某某发生交通事故，王某某又与停放在公路南侧的面包车发生碰撞，致王某某受伤后死亡。经交警大队认定，刘某某负事故全部责任	**从轻情节：**赔偿被害人亲属经济损失，取得谅解，认罪悔罪	一、被告人刘某某犯交通肇事罪，判处有期徒刑1年，缓刑1年 二、附带民事诉讼被告人中国平安财产保险股份有限公司保定中心支公司赔偿附带民事诉讼原告人保险金11万元	《刑法》（2011年修正版）第133条规定致人重伤、死亡或者使公私财产遭受重大损失的，处三年以下有期徒刑或者拘役
2	张某某、王某某、陈某某、相某某（缓刑）	被告人王某某乘坐被告人张某某酒后驾驶的小型轿车与骑自行车的陈某某、步行的吴某某和张某某相撞，被告人张某某驾车逃逸。随后，被告人相某某乘坐被告人陈某某酒后驾驶的小型普通客车又与吴某某相撞，陈某某驾车逃逸。事故造成陈某某、吴某某当场死亡，张某某受伤，三车受损。根据交警的责任认定，张某某对陈某某、张某某的事故负有全部责任；张某某、陈某某对吴某某的事故负有全部责任。三被害人无责任	**从轻情节：**张某某、王某某积极主动赔偿，得到被害人亲属谅解，认罪、悔罪。陈某某、相某某自首，并积极赔偿被害人亲属经济损失 **从重情节：**肇事后逃逸	一、被告人张某某犯交通肇事罪，判处有期徒刑3年，缓刑5年 二、被告人王某某犯交通肇事罪，判处有期徒刑3年，缓刑4年 三、被告人陈某某犯交通肇事罪，判处有期徒刑6个月，缓刑1年 四、被告人相某某犯交通肇事罪，免予刑事处罚。无附带民事赔偿	致人重伤、死亡或者使公私财产遭受重大损失的，处三年以下有期徒刑或者拘役；交通运输肇事后逃逸或者有其他特别恶劣情节的，处三年以上七年以下有期徒刑

❶ 此表中案例均来源于笔者实务中的调研案例。

续表

序号	被告人	主要案情	量刑情节	判决结果	法律依据
3	王某某、中国太平洋财产保险股份有限公司河北分公司邯郸中心支公司（缓刑）	被告人王某某驾驶挂车与对行车辆会车，其向右躲避时，碰挂在非机动车道内骑电动车顺行的刘某某，造成刘某某受伤后抢救无效死亡，经交警大队责任认定，王某某负事故全部责任	**从轻情节：**自首、自愿赔偿被害人亲属经济损失，得到谅解	一、被告人王某某犯交通肇事罪，判处有期徒刑1年，缓刑2年 二、被告人中国太平洋财产保险股份有限公司河北分公司邯郸中心支公司在交通事故责任强制保险和机动车第三者责任保险限额内赔偿附带民事诉讼原告人死亡赔偿金、丧葬费、医疗费、被抚养人生活费共计19万元	致人重伤、死亡或者使公私财产遭受重大损失的，处三年以下有期徒刑或者拘役
4	李某某、中国人民财产保险股份有限公司保定市高开支公司（缓刑）	被告人李某某驾驶严重超载挪用牌照重型自卸车，与薛某某驾驶的小型轿车载滕某某、裘某某左转弯相撞，两车发生碰撞后又与前方同向王某某骑自行车相撞，致王某某当场死亡，薛某某、滕某某、裘某某受伤，三车不同程度受损。经交警大队责任认定，李某某负事故主要责任	**从轻情节：**自首、积极赔偿被害人经济损失，取得被害人亲属谅解	被告人李某某犯交通肇事罪，判处有期徒刑3年，缓刑5年。无附带民事赔偿	交通运输肇事后逃逸或者有其他特别恶劣情节的，处三年以上七年以下有期徒刑

续表

序号	被告人	主要案情	量刑情节	判决结果	法律依据
5	曹某某、中国太平洋财产保险股份有限公司保定中心支公司（缓刑）	被告人曹某某驾驶越野车碰撞骑电动自行车的刘某某，造成双方车辆损坏，刘某某当场死亡。经交警大队责任认定，曹某某负事故全部责任	**从轻情节：**自首，赔偿被害人亲属经济损失，得到谅解 **从重情节：**肇事后逃逸	一、被告人曹某某犯交通肇事罪，判处有期徒刑2年1个月，缓刑3年 二、附带民事诉讼被告人中国太平洋财产保险股份有限公司赔偿原告人各项经济损失共计22万元	致人重伤、死亡或者使公私财产遭受重大损失的，处三年以下有期徒刑或者拘役
6	赵某某（缓刑）	被告人赵某某驾驶轿车与横穿马路的行人史某某相撞，造成史某某受伤后抢救无效死亡、车辆受损。经交警大队责任认定，赵某某负事故全部责任	**从轻情节：**自首，认罪态度好，积极赔偿被害人家属经济损失 **从重情节：**肇事后逃逸	被告人赵某某犯交通肇事罪，判处有期徒刑3年，缓刑4年。无附带民事赔偿	交通运输肇事后逃逸或者有其他特别恶劣情节的，处三年以上七年以下有期徒刑
7	崔某某（缓刑）	被告人崔某某驾驶轿车与同向发生单方事故后停在路边的段某某驾驶的轿车发生碰撞，造成段某某受伤，两车不同程度受损。经交警大队认定，崔某某负事故主要责任，段某某负事故次要责任	**从轻情节：**认罪、悔罪，取得被害人家属谅解	被告人崔某某犯交通肇事罪，判处有期徒刑1年6个月，缓刑2年。无附带民事赔偿	致人重伤、死亡或者使公私财产遭受重大损失的，处三年以下有期徒刑或者拘役

续表

序号	被告人	主要案情	量刑情节	判决结果	法律依据
8	李某某（实刑）	被告人李某某驾驶轿车与步行的唐某某相撞，唐某某死亡，李某某驾车逃逸。经交警大队认定，李某某负事故全部责任	**从重情节：**肇事后逃逸	一、被告人李某某犯交通肇事罪，判处有期徒刑3年10个月 二、被告人李某某赔偿附带民事诉讼原告人各项经济损失17万元	交通运输肇事后逃逸或者有其他特别恶劣情节的，处三年以上七年以下有期徒刑
9	石某某（实刑）	被告人石某某驾驶半挂大货车与相对行驶的周某某驾驶的二轮摩托车发生交通事故，造成周某某经抢救无效死亡，石某某受伤。被告人石某某负事故主要责任，周某某负次要责任	**从轻情节：**认罪、悔罪	被告人石某某犯交通肇事罪，判处有期徒刑3年。无附带民事赔偿	致人重伤、死亡或者使公私财产遭受重大损失的，处三年以下有期徒刑或者拘役
10	赵某某（实刑）	被告人赵某某驾驶夏利车与庞某某载其母李某某驾驶的面包车发生交通事故，致两车损坏，李某某死亡，赵某某、庞某某受伤。经交警大队认定，被告人赵某某负事故全部责任	**从轻情节：**认罪、悔罪 **从重情节：**确定为犯罪嫌疑人后出逃	一、被告人赵某某犯交通肇事罪，判处有期徒刑2年6个月 二、被告人赵某某赔偿附带民事诉讼原告人各项经济损失45万元	致人重伤、死亡或者使公私财产遭受重大损失的，处三年以下有期徒刑或者拘役

续表

序号	被告人	主要案情	量刑情节	判决结果	法律依据
11	史某某、中国人民财产保险股份有限公司深州支公司（实刑）	被告人史某某驾驶小型轿车与前方行驶的马某某驾驶的电动三轮车相撞，造成电动三轮车乘坐人梁某某死亡，马某某受伤，两车受损。经交警大队认定，史某某负事故全部责任	**从轻情节：**自首	一、被告人史某某犯交通肇事罪，判处有期徒刑1年3个月 二、被告人中国人民财产保险股份有限公司深州支公司赔偿附带民事诉讼原告人24万元	致人重伤、死亡或者使公私财产遭受重大损失的，处三年以下有期徒刑或者拘役
12	赵某某（实刑）	被告人赵某某驾驶农用运输三轮汽车向北左拐弯时，与杨某某驾驶电动三轮车相撞，造成杨某某当场死亡，两车受损。经交警大队认定，赵某某承担事故的全部责任	**从轻情节：**认罪悔罪，积极赔偿被害人经济损失，得到被害人家属谅解	被告人赵某某犯交通肇事罪，判处有期徒刑1年2个月。无附带民事赔偿	致人重伤、死亡或者使公私财产遭受重大损失的，处三年以下有期徒刑或者拘役
13	刘某某（实刑）	被告人刘某某无证、醉酒后驾驶轻型普通货车与郭某某无证驾驶、无照两轮摩托车相撞，后冲入路右边土坑内侧翻，致郭某某及摩托车乘车人李某受伤，郭某某经抢救无效死亡，两车损坏。经交警认定，刘某某负事故主要责任，郭某某负次要责任	**从轻情节：**自首、部分赔偿被害人亲属经济损失	被告人刘某某犯交通肇事罪，判处有期徒刑3年6个月。无附带民事赔偿	交通运输肇事后逃逸或者有其他特别恶劣情节的，处三年以上七年以下有期徒刑

续表

序号	被告人	主要案情	量刑情节	判决结果	法律依据
14	李某某（实刑）	被告人李某某驾驶无牌照农用三轮车向左转弯时碰撞行人王某某，造成王某某重伤，经交警大队认定，李某某负事故全部责任	**从轻情节：** 自愿认罪，部分赔偿被害人经济损失	被告人李某某犯交通肇事罪，判处有期徒刑1年4个月。无附带民事赔偿	致人重伤、死亡或者使公私财产遭受重大损失的，处三年以下有期徒刑或者拘役
15	贯某（实刑）	被告人贯某无证驾驶面包车与杨某某驾驶的无牌照二轮摩托车相撞，致使杨某某受伤，两车不同程度受损。经交警大队认定，贯某负事故的主要责任，杨某某负次要责任	**从轻情节：** 自首	一、被告人贯某犯交通肇事罪，判处有期徒刑1年9个月 二、被告人贯某赔偿附带民事诉讼原告人经济损失7万元	致人重伤、死亡或者使公私财产遭受重大损失的，处三年以下有期徒刑或者拘役
16	胡某某（实刑）	被告人胡某某酒后无证驾驶未定期进行安全技术检验的二轮摩托车，因未与同车道行驶的前方车辆保持足够的安全距离及未按规定戴安全头盔，与同向行驶的戴某某无证驾驶的无照二轮摩托车相撞后，戴某某及其所驾驶的摩托车又与停放在路边的马某某驾驶的小型轿车相撞，致使戴某某死亡，马某某车辆受损。经交警大队认定，被告人胡某某负事故主要责任	**从轻情节：** 当庭自愿认罪	一、被告人胡某某犯交通肇事罪，判处有期徒刑1年5个月 二、被告人胡某某赔偿戴某某医疗费、住院伙食补助费、误工费、护理费、交通费、死亡赔偿金、丧葬费共计15万元	致人重伤、死亡或者使公私财产遭受重大损失的，处三年以下有期徒刑或者拘役

续表

序号	被告人	主要案情	量刑情节	判决结果	法律依据
17	王某某（实刑）	被告人王某某驾驶轿车与前方同向骑行的张某某自行车尾部相撞，致两车受损，张某某受伤，经抢救无效死亡。经交警大队责任认定，王某某负全部责任	**从重情节：**肇事后逃逸	被告人王某某犯交通肇事罪，判处有期徒刑6年1个月。无附带民事赔偿	交通运输肇事后逃逸或者有其他特别恶劣情节的，处三年以上七年以下有期徒刑
18	张某某（实刑）	被告人张某某无证、醉酒后驾驶无牌照三轮载货摩托车，超越前方同向骑行的马某某时与其挂撞，致马某某重伤。经交警大队认定，张某某负事故全部责任	**从轻情节：**部分赔偿被害人经济损失	被告人张某某犯交通肇事罪，判处有期徒刑1年11个月。无附带民事赔偿	致人重伤、死亡或者使公私财产遭受重大损失的，处三年以下有期徒刑或者拘役
19	张某某、天平汽车保险股份有限公司保定中心支公司（实刑）	被告人张某某驾驶轿车超越前方同向行驶的陈某某驾驶的电动自行车时，与相对方向的车发生会车，张某某驾驶回原道时，与陈某某电车发生碰撞，致陈某某当场死亡。经交警大队认定，张某某负事故全部责任	**从轻情节：**自首	一、被告人张某某犯交通肇事罪，判处有期徒刑1年8个月 二、天平汽车保险股份有限公司保定中心支公司在交通事故责任强制险限额内赔偿附带民事诉讼原告人共计9万元	致人重伤、死亡或者使公私财产遭受重大损失的，处三年以下有期徒刑或者拘役

续表

序号	被告人	主要案情	量刑情节	判决结果	法律依据
20	陈某某（实刑）	被告人陈某某无机动车驾驶证驾驶无牌照二轮摩托车与前方同向骑行电动自行车的王某某相撞，致两车受损，王某某受伤，经抢救无效死亡。经交警大队责任认定，陈某某负事故全部责任	**从轻情节：**如实供述，赔偿被害人亲属经济损失 **从重情节：**无驾驶资格，无牌照	一、被告人陈某某犯交通肇事罪，判处有期徒刑2年5个月 二、被告人陈某某赔偿附带民事诉讼原告人经济损失14万元	致人重伤、死亡或者使公私财产遭受重大损失的，处三年以下有期徒刑或者拘役
21	林某某（实刑）	被告人林某某驾驶大货车与因交通事故受伤的被害人林某某、仓某某相撞，造成林某某、仓某某当场死亡。经交警大队认定，林某某负事故全部责任	**从轻情节：**自首	被告人林某某犯交通肇事罪，判处有期徒刑3年。无附带民事赔偿	致人重伤、死亡或者使公私财产遭受重大损失的，处三年以下有期徒刑或者拘役

表5－7中21件交通肇事案件中判处缓刑的有7件，判处实刑的有14件。在判处缓刑的7件案件中，被告人大部分具有取得谅解的从轻处罚情节，其中6件还具有积极赔偿被害人或家属经济损失的从轻情节；在判处实刑的16件案件中，只有5件案件的被告人具有赔偿被害人或家属经济损失的从轻情节，只有1件案件的被告人具有取得谅解的从轻情节，剩余判处实刑的案件被告人均不具有赔偿经济损失、取得谅解的从轻量刑情节，但其中有的案件具有自首、自愿认罪悔罪的从轻情节。有自首、自愿认罪悔罪无谅解的案件都没有适用缓刑，适用缓刑的案件却都有谅解情节。可见，虽然法律并无明文规定积极赔偿经济损失、取得谅解是对被告人适用缓刑的必要条件，更多考虑的是社会危害性，但在司法实践中，绝大多数法官是从化解社会矛盾

的角度把握自由裁量权的，将积极赔偿经济损失、取得谅解作为适用缓刑的前提条件。这也导致了有些人因此追求不合理的赔偿，法官对于交通肇事被告人是否判缓刑应当更多地从社会危害性和法律方面进行考量。笔者认为，量刑规则应该包含缓刑量刑规定，在不过分限制法官自由裁量权的基础上，对“犯罪情节”“悔罪表现”和“没有再犯罪的危险”实质性条件进行适当规范，让法官自由裁量权建立在健全的法律制度的基础之上，做到避免行使自由裁量权时“不自由”或者适用自由裁量权时“太自由”。

通过上述五个方面的数据实证检验，笔者认为我国量刑规范化改革一直在探索中前进，改革初期，最主要的公正目标是实现“量刑均衡”，摒弃传统的“估堆”量刑方法，在量刑时将量刑情节细化量化，并严格规定其适用比例。如上文所述，改革初期初见成效，上诉率、抗诉率有了一定比例的下降，但从长期来看并未呈现持续下降趋势。随着量刑改革的全面铺开，各种新问题出现，实质上背离了量刑的目的，最终未能完全达到预期的效果。引发这些问题，既是因为《量刑指导意见》在立法层面上对量刑规则规定不合理，也是因为量刑规则与司法实践不相契合，导致难以回应实践中的诸多难题。从实证研究中发现问题，是为了找到引发问题的原因，因此，在第六章笔者将就《量刑指导意见》的完善以实现量刑公正的给出相应的意见。

第五节　小结

本章是对我国量刑规范化改革成果——《量刑指导意见》实施后，在刑事司法实践中存在问题的研究。本章主要围绕量刑规范化改革十余年来的司法实践效果来检视《量刑指导意见》在理念和规则方面存在的突出问题。一方面，从刑期计算的合理性法官自由裁量权行使以及规范罪名和刑种三个方面检视《量刑指导意见》在司法应用中存在的不足。另一方面，利用实证分析方法，用数据和实践案例从对审判质效的影响、对量刑结果的影响、对司法裁量的影响、对司法公开的影响、对同案同判的影响五个方面对《量刑指导意见》司法实践效果进行检视，得出量刑规范化改革并未达到实现量刑公正的目标。在分别对量刑基本理论、《量刑指导意见》的主要规定、量刑规范化改革的实践效果和适用问题进行分析后，对于完善量刑规范化的思路已经较为明确，故第六章对《量刑指导意见》的重构提出意见建议。

第六章

量刑规范化的完善路径

量刑规范化改革主要的内容涉及量刑规范化的原则、量刑方法改革、量刑情节的适用，相关内容主要规定在《量刑指导意见》的文本之中。前文已经对这三方面的现状以及存在的问题做了较为系统的全面梳理与分析，本章将针对第四章与第五章提出的问题给出相应完善的建议，提出完善《量刑指导意见》的指导性的方案，以保障量刑公正目标的实现。

第一节　量刑改革基本理念的重置

一、量刑指导的规范性

十几年前，为了实现我国量刑的均衡与规范、回应社会对“量刑公正”的要求、迎合世界量刑改革的大趋势，我国开始了自上而下的量刑规范化的改革。《量刑指导意见》（2008 年版）将“定量”引入量刑方法中，以百分比的方式规定量刑情节的适用比例，将刑期细化到月，严格约束法官的自由裁量权，认为这种细致的量化是最为规范的量刑方法。“定量”的方法固然有利于克服传统“估堆”量刑方法标准不明的弊端，防止法官权力滥用，但是我们不能矫枉过正，将量刑规范化寄托于限制法官自由裁量权是不现实的。通过对量刑自由裁量权的论述可知，量刑规范化不仅要求有量刑规则，同时还应给予法官一定的量刑自由裁量权来应对复杂多变的量刑实践，其核心价值在于为法官量刑提供一个指导准则，使自由裁量权具有更高的可期待性。但《量刑指导意见》(2017 年版) 仍然存在宣告刑自由裁量权空间有限，部分规定过于细化的问题。如此严格与细化的规定，使得法官的自由裁量权受到了极大的约束。实践充分证明，“没有自由裁量权，法律会经常受到诸如严厉、无情、不公正等批评”。❶ 而在此基础上新修订的《量刑指导意见》(2021 年版) 并未解决这一问题。自由裁量权提升了法律的灵活性和适应性，使得细密的法律和复杂的规定能够得以准确适用。自由裁量权并非等同于“法官任意裁量权”，而是一种需要给予法官“能动地，综合各种相关因素，判断决定的权力”❷。合理恰当的量刑规范是摒弃自由裁量权容易造成权力滥用的部分，激发自由裁量权的正向作用力，拓宽其适用范围，发掘其潜在价值，提升法官办案的灵活性和规范性。因此，量刑规范化不应以限制法官量刑自由裁量权为宗旨，而应让量刑自由裁量权在一定的规则、程序的规范下运行，发挥自由裁量权实现个案正义的价值。

二、文本设计的科学性

量刑方法隶属于方法论，是司法技术的表现形式之一，其生命力源于符合量刑裁判的思维规律，需要兼具科学性和可操作性。量刑规范化改革应急推行，导致《量刑指导意见》(2008 年版) 的诸多规定缺乏理论和实践基础。经过四次修改，历经十多年的实证，到《量刑指导意见》(2021 年版) 仍然存在量刑步骤与量刑方法不匹配、缺乏宣告刑刑种置换规则、“部分连乘”的计算方法不科学等实际问题。十多年的实证检验了初期《量刑指导意见》的不协调性，为了体现量刑方法的科学性确立了“以定性分析为主，定量分析为辅”的量刑方法，但遗憾的是除了此处修改以外，《量刑指导意见》(2017 年版) 其他内容并没有进行整体的修正，量刑情节的基本适用比例并无变化，量刑步骤也没有得到调整。而《量刑指导意见》(2021 年版) 也仅是将规范罪名从 15 种增加至 23 种，增加 4 种常见的量刑情节，增加罚金和

❶ 白云飞：《规范化量刑方法研究》，吉林大学 2011 年博士学位论文。

❷ 李洁：《论量刑规范化应当缓行——以我国现行刑法立法模式为前提的研究》，载《吉林大学社会科学学报》2011 年第 1 期。

缓刑的适用规定，但对于适用比例和量刑步骤仍未进行修改。如此，改革所需要实现的“以定性分析为主，定量分析为辅”的效果，并没有实现路径。为规避宣告刑为零或负数情况出现，不考虑理论基础的牢靠性，将“同向相加、逆向相减”的量刑时的计算方法变更为“部分连乘、部分相加减”的方法，导致多个量刑情节并存时计算方法缺乏科学性。因缺乏大量实证数据的支持，交通肇事、抢夺等罪的量刑起点于2014年和2017年两次调整，与司法实践不相匹配，严重影响了改革的实施效果。《量刑指导意见》（2021年版）对量刑起点有所调整，但仅是对部分罪名进行修订，对于大部分罪名仍是沿用之前的规定，仍有与司法实践存在差距的问题。十多年的实践探索告诉我们，《量刑指导意见》必须建立在科学量刑理论基础上，以坚实的量刑实践为主支撑，提升规则的实践依据和正当性依据，让科学有序的量刑规则指引量刑实践，从而实现量刑公正的目标。

三、量刑与整个刑事司法体制的融合与衔接

《量刑指导意见》属于司法技术层面的规定，其制定的规则不得超越、背离刑法的规定。在立法技术的层面，《量刑指导意见》应当以量刑原则作为统领，量刑规则与量刑方法作为指导，进而对量刑情节以及具体个罪进行规定，以此为次序展开。量刑原则应当起到统领作用，其下位是规范个罪的量刑规则，规则之下是量刑方法，辅之以个罪的具体规定和量刑情节。强调其次序和相互关系是为了检验《量刑指导意见》的内容是系统科学还是局部矛盾。笔者认为“规范”的通俗理解是“立规矩”，如果让该规矩发挥作用，必须保证该规矩是严谨的，上下文是相互联系、环环相扣的。如果《量刑指导意见》缺乏全局性，那么，即使局部是科学的，也会影响其实施的效果。设计《量刑指导意见》同样不能忽略局部与整体的关系，是否实用，实践者最有发言权。只关注局部修补而忽略系统协调性，这样的《量刑指导意见》注定会陷入僵化机械的泥潭。“常见量刑情节的适用”部分仅规定了18种常见的量刑情节及适用比例，没有规定量刑情节的适用规则，规定的这些量刑情节无法涵盖《刑法》的规定，也没有将司法实践中的所有量刑情节包含在内，那么对于没有规定在“常见量刑情节的适用”部分中的案件事实，比如

对于醉酒后犯罪、预交罚金等情形如何作为量刑情节进行适用将成为一个问题。因此，《量刑指导意见》应当针对所有的量刑情节规定适用规则，再具体规定司法实践中常见的量刑情节，做到整体与局部协调、内容结构合理、系统整体和谐。

四、量刑规则的宏观指导性

随着计算机的普及化，许多人工操作为计算机所取代，从世界范围看量刑精细化是现行刑罚的发展趋势，但是如何理解精细化，似乎见仁见智。有人将数学计算方法引入法学的研究，认为这样才体现法学研究的科学性，认为量刑就是刑之量化。《量刑指导意见》的设计者恰巧受这一思想的影响，在《量刑指导意见》中随处可见精细量刑的影子，×个月、×年、% 的字眼充斥其间。而笔者认为这一点恰恰把量刑规范化引入歧途，为了整齐划一忽略个罪的差异，导致量刑僵化。如果说数学对法学有贡献，体现在量刑的情节上也应该是模糊数学。刑法根据罪责的大小轻重规定了不同的刑档，每个档次之间的刑期大致是三年、五年、七年这样的结构，法官的裁量权并不大。实践证明畸轻畸重的判决不可能杜绝，但绝非常态。因为我国虽不实行判例制，但是多年的司法习惯让法官在判案前总是下意识与以往判决进行比对，参照先例已成为法官下意识的司法习惯。“法官与其他多数人一样，以直觉闪现的方式连接了问题和判决，弗兰克称之为‘预感’，法官的预感造就了法律。”[1]《量刑指导意见》对量刑情节的影响力进行限定，法官的自由裁量权被限制，貌似公平了，实际上陷入“一刀切”的泥潭，这是违背裁判规律之举，注定没有生命力，在前面的章节中举例说明改革初期出现的量刑问题就说明了这个道理，过于追求精细只能在背离个案公正的路上越走越远。因此正确理解精细和模糊的内涵，是《量刑指导意见》在细节设计上的着眼点，过度精细只能带来“一刀切”的机械。常见量刑情节的提取和各省的实施细则对于具体罪名量刑情节的规定应由细化量刑情节幅度向提炼量刑情节

---

[1] 李洁：《论量刑规范化应当缓行——以我国现行刑法立法模式为前提的研究》，载《吉林大学社会科学学报》2011 年第 1 期。

适用规则的方向转变。给法官一定的量刑空间是为了回应个案的复杂性与多样性。

第二节 量刑原则的再确立

量刑原则应具备专门性、指导性和一致性，与“公平、公正”的量刑规范化改革目标相匹配，在宏观层面指导量刑活动。根据本书第四章对当前我国量刑原则相关规定的分析，笔者认为在刑法基本原则对量刑原则具有统领的作用，但量刑原则也应具有独立性，以更有针对性地指导整个刑事量刑过程，既区别于刑法中的其他原则，又区别于量刑的根据或标准，而不能是刑法基本原则的重复。[1] 因此，《量刑指导意见》确立的量刑原则应是罪责刑相适应原则、刑罚个别化原则和量刑均衡原则。

一、保留罪责刑相适应原则

罪责刑相适应原则本身即被《量刑指导意见》认定为量刑原则。罪责刑相适应原则实现了罪责与刑责二者的平衡，要求罚当其罪。坚持罪责刑相适应原则，一方面，有助于“量刑均衡”的要求，因为在严格成文法的框架体系下，罪名与量刑依据都已确定，根据被告人所犯罪行的轻重依法量刑能在很大程度上实现“量刑均衡”；另一方面，罪责刑相适应原则也体现了“刑罚个别化”的要求。即罪刑相适应原则，不仅仅关注惩罚犯罪，还兼具预防犯罪的目的。即要综合考虑被告人行为的社会危害性程度和犯罪人的人身危险性，同时兼顾罪犯的改造、个案的差异、犯罪的预防等。罪责刑相适应原则较为全面地体现了当今的刑罚目的，在整个量刑体系中具有统领的地位，因此罪责刑相适应原则应当作为量刑的基本原则予以保留。

---

[1] 胡学相：《论我国刑法中量刑原则的重构》，载《法学评论》2005 年第 1 期。

二、明确量刑均衡原则的内涵

量刑规范化改革的动因之一就是消除实践中的量刑失衡现象，先后出台的6版《量刑指导意见》，采取的量刑方法均是限制法官自由裁量权空间，统一个罪量刑基准，统一量刑情节适用，统一常见量刑情节宣告刑的作用力程度，做到“同案同判”。这种做法从本质上混淆了量刑失衡与同案异判的概念。事实上，量刑失衡与同案异判属于两个不同的范畴，它们之间虽然存在一定的重叠部分，但是不能将其进行混淆。对于同案异判来讲，只有非理性的同案异判才被包含于量刑失衡的范畴，而经过合理分析并且法官充分心证后，所谓“同案异判”，不但不是量刑失衡的体现，反而是量刑实质公正的表现。正如有论者提出，同案异判有时是重视一些必须要重视的重要差异；相反那些齐头式的等同处理（划一的同案同判）有时会忽略掉一些重要差异。[1] 对于非理性的同案异判，是指量刑未考虑个案犯罪行为的社会危害性和犯罪人人身危险性、背离量刑公正的价值目标。这种量刑不仅使类似的案件间不可能达到均衡，而且案件内部罪与刑之间也不可能相适应。

笔者并不反对《量刑指导意见》中对于不同罪名量刑基准进行统一化的规定，毕竟可以对具体个罪的社会危害性进行估算，从而得出一个近似于固定的量，量刑基准便是与这个近似固定的量刑相匹配的刑罚的量。由公正观念和报应理念确定量刑基准为量刑统一化提供了依据。[2] 在量刑基准统一化的层面，我们可以说现行的《量刑指导意见》（2021年版）已经基本实现了“同案同判”，在量刑规范化层面上，量刑基准实现统一就已经足矣，不应追求量刑结果的整齐划一。[3] 笔者认为，《量刑指导意见》应将量刑均衡原则改变成为“实时更新的一种均衡”“个案公正的一种均衡”，即形式均衡原则制定出来后并不是一劳永逸的均衡，而是应该根据时代的进步、国情的发展、法律的变更等多方面要素的变化而实时更新后最终形成的一种均衡，

---

[1] 石经海：《量刑个别化的基本原理》，法律出版社2010年版，第8页。

[2] 何群：《论罪刑均衡的司法应对》，中国人民公安大学出版社2016年版，第116页。

[3] 王良顺、汪洁：《实现量刑均衡之路径研究——兼析〈人民法院量刑指导意见（试行）〉》，载《湖南社会科学》2019年第1期。

同时是允许特殊案件特殊量刑、保证个案公正的一种均衡。这是一个动态发展的过程，不能忽略时代的背景而要求量刑幅度都相同，也不能忽视个案差异要求量刑结果均一致，只有明确了这个观念，才能确定正确的均衡机制。

三、确立刑罚个别化原则

司法永远是个性的，即使犯罪数额、行为手段、行为人身份等构成要件都一致的案件，在其他方面也总有不一致的地方，如被告人的认罪态度、被害人的谅解程度等。❶ 量刑个别化追求的个案正义与量刑规范化追求的普遍公正是相辅相成的。只有每一个个案公正，才能形成普遍公正；若没有个案公正这个基础，普遍公正也无从谈起。量刑应反映每个案件的个性，根据案件本身的具体情况作出符合本案特性的裁决，让公正在每个具体个案中得到体现，让个案中的当事人都能感受到公正，才能真正实现量刑公正的终极目标。❷

个别化作为量刑的基本原则，体现的是人性化的关怀和对实质正义的追求。当然，这种个别化必须以合理为前提。如何实现量刑个别化呢？关键在于量刑情节的提取与赋予其恰当的影响力，量刑情节因具体个案的不同而必然导致个案被施于刑罚的不同，特别是法定量刑情节之外的酌定量刑情节，酌定量刑情节往往体现了个案的差异，也最容易被忽视。只有准确识别不同犯罪之间的有效量刑情节，才能识别个案的差别，实现量刑实质公正。

综上所述，笔者建议对《量刑指导意见》中“量刑指导原则”进行部分修改，即确立三项量刑指导原则。一是罪责刑相适应原则。罪责刑相适应原则是量刑原则的统领，兼具惩罚犯罪与预防犯罪的效果，实现了罪行与定罪、量刑的有机结合。二是量刑均衡原则。在保证公正的前提下，对“同类”情形的案件应当作出“类似”的量刑结果。三是刑罚个别化原则。综合考虑案件的量刑情节，根据案件本身的具体情况作出适合本案的量刑结果。

---

❶ 孙春雨、李斌：《量刑规范化改革的现状与出路》，载《国家检察官学院学报》2013 年第 5 期。

❷ 翟中东：《刑罚个别化研究》，中国人民公安大学出版社 2001 年版，第 159 页。

第三节　量刑方法与量刑情节的适用

一、量刑方法的完善

量刑步骤是将量刑方法贯彻落实到量刑实践的关键，量刑步骤必须在量刑方法的指引下进行，如果量刑方法、步骤不系统、不协调将无法实现量刑目的。现行《量刑指导意见》确立符合量刑规律和裁判思维方式的“以定性分析为主，定量分析为辅”的量刑方法，这是量刑规范化改革迈出的重要一步，但量刑步骤并没有作出相应的调整，仍然保持重视“定量”的浓重色彩。笔者认为，应按照量刑思维规律重新设计量刑步骤，以契合科学的量刑方法。

（一）对多情节案件规定专门的量刑步骤

司法实践中较常见的是形式复杂多样多量刑情节案件，多个量刑情节可能是同向量刑情节与逆向量刑情节的混搭。在前面的章节中，笔者论证了现行量刑步骤与量刑方法不协调的问题，为解决这一问题，笔者认为应将单一量刑情节与多种量刑情节案件、单功能情节和多功能情节案件区别对待，确定不同的量刑步骤。笔者设计的多功能、多种量刑情节案件的量刑步骤如下。首先，减轻与从轻情节并存时，应先“定性”是从轻还是减轻，然后再“定量”各自对应的从轻或减轻比例并相加。其次，存有多个从轻情节时，应当相加，但不能“质变”成减轻。再次，减轻与减轻情节并存时，先“定性”减轻幅度的大小，确定先后适用的关系，遵循“先大后小，最后相加”的原则，但不能“质变”成减轻多个量刑档次或者免除处罚。最后，从重与从重情节并存时，应当相加，但不能“质变”成加重情节。

此外，现行《量刑指导意见》规定法定趋轻情节优先调节，然后再适用其他量刑情节调节，但没有说明法定趋轻情节（如应当减轻与可以减轻情节）之间的适用顺序，以及减轻和从轻之间的适用顺序。[1] 如何确定多个法定趋轻情节的适用顺序问题，应综合全案事实考虑，运用“定性”的量刑方法，增加确认环节，先确定是从轻、减轻还是免除处罚，确定后再适用从轻或减轻情节，按量刑步骤计算结果。如选择免除处罚，就不必再计算量刑数额了。倘若从重情节与从轻、减轻情节并存，也应当优先考虑减轻情节，然后在减轻处罚的基础上先从重处罚再从轻处罚。[2]

（二）统一适用“同向相加、逆向相减”的计算方法

《量刑指导意见》为了避免在多个从轻情节合并适用导致计算结果为“0”甚至为“负数”的现象，确定了“部分连乘、部分相加减”的调节方法，即对罪前、罪后等一般量刑情节目前仍采用“同向相加、逆向相减”的方法，但对大部分罪中量刑情节，采用“连乘法”的方法。[3] 该方法的实质目的是用数学计算方法解决量刑实践问题。但过分强调“定量”，既没有理论基础，也不符合司法实践。因此，笔者认为多情节并存的计算方法应当统一恢复为“同向相加、逆向相减”的方法，并在量刑情节适用上应当注意以下几个问题。

（1）在量刑情节确定阶段，要根据案情决定是否适用，并非对《量刑指导意见》中规定的量刑情节全部适用。即审判人员在量刑时应当被赋予充分的选择量刑情节的权力，某些具有从宽功能的情节，只有在一些特别案件中，如犯罪行为具有极大的社会危害性或者犯罪人具有较高的人身危险性等情况才能成为案件中的量刑情节。[4] 例如，某些案件事实清楚、证据确凿，被告人已经没有任何可以抵赖的空间，这种情况下的当庭自认，就没有必要作为量刑情节。

（2）量刑情节的功能认定。一是针对多功能量刑情节选择的问题，要在

---

[1] 徐宗胜：《量刑情节并存时的适用根据与方法——兼评〈量刑指导意见（2017）〉中的同向相加、逆向相减方法》，载《时代法学》2018 年第 5 期。

[2] 陈学勇：《谈量刑情节的适用》，载《法律适用》2007 年第 10 期。

[3] 王良顺、汪洁：《实现量刑均衡之路径研究——兼析〈人民法院量刑指导意见（试行）〉》，载《湖南社会科学》2019 年第 1 期。

[4] 许美：《酌定量刑情节规范适用研究》，黑龙江人民出版社 2016 年版，第 176 页。

从轻处罚、减轻处罚和免除处罚中选择一种功能进行适用，这就需要根据量刑情节同罪名、量刑情节同基准刑和量刑情节之间的关系来选定其功能。[1]例如，对犯罪情节较为轻微、危害不大，属于轻罪的案件[2]或者是从宽情节占据了绝大多数的案件，从中选择具有从宽功能的量刑情节的空间就会越大，同理会造成减轻或者免除处罚的功能空间越大，反之亦然。需要注意的是，上述几种情况可能并列存在，必须要综合考虑。当然有些犯罪严重的案件，如果存在诸多的从宽的情节，法官也可以从中选择[3]。二是关于选择量刑情节功能的幅度的问题。《量刑指导意见》对于量刑情节功能的幅度有了较为细致的规定。从当前的规定来看，绝大部分规定的幅度是比较合理的，但是在司法实践中，个案的差别比较大，案情复杂多元，仅仅依靠《量刑指导意见》的规定难以适应司法实践的需求。由此笔者认为，《量刑指导意见》中，非常有必要给法官留有一定的空间，使得法官在处理复杂的个案时，能够灵活地运用量刑情节，更好地实现量刑公正的内涵。如美国《量刑指南》中，在一般适用原则中专门提到，“允许偏离指南的规定存在”。[4]

（三）明确量刑情节的适用顺序

量刑情节的适用顺序应当明确为“减轻情节应优先适用”。具体的适用方法是，减轻情节在所有情节中需要优先适用，其后再考虑适用从重情节和从轻情节。[5] 也就是说，一旦适用了减轻情节，如果案情还存在从轻情节的话，那么在适用从轻情节时就需要根据案情，合理缩小从轻情节的适用幅度。否则就可能会出现多个从轻或者减轻情节竞合的情况下，全部适用，对被告人的量刑尺度过宽，会导致量刑失衡的情况出现。

---

[1] 王良顺、汪洁：《实现量刑均衡之路径研究——兼析〈人民法院量刑指导意见（试行）〉》，载《湖南社会科学》2019 年第 1 期。

[2] 实践中主要是指犯罪人应当被判处 3 年以下有期徒刑的案件。

[3] 如故意杀人罪的从犯也有可能选择减轻情节。

[4] 苏彩霞、崔仕绣：《中国量刑规范化改革发展研究——立足域外经验的考察》，载《湖北大学学报（哲学社会科学版）》2019 年第 1 期。

[5] 王瑞君：《量刑情节的规范识别和适用研究》，知识产权出版社 2016 年版，第 144 页。

（四）增加确定量刑起点幅度的步骤

量刑起点幅度是确定量刑起点的前提和基础，目前《量刑指导意见》（2021 年版）规定的量刑步骤只规定了如何确定量刑起点，缺少确定量刑起点区间幅度的步骤。所以，笔者认为，在确定量刑起点之前，应增加确定量刑起点幅度的步骤，基于此，量刑起点的确定最终也分为两步，即根据刑法分则的规定先确定案件的法定刑幅度，之后法官根据《量刑指导意见》及各省的实施细则，结合具体个案运用自由裁量权，在所确定的量刑起点幅度内，精确地确定本案所适用的量刑起点，这也是符合实践中法官的量刑裁判思维规律的。比如，在河北省故意伤害致人一级重伤的后果，其确定量刑起点的步骤如下：步骤一，依照《刑法》第 234 条规定故意伤害罪有三个法定刑幅度：致人轻伤在 3 年以下量刑，重伤的量刑区间是 3～10 年，致人死亡在 10 年以上直至死刑的幅度内量刑。造成重伤后果，量刑起点刑幅度区间应选择 3～10 年。步骤二，根据河北省量刑实施细则规定[❶]，致一人一级重伤应在 4～5 年有期徒刑幅度内确定精确的量刑起点，法官在这个较小的量刑幅度内确定一个数值作为量刑起点，比如 4 年或者 4 年半。因此，先找到刑法分则对应的法定刑幅度区间，再依据《量刑指导意见》和各省实施细则的具体规定确定量刑起点，这样才与量刑裁判思维规律相吻合。

二、量刑情节的适用规则

《量刑指导意见》（2021 年版）规定了量刑情节的适用比例，但是对于量刑情节的适用规则并未明确，导致对量刑情节的适用规则不全面、不周延，

---

❶ 河北省高级人民法院 2017 年发布的《〈关于常见犯罪的量刑指导意见〉实施细则》规定故意伤害罪："法定刑在三年以上十年以下有期徒刑幅度的量刑起点和基准刑　故意伤害致一人二级重伤的，可以在三年至四年有期徒刑幅度内确定量刑起点。故意伤害致一人一级重伤的，可以在四年至五年有期徒刑幅度内确定量刑起点。在量刑起点的基础上，可以根据伤害人数、伤害后果、伤残等级等其他影响犯罪构成的犯罪事实增加刑罚量，确定基准刑。有下列情形之一的，可以增加相应的刑罚量：（1）每增加轻微伤一人，可以增加一个月至二个月刑期；（2）每增加二级轻伤一人，可以增加三个月至四个月刑期；每增加一级轻伤一人，可以增加五个月至六个月刑期；（3）每增加二级重伤一人，可以增加一年至一年六个月刑期；每增加一级重伤一人，可以增加一年六个月至二年刑期；（4）其他可以增加刑罚量的情形。"

无法覆盖所有刑法总则规定的量刑情节。对此笔者认为有必要在“常见量刑情节的适用”部分规定量刑情节的适用规则，以规范量刑情节的提取和适用。量刑情节的适用规则应为坚持综合全面考量、坚持禁止重复评价、坚持比例合理。三项规则的内涵，笔者已经在第四章第三节中予以分析，在此笔者将阐述三项规则如何指导量刑情节的适用过程。

（一）坚持综合全面考量

综合全面考量是指在适用量刑情节时应当全面综合地考虑所有可能对量刑产生影响的，与犯罪构成情节无关的情节，根据案件具体情况确定量刑情节。在具体案件中包含着各种各样难以计数的事实情况，这些事实情况或者反映行为的社会危害性程度或者反映犯罪人的人身危险性程度，但是这些事实不能全部作为量刑情节，因为可能有些事实情况所反映的社会危害性程度或是人身危险性程度对于刑事责任的影响很小，在量刑时不会作为量刑情节适用。那么在量刑时我们必须将所有的案件事实纳入考量范围，从中选择出反映一定程度的社会危险性和犯罪人人身危险性的行为，将其作为量刑情节，而非将所有的事实情况全部作为量刑情节予以考虑。1949 年日本仙台高等裁判所的一份判决指出：“刑之量定，不仅应检讨犯罪之内容，还须考虑被告之性格、年龄、经历、境遇、犯罪之动机、罪后之情况等事由，苟若无视上述事由而量刑，则应属适用法律不当。”❶ 该论述指出了综合全面考量的逻辑思路。

笔者认为，从复杂多样的案件事实情况中选出能够作为案件量刑情节的事实应从以下步骤入手：首先确定本案的犯罪性质，然后再全面考察本案中与犯罪构成无关的，但是反映社会危害性程度和人身危险性程度的各种事实情况，最后将事实情况同犯罪性质相比较，确定本案中应当适用的量刑情节。循着这种逻辑思路，在确定量刑情节之前就要全面审视可能与量刑有关的所有事实情况，分别与犯罪性质进行比较。因此，在量刑过程中，法官必须重视对量刑情节的提取，不仅要注重对从重情节的提取，更要注重对从宽情节的提取，不仅要注重对法定量刑情节的提取，更要注重对酌定量刑情节的提

❶ 郭磊：《量刑情节适用研究》，吉林大学 2011 年博士学位论文。

取，不能有所偏颇或忽视，否则不仅会影响刑罚适用的公正性，而且更会产生不良的社会效果。[1]

例如，被告人李某伙同被告人王某，由王某借故约其前女友张某见面，寻机携带被害人张某手机离开，后李某适用暴力、威胁手段，对被害人张某实施奸淫，因被害人张某反抗及正值月经期未得逞。该案在量刑时就要综合评价确定量刑情节：一是两名被告人已经着手实施强奸，由于意志之外的原因未得逞，系犯罪未遂；二是被告人王某没有直接对被害人施暴，没有实施具体的奸淫行为；三是被告人王某帮助同案犯李某实施强奸的对象系其前女友；四是被告人李某曾因犯故意伤害罪，被判处有期徒刑 4 年，刑满释放后 5 年内再犯本罪，系累犯；五是两名被告人当庭自愿认罪。这五方面就是本案综合考量的全部量刑情节。从上述案件的酌定量刑情节可以总结出审理具体案件时适用综合全面考量原则认定酌定量刑情节的逻辑思路，即首先确定案件性质，然后全面考察犯罪构成事实情节和法定量刑情节，在此之后，再挖掘能够反映社会危害性和人身危险性程度等的各种事实情况，再将这些事实情况同犯罪性质相比较，最终确定哪些事实情况属于案件的酌定量刑情节。此外，在适用酌定量刑情节对犯罪人进行刑罚裁量时，要注意罪前、罪中和罪后情节；要注意对犯罪人不利的情节，也要注意对犯罪人有利的情节。裁判者在对刑事个案司法裁判时，要对犯罪人和犯罪行为的事实情节进行综合全面的评价，不能进行片面的评价。[2]

但在提取过程中并非任何情节都要提取，应根据案情有所取舍，特别是在酌定量刑情节的提取上要禁止泛化。在一些特定的个案中，某些符合犯罪构成的实施情况并不能完全反映出社会危害性，也不能完全反映出行为人的人身危险性，因此这些主客观事实就不能作为量刑情节加以使用。法官在提取量刑情节时，全面把握案件，着重进行价值判断，不能机械地提取所有的情节，要考虑情节对案件的影响力。如何防止量刑情节在提取过程中泛化是

---

[1] 敦宁：《量刑情节适应的基本原则》，载《河北大学学报（哲学社会科学版）》2012 年第 6 期。

[2] 龚晶：《禁止重复评价原则研究——以量刑规范化为视角》，载《法制与社会》2013 年第 3 期。

个不好把握的司法难题。关于哪些量刑情节应该提取，应遵循法定和重要的酌定量刑情节必须提取，一般的酌定量刑情节谨慎提取的原则。笔者以盗窃罪为例，分析影响盗窃犯罪量刑可能涉及的量刑事实（见表6-1）。

表6-1　盗窃罪情节分析

序号	情节	具体情况分析
1	盗窃数额	（1）数额的双重性——既定性又定量，注意考察未达定罪数额时的量刑 （2）既、未遂——注意考察既、未遂同时存在的量刑
2	盗窃次数	（1）多次盗窃 （2）惯犯 （3）偶犯 （4）初次盗窃
3	盗窃地点	（1）入室盗窃 （2）公共场合盗窃——区分“扒窃” （3）私家车盗窃——注重考察与其他情形有无区别
4	盗窃手段	（1）扒窃 （2）公然盗窃 （3）秘密盗窃——区分与公然盗窃的量刑 （4）携带凶器盗窃 （5）破坏性手段 （6）驾驶交通工具盗窃
5	受害人状况	（1）残、孤、老、弱 （2）特殊情况，如看病的救命钱 （3）近亲属或家庭成员
6	动机	（1）顺手牵羊等临时起意 （2）为吸毒、赌博等违法犯罪活动获取钱财而盗窃

续表

序号	情节	具体情况分析
7	盗窃对象	（1）违禁品 （2）救灾物资、文物、馆藏物
8	法官个人认知	（1）个人生活经验 （2）个人偏好
9	被告人情况	（1）累犯、立功、自首、教唆、坦白、和解、谅解 （2）认罪态度 （3）家庭经济情况 （4）利用未成年人、残疾人 （5）退赔退赃

在表6－1中，除了“法官个人认知”的因素是主观的，其他八类都是客观存在的。其中盗窃次数、盗窃数额是定罪情节也是量刑情节，必须予以提取。被告人的罪前表现累犯、前科必须提取，但是对于其一贯表现不一定提取，用于证明是初犯、偶犯的一贯表现就应该提取。被告人悔罪表现的自首、立功、赔偿谅解情节必须提取，对于自愿认罪的量刑情节如果同时具有坦白、自首情节，该情节就不必提取，否则有重复评价之嫌。盗窃手段、盗窃地点、动机、盗窃对象、被害人情况等情节如果不具有特别之处，一般不予提取。法官的个人认知也会影响到量刑。从上述分析可以看出，《量刑指导意见》（2021年版）规定的量刑情节一般应予以提取并给出相应的增减刑罚量的比例，对于其他的情节，如果对案件影响大就作为量刑情节提取，防止出现从不关注酌定量刑情节到过度关注酌定量刑情节的情况。

（二）坚持禁止重复评价

定罪情节和量刑情节并不等同，定罪情节是确定基准刑的依据，而量刑情节对宣告刑的确定有决定意义。二者在功能与定位上并不相同。一个情节不能在定罪时使用过后，又在量刑情节上重复使用。也即本书所提出的“禁止重复评价原则”。本书认为，禁止重复评价原则的主要内容应当包含以下三点。

第一，某一情节如果作为犯罪构成的事实情节，就不能再作为量刑情节。[1] 如在交通肇事案中，犯罪人醉驾的情节已被交警部门作为其承担事故责任比例的依据，这一情节已经在法官审判时作为判断其行为是否构成犯罪的依据，则不能再在量刑时作为量刑的依据，否则会导致这一情节的重复适用。

第二，要避免在量刑情节与其他影响犯罪构成的犯罪事实之间重复评价。也就是说，如果某一情节已经被作为影响犯罪构成的事实增加了刑罚量，则不能再将这一情节作为从重情节。[2]

第三，要防止性质相同的量刑情节之间的重复评价，这种情况在多种量刑情节并存时更应注意。当多个犯罪情节出现竞合时，“也只应当适用一个情节，即只能适用那个能最大限度地从重或减轻刑罚的情节”[3]。以激情犯罪为例，如果被害人本身存在一定过错，被告人当庭认罪、退赃、赔偿等都能降低刑罚，但是如果法官不作区分，将所有的量刑情节重复适用，多次降低罚度，就会导致量刑的合理性降低。再如，在某一案件中，被告人存在自首情节后，就不应当适用当庭认罪的情节，作出从轻处罚的量刑。由于此时的自首情节包含了当庭认罪的内容，故不能重复评价。《量刑指导意见》（2021年版）对此进行了规定。[4]

本书在此需要强调的是，禁止重复评价原则仅限于对同一性质、同一层次或同一意义的犯罪构成事实的重复评价，即同一犯罪构成事实在定罪中使用过，便不得在量刑时再次使用。但是，对同一犯罪构成事实可以进行不同

---

[1] 如果某一严重或恶劣情节作为基本罪的基本犯罪构成事实已经在确立量刑起点时被评价，那么该情节就不能被作为从重量刑情节而再次评价；如果某一严重或者恶劣情节作为加重罪的基本犯罪构成事实已经作为法定刑升格条件及确定重罪量刑起点时被评价，那么该情节就不能再次作为加重情节进行评价；如果某一较轻情节作为轻罪的基本犯罪构成事实及法定刑降档条件被评价，那么不得将该情节作为从宽量刑情节再次进行评价。详细论证参见敦宁：《量刑情节适应的基本原则》，载《河北大学学报（哲学社会科学版）》2012 年第 6 期。

[2] 敦宁：《量刑情节适应的基本原则》，载《河北大学学报（哲学社会科学版）》2012 年第 6 期。

[3] ［意］杜里奥·帕多瓦尼：《意大利刑法学原理》，陈忠林译，中国人民大学出版社2004 年版，第239 页。

[4] 《量刑指导意见》（2021 年版）规定：“（八）对于当庭自愿认罪的，根据犯罪的性质、罪行的轻重、认罪程度以及悔罪表现等情况，可以减少基准刑的 10% 以下。依法认定自首、坦白的除外。”

性质、不同层次或不同意义的评价。例如，“拐卖妇女、儿童三人以上”是构成拐卖妇女、儿童罪的情节加重犯的定罪情节，假如不存在其他量刑情节的话，那么如何在“处十年以上有期徒刑或者无期徒刑，并处罚金或者没收财产”的法定刑幅度内判处刑罚呢？这时就要求对“拐卖妇女、儿童三人以上”这一情节进行考察，拐卖妇女、儿童六人的自然要比拐卖妇女、儿童三人的要重，从这个意义说，“拐卖妇女、儿童三人以上”这一情节既决定定罪又影响了量刑，应属于重复评价，但这种重复评价并不是在同一层次上进行的，不应为法律所禁止。“拐卖妇女、儿童三人以上”是定罪情节，超过三人的人数是定罪情节的剩余情节，应作为从重处罚的量刑情节，二者不是在同一层次上进行的评价，不构成重复评价。

（三）坚持比例合理

比例原则来源于行政诉讼法，主要是指在行政诉讼中，法官需要在公共利益与个人利益之间进行选择，如受损的个人利益大于公共利益的获利，则违反了比例原则。[1] 刑法中罪责刑相适应原则的精神与其类似。罪责刑相适应原则也要求在量刑时，所判处的刑种、刑度要与犯罪行为的社会危害性和人身危险性相匹配。由此可见，比例原则可以应用到量刑过程中，尤其是酌定量刑情节的适用中。法官在量刑时，对于量刑情节的适用比例应当以公正为目标，要与犯罪行为的事实、性质、情节以及社会危害程度相当。[2] 笔者认为，比例原则在量刑情节的适用中包括两个方面。一是量刑情节的适用幅度需要与社会危害性和人身危险性成比例，实质上是罪责刑相适应原则在量刑情节适用阶段的表现，即轻罪轻判、重罪重判。《量刑指导意见》规定的常见量刑情节的调节比例均是一个幅度，如何在法定幅度内确定具体的适用比例，需要按照合理性的要求衡量减轻、从轻、从重的百分比是否与行为的社会危害性和行为人的人身危险性程度相称。二是反映行为社会危害性的量

[1] 比例原则在行政法领域是指行政权力所采取的措施与其所达到的目的必须相称，要求行政机关不得任意行使其裁量权，而必须在公共利益与公民的个人利益之间作出平衡，如果实现的公共利益小于损害的个人利益，则有违狭义的比例原则。参见田宏杰：《比例原则在刑法中的功能、定位与适用范围》，载《中国人民大学学报》2019 年第 4 期。

[2] 于改之、吕小红：《比例原则的刑法适用及其展开》，载《现代法学》2018 年第 4 期。

刑情节与反映行为人人身危险性的量刑情节应当成比例。在这个层面上讲，量刑情节之间应当均衡，量刑应当着重反映行为的社会危害性的强弱，以罪中情节为重点，辅之以反映行为人人身危险性的量刑情节，即罪前和罪后情节。在适用的时候应当是起优势作用的情节对量刑的影响大，其他的情节对量刑的影响小于优势情节的影响，这也是量刑均衡原则在量刑情节适用时的基本要求。

笔者就“坚持综合全面考量”部分所举的强奸案而言，针对犯罪未遂的情节确定调节比例进行分析。参照《量刑指导意见》（2021 年版）对于未遂犯的规定❶及北京市高级人民法院制定的《〈关于常见犯罪的量刑指导意见〉实施细则》中有关未遂犯的规定❷，本案二被告经合谋已将被害人叫至房间内，且被告人李某已经使用暴力和威胁手段，开始对被害人着手实施强奸，并对被害人实施亲吻、搂抱，强行脱扯衣裤，摸抠被害人隐私部位等，只是因为被害人哭喊、反抗特别是发现被害人正值月经期，所以最终强奸未得逞。首先，从实施程度来看，行为人生殖器并未实际接触到被害人的生殖器，实质性奸淫行为未实施，属于未实行终了的未遂犯，但其实施的亲吻、搂抱、抠摸等行为，侵犯到了被害人的隐私部位。相对于那些刚开始摁压、搂抱、亲吻或刚接触被害人身体，没有来得及对被害人下身等隐私部位进行侵犯的强奸未遂的情况，本案的实行行为已经达到较重的性侵犯程度，距离实质性奸淫行为较近，调节幅度不宜过大。其次，从损害后果来看，行为人对被害人实施了扇打、摁压、脱扯被害人衣裤等暴力行为，虽没有给被害人造成身体损伤，但致使其隐私部位裸露，使被害人的身心均遭受了较大伤害。相对于给被害人身体造成损伤的强奸未遂案，本案的行为损害后果较轻，但相对被害人隐私部位未暴露或未接触的强奸未遂案，本案的行为损害后果较重，故调节幅度应适中。最后，从未得逞的原因来看，被告人李某系因被害人强烈反抗，以及被害人处于月经期两方面原因而强奸未得逞。且后者系阻止其

---

❶ 《量刑指导意见》（2021 年版）规定：“对于未遂犯，综合考虑犯罪行为的实行程度、造成损害的大小、犯罪未得逞的原因等情况，可以比照既遂犯减少基准刑的 50% 以下。”

❷ 对于未遂犯，综合考虑犯罪行为的实行程度、造成损害的大小、犯罪未得逞的原因等情况，可以比照既遂犯减少基准刑的 50% 以下。

完成奸淫行为的主要原因，该原因虽超出了行为人的主观意志，但并非“绝对不能”，应属于“能犯未遂”的犯罪未遂形态，说明其行为危害性较“绝对不能”的情况小，因此调节幅度不宜过小。综合全案来看，被告人已经着手实施了强奸行为，并且对被害人使用了较重的暴力使其屈服，其行为的社会危害性较重，虽然有未遂的情节，但仍应以罪中的情节为重。

综上所述，量刑情节适用规则可以弥补《量刑指导意见》无法全面规定所有情节的缺陷，可以指导所有案件的量刑情节的提取和运用，具有很强的理论指导性和司法实用性，而《量刑指导意见》（2021 年版）并未在详细列举常见量刑情节之前对量刑情节适用规则进行规定，这是导致量刑情节适用体系不完备的重要原因。

第四节　对罪名与刑种的完善

量刑规范必须能够普遍适用于常见的、频发的犯罪，并规范各个刑种，使量刑规范贯穿于整个案件的量刑活动中。笔者在前文中指出了《量刑指导意见》（2021 年版）规范的罪名和刑种无法适应目前的犯罪形势，必须对内容进行扩充和丰富。

一、扩大《量刑指导意见》规范的罪名

《刑法》包括 483 个罪名，司法实践中常用罪名有四五十个，目前具有量刑规范的才 23 个，对罪名的量刑规范远远不够。要根据社会犯罪的实际情况，针对多发罪名作出具体的规范，对偶发罪名给出原则性规范，各地法院针对各地实际出台有效的具体实施意见。在作出规定时，精确必须考虑的情节，可以考虑的情节，而具体情节对量刑的影响程度应避免精确，防止规定的僵硬化。例如，受贿罪、利用影响力受贿罪、介绍贿赂罪等职务犯罪以及非法吸收公众存款罪是目前打击犯罪的重点，但没有有关的量刑规范。针对频发罪名的规范，应当根据个罪构成要件的区别，细分每个罪侧重打击的情节和重点警示意义的情节，对此作出量刑规定。

二、对有期徒刑外刑种的规范

《量刑指导意见》（2021 年版）主要对有期徒刑的量刑进行了细致的规范，新增罚金刑和缓刑的适用规定，但多是原则性规定，对无期徒刑以上刑罚、管制或者单处附加刑、免于刑事处罚也仅原则性地规定了“综合全案犯罪事实和量刑情节，……应当依法适用”，没有细致的规范，笔者认为应予以完善。

（一）制定翔实的死刑量刑规则

量刑规则应总结对死刑，包括死缓、死缓限制减刑、死缓同时宣告不得减刑假释的适用规则。死刑作为极刑，具有最严酷性和不可逆性，因此对死刑的使用应当慎重，并且建立完备科学的死刑量刑评价系统。[1] 对于可能判处的死刑案件，应在该评价系统的指导之下，合理限制法官对死刑案件量刑的主观性。如果被告人所犯罪行已经达到了适用死刑的标准，但是其又具有法定从宽类情节，如立功情节或者自首，则应判处死缓。如果从宽的情节与必须从严的从重情节同时存在，应对该犯从重判处死刑，但认为其有悔罪表现，从宽判处死缓。[2] 本书认为，犯罪的从重情节体现的是犯罪人在犯罪中的人身危险性和社会危害程度；从宽情节体现的是犯罪分子的悔过程度和事后补救表现。所以对于符合罪行极其严重情形的，在社会上产生很大影响的极端恶性案件的犯罪人应当判处死刑；对于因为多方面因素导致的犯罪人及时悔过、积极赔偿且未在社会上产生重大影响的案件，在法定情节的范围内，不应判处极刑。

（二）对轻刑间刑种转换、缓刑、财产刑的规范

第一，确立轻刑间刑种转换或替代的规则。在司法实践中经常出现宣告刑超过有期徒刑、拘役的上限或者低于其下限的情形，这便涉及刑种转化的相关问题。即《量刑指导意见》没有设置在有期徒刑以下案件不同刑种之间

---

❶ 莫洪宪、张昱：“酌定量刑情节在死刑案件中的适用及其完善”，载《刑法论丛》2014 年第 2 期。

❷ 徐萌萌：“生与死的博弈：厘定死刑案件量刑因子适用规则”，载《佳木斯职业学院学报》2018 年第 10 期。

转换的规则，根本无法实现双向可逆的衔接转换，而只存在有期徒刑或拘役向管制或单处附加刑单向的衔接转换。❶《量刑指导意见》（2021年版）仍然存在这个问题，需要增加刑种转换机制的相关规范，应在确定各刑种的临界点后再确定转换的条件和方法。

第二，确立财产刑的量刑规范。对于财产刑的适用，《量刑指导意见》（2021年版）新增罚金刑适用的相关规范，但并没有作出特别详细的规定，只有少数省份在实施细则中进行了相关叙述，如天津市高级人民法院，针对罚金刑适用时应考虑的事项以及罚金刑数额的上限与下限作出了一般规定❷，并在具体各罪量刑规定中分别规定主刑、罚金刑和缓刑，区分单处与并处两种情况，对单处的规定了罚金的上下限，对并处的依据主刑的不同种类及不同幅度作出了较为细化的规定。《量刑指导意见》（2021年版）中有关罚金刑适用的规定可以参考天津市高级人民法院的规定予以细化，对单处罚金的，可参照主刑的量刑方式，先确定一个罚金额的基准，再根据量刑情节进行调节，最终确定拟宣告的罚金刑数额；对并处罚金或没收财产的，应划定相应的幅度范围。对于用加强附加刑的方式更能起到惩戒犯罪、警示大众意义的，则可相应提高附加刑的量刑幅度；对于主要应通过监禁方式予以惩罚的被告人，则不应随意提高附加刑的幅度。在细化附加刑量刑规则的同时，应考虑被告人的经济承受能力，如作出与其承受能力不相匹配的罚金或没收财产的判决，不仅不利于后期执行，也可能造成被告人对判决结果的抵触心理，不利于其改造。

第三，加强对缓刑的量刑规范。缓刑是对犯罪分子判处刑罚暂缓执行的制度，相比于执行应有的刑罚，适用缓刑可以使犯罪分子避免在监狱中的“交叉感染”，加强缓刑适用的规范更有利于体现惩办与宽大相结合的刑事政策。我国部分地方法院对规范适用缓刑做了改革性的创新。江苏省姜堰市人

---

❶ 荣月：《量刑规则的体系性建构》，吉林大学2017年博士学位论文。

❷ 天津市高级人民法院《关于常见犯罪的量刑指导意见实施细则》规定：拟判处三年以下有期徒刑、拘役并符合缓刑适用条件的，可以依法宣告缓刑；对其中不满十八周岁的人、怀孕的妇女和已满七十五周岁的人，应当宣告缓刑。

民法院制定的《规范量刑指导意见》分则中，针对不同犯罪的特殊情况，对缓刑的适用和限制条件作出了详细的规定。不仅在总则部分对于缓刑的禁止性适用进行充分的列明，并且在分则部分，针对具体罪名也作出了细致的规定，如在司法实践中出现频率较高的交通肇事罪中，除去未做赔偿的、曾因交通肇事罪判刑的等缓刑限制性规定的情形，对于一般交通肇事罪的被告人可以使用缓刑。[1] 缓刑的适用问题尤其复杂，很难对每个罪名进行详细的规定，但是通过姜堰市关于缓刑的规定细则，我们可以看出，规范缓刑是一种趋势，并且在司法实践中具有很强的指导意义。《量刑指导意见》（2021 年版）修订时新增有关缓刑的相关规范，但多是原则性规定，需要进一步予以细化。

（三）认罪认罚从宽应进行刑事一体化的制度规范

认罪认罚从宽作为推进以审判为中心诉讼制度改革中的一项重要配套制度，对于刑事诉讼“实体公正”与“程序正义”之实现具有重要意义，是以审判为中心改革目标的实现路径，二者统一于对实体公正与程序正义的共同追求。要完善认罪认罚从宽量刑规则，必须在以审判为中心的前提下进行，在刑事一体化思维的指导下，明确认罪认罚从宽制度中审判权的中心地位，结合实体与程序两个方面对认罪认罚从宽制度进行改进和完善，解决实践中存在的突出问题，从而实现与以审判为中心的诉讼构造有机对接。程序法上的规范已在《刑事诉讼法》中予以规定，即使仍有完善的空间，也不是本书所讨论的问题。笔者在此针对刑事实体法的规范予以论证。

1. 明确认罪认罚从宽制度中审判权归属问题

根据笔者在第四章第三节中对“认罪认罚案件量刑规范化不足”中的论述，认罪认罚从宽制度缺乏明确统一的制度规范，为了应对这一不足，应从

---

[1] 江苏省姜堰市人民法院制定的《规范量刑指导意见》第 62 条规定：“【缓刑适用限制】除未成年犯外，有下列情形之一的，一般不适用缓刑：（一）未作赔偿的；（二）曾因交通肇事被判刑的；（三）交通肇事致人死亡后逃逸且负事故全部责任的；（四）有司法解释规定的两个以上特殊违章情节且负事故全部责任致人死亡的。本节所指特殊违章情节是指：（1）酒后、吸食毒品后驾驶机动车辆的；（2）无驾驶资格驾驶机动车辆的；（3）明知是安全装置不全或安全机件失灵的机动车辆而驾驶的；（4）明知是无牌证或已报废的机动车辆而驾驶的；（5）严重超载驾驶的。”

制度理念上明确认罪认罚从宽制度必须以法院的审判权为中心，以契合以审判为中心的刑事诉讼制度改革，便于从宏观层面指导认罪认罚各项量刑规范的确立。

认罪认罚从宽制度并未改变刑事诉讼中公检法三机关的职能配置，定罪量刑的权力只是由人民法院行使，虽然人民检察院作为公诉方可以提出量刑建议，但仍然只是建议，是否采纳还是由人民法院裁判。在认罪认罚从宽制度贯彻实施过程中，必须明确人民检察院与被告人“协商”后的建议与人民法院的庭审结果有本质的不同。所以，对于人民检察院的量刑建议权，我们应当客观地认知。其一，人民检察院的检察建议权应当在法定范围内行使，不得超越法定的界限；其二，对于人民检察院的量刑建议，人民法院需要在法定的范围内进行审查，通过行使审判权就庭审中查明的事实依据与法律规定决定是否适用。即便并未采用量刑建议，也需要人民检察院理性对待，不得单纯对不采用的决定抗诉。

2. 明确认罪认罚与自首、坦白之间的关系

认罪认罚与自首、坦白情节之间存在交叉关系，当个案中存在三种量刑情节时，在具体适用中应避免对所有情节进行简单的相加，禁止重复评价。应在单独评价自首等多个量刑情节的基础上，对认罪认罚情节单独适用。在认罪认罚案件的办理过程中，需要根据认罪认罚的认定，综合考量不同诉讼阶段、该情节对查明案情的价值、悔罪表现的具体情况、社会危害的严重程度等。❶

3. 制定相应的量刑建议规范

根据认罪认罚从宽制度试点情况，总结经验规律，对于认罪认罚案件中常见的罪名，如盗窃罪，危险驾驶罪，走私、贩卖、运输、制造毒品罪等，可以在全国范围内制定相应的量刑建议标准，为检察人员作出量刑建议提供适用标准。同时各地检察机关可以根据各地实际情况，制定细化的量刑标准。

❶ 当然在刑罚评价方面，应当遵循相应的原则。主动认罪优于被动认罪，早认罪优于晚认罪，彻底认罪优于不彻底认罪，稳定认罪优于不稳定认罪。对罪行较轻、人身危险性较小的，特别是初犯、偶犯，从宽幅度可以大一些；罪行较重、人身危险性较大的，以及累犯、再犯，从宽幅度应当从严把握。

在量刑建议规范化文件中，应明确作出量刑建议的原则，即检察机关的量刑建议应当限缩在一定的幅度范围内，应以幅度刑量刑建议为原则，确定刑量刑建议为例外，仅在案情简单、证据确凿、无争议的轻刑犯罪中可以提出精准量刑建议，但前提是必须详细说明基准刑选择的理由和依据、从重处罚情节、从轻处罚情节、量刑建议的形成程序等。

4. 明确量刑建议采纳标准

在对量刑建议的标准进行规范化之后，为减少法检两家的认知差距，应明确人民法院对量刑建议的采纳标准。法院对量刑建议的审查应着重把握认罪认罚的自愿性和认罪认罚具结书内容的真实合法性，以采纳为原则，不采纳为例外。明确《刑事诉讼法》（2018 年修正版）第 201 条第 2 款规定的“量刑建议明显不当”的含义。笔者认为，应从四个方面进行明确：其一，主刑选择错误；其二，附加刑、缓刑适用错误；其三，刑罚档次选择错误；其四，在同一刑罚档次内，从宽幅度与相类似案件明显不均衡，量刑建议畸轻畸重，严重违反罪责刑相适应原则。对于明显不当的量刑建议，法官在决定是否采纳前应履行相应程序，以保障认罪认罚从宽程序简易制度的价值。一方面，法官应告知检察官对量刑建议进行调整，以体现对控辩审前合意之尊重。另一方面，应告知被告人对检察机关的量刑建议的意见，避免被告人心理落差。只有当检察机关不调整或调整后仍然不当的，人民法院才能不予采纳量刑建议，依法作出相应的判决。不予采纳量刑建议时，法官应充分说明理由和依据，避免不说明理由、论证不充分或论证理由错误的情形。

5. 保障被告人上诉权

针对在一审过程中认罪认罚获得了从轻处罚，而又上诉的被告人如何处理，笔者认为《刑事诉讼法》（2018 年修正版）没有限制认罪认罚被告人的上诉权，被告人享有上诉权是理所应当的，这也是监督审判是否公正的关键渠道。在公诉机关的量刑建议适当，被告人因自愿认罪认罚已经得到从轻量刑的情况下，判决后反悔上诉不再认罪认罚或以量刑过重为由上诉，上诉审法院必须严格审查。对于具有法定正当理由的，可以依法支持；但是如果上诉无理且违背具结协议的，则不予支持；符合发回重审条件的应依法发回重审，原有的认罪认罚从宽处理此时已经不再具有效力，从程序与实体两个层面对“失信被告人”进行惩罚。当然对于认罪认罚的被告人“毁约”后的上诉行为，公诉方需要遵行“一般不抗诉”的谦抑性原则。[1]

第五节 《量刑指导意见》配套制度的完善

量刑规范化不能仅靠《量刑指导意见》中的规定来实现，规范化的量刑不仅需要明确的规定予以指引，还需要各种配套制度来保障《量刑指导意见》的适用。建立裁判文书充分说理机制可以让量刑过程公开于公众眼前，接受监督。案例指导制度和类案类判智能系统可以辅助法官检索类似案件的裁判结果，从而确定个案之间的相似和差异之处，对避免量刑失衡结果的发生具有积极意义。

一、建立裁判文书充分说理机制

判决书是体现审判活动的“司法产品”，而具体到量刑说理，其价值显得更为突出。[2] 量刑规范化如果仅是法官自我实现量刑方法和步骤的清晰规范，而公众从裁判文书中无法看到适用规则的一致性、价值选择的同一性，那么量刑的个案差异就很可能被误解为“量刑失衡”和裁判结果的非正当性。[3] 正如前文所述，“估堆”量刑方法阶段，法官无法在裁判文书中写明量刑的依据和缘由，导致公众的质疑，在量刑规范化的当下，为了避免刑事裁判文书说理不充分、内容刻板单调降低了量刑结果的公信力，在千差万别的

---

[1] 此处关于谦抑性原则的适用，来源于立法的精神。2019 年 10 月 24 日，最高人民法院、最高人民检察院、公安部、国家安全部、司法部发布的《关于适用认罪认罚从宽制度的指导意见》第 54 条规定：“人民检察院的法律监督。完善人民检察院对侦查活动和刑事审判活动的监督机制，加强对认罪认罚案件办理全过程的监督，规范认罪认罚案件的抗诉工作，确保无罪的人不受刑事追究、有罪的人受到公正处罚。”据了解，在该司法解释的内部征求意见中，原本有检察院对认罪认罚被告人在一审后上诉的“可以抗诉”条款，但在正式文本中被去掉，体现出中央司法机关对检察机关在认罪认罚案件中抗诉权行使的谦抑性定位。

[2] 叶圣彬：《量刑观研究——基于个案公正的立场》，武汉大学 2015 年博士学位论文。

[3] 赵廷光：《法定刑中间线是量刑公正的生命线》，载《中国刑事法杂志》2010 第 12 期。

刑事案件中建立裁判文书充分说理机制是实现量刑规范化，量刑公正的必由之路。

（一）充实量刑说理内容

裁判文书的量刑说理要尝试阐述法官量刑思维过程及理由，引导法官根据自己的裁判经验和先前案例，将自己量刑裁判的思维过程、心证路径、影响量刑的依据及作用力度在裁判文书中充分展示❶。

1. 注重量刑证据的审查和认证

证据的重要性不言而喻，在量刑过程中也应把握对量刑证据的关注。❷对量刑证据进行充分把握，不仅能够有效区分定罪证据和量刑证据，避免重复评价，而且能够充实说理内容，使当事人对量刑更直观明了。在法庭调查过程中，控辩双方会提出量刑证据，而在法庭辩论过程中，控辩双方同样会针对量刑证据进行辩论。在裁判文书中，应该对审理的量刑证据进行回应，针对量刑证据及各方对证据的质证、辩论进行分析。笔者建议，在说明量刑事实之后应该列出案件中所认定的量刑证据，着重对证据是否采纳及理由进行说明。对于事实清楚明了的案件，控辩双方往往对于法律的适用、案件的事实没有争议或者争议较小。法官在对此类案件进行说理时仅需简单罗列量刑证据，之后概括叙述量刑事实，最后将事实和证据之间的关系进行简要的推导说明即可。对于事实错综复杂的案件，控辩双方往往对于证据效力、事实情况、法律适用有着很大的争议。对于此类案件，法官应当详细论证量刑说理部分，对有关双方争论焦点的证据进行充分的论述、全面的说明，最终做到内容全面、说理充分。

2. 围绕是否采纳量刑建议进行充分说理

裁判文书中仅针对是否构成犯罪进行论述，没有涉及有关量刑的内容，同时也缺乏相应的理由支撑，如此得出来的判决很难被被告人认可与接受，从而影响了裁判结果的公信力。对于对被告人定罪争议不大的案件，如何量刑便成了审判围绕的中心，即使对是否定罪有争议的案件，法官经过审理认

---

❶ 彭文华：《量刑说理：现实问题、逻辑进路与技术规制》，载《法制与社会发展》2017 年第 1 期。

❷ 彭文华：《量刑说理：现实问题、逻辑进路与技术规制》，载《法制与社会发展》2017 年第 1 期。

为被告人有罪的，那就更应该对量刑问题进行阐述和说理。对于采纳量刑建议的案件，对量刑建议的合理性进行分析，并写明采纳的理由。对于不采纳量刑建议的，更应该将辩论双方的争议内容进行全面详尽的论述，以此来减少因未采用量刑建议而引发的控辩双方上诉或抗诉的情况。

3. 独立量刑说理内容

刑事裁判文书往往将定罪说理和量刑说理杂糅在一起，造成文书内容混乱、逻辑不清，导致既未说清定罪的原因，也未明晰量刑的理由。笔者建议在判决书里将量刑说理独立列为一个部分，与定罪说理进行一个文段上和结构上的区分❶。在“关于量刑，本院认为”部分，根据案件具体情况有针对性地进行理由阐述。采用区分说理的方式，能够保证裁判的科学性和控辩双方的可接受性。例如，涉及两人以上共同犯罪的情形时，由于犯罪人数量的增加，案件的情节也会比单一被告人的犯罪复杂，当共同犯罪的被告人具有相同的量刑情节，但是在程度上存在差异时，其最终的宣告刑也不会判处他们相同的刑罚，这便需要在量刑说理部分进行解释说明，让不同犯罪人对判决更加信服。又如，在涉及一个人犯多个罪名时，公诉机关往往对其中的单个罪名提出建议，而法官往往需要考虑多个罪名之间的并罚，这又会导致误解的产生，因此法官对于并罚后的宣告刑也应当予以解释说明。

（二）重视轻刑和重刑的量刑说理

缓刑等轻刑和最重刑死刑是最被关注的刑种选择，轻刑有放纵犯罪的嫌疑，重刑有处罚过重的嫌疑，裁判文书对二者的充分说理最能说明量刑过程的规范化，也最能彰显量刑公正的价值选择。

1. 注重对非监禁刑和附加刑的量刑说理

目前我国的非监禁刑主要有管制和缓刑，而缓刑作为拘役和有期徒刑暂缓执行的一种制度，其运用性高于管制，因此本书在此对缓刑进行论述。目前我国缓刑的适用缺乏合理有效的解释机制，而在裁判文书中对缓刑进行量刑说理可以有效地让控辩双方彼此信服。以往的判决，仅对其缓刑的适用条

---

❶ 具体表现为在判决书“本院认为”部分区分定罪说理和量刑说理，可以分为“关于定罪，本院认为”和“关于量刑，本院认为”两个部分。

件进行一个笼统的概说，对于什么行为属于“犯罪情节轻微”、什么行为属于“悔罪表现”等应该在量刑说理部分进行详细的规定，不能蜻蜓点水、一带而过。对于附加刑的说理也是如此。附加刑部分是法官量刑说理的盲区，通常为法官所忽略，而附加刑在司法实践中又起着重要的作用，因此在量刑说理部分也应该进行充分的说明。以驱逐出境为例，我国规定对于犯罪的外国人，既可以独立适用也可以附加适用。当今社会全球化趋势越来越明显，国家之间的关系越来越密切，在中国的外国人也与日剧增，他们对我国的经济发展、国际形象的弘扬起到一定的作用，针对少数的外国人适用的驱逐出境，若在量刑说理部分未对其适用进行充分的解释说明，无疑会增加外国人内心的不稳定性，从而影响国家整体方略的实施。

2. 注重对死刑的量刑说理

“权威来自于确信和承认。对有理性的现代人而言，确信是由证明过程决定的，承认是由说服效力决定的。”[1] 死刑是最严厉的刑罚，其后果是不可逆转的，相对于其他刑种，死刑的适用是非常严格的，所以在量刑说理部分，对于死刑更应该进行详尽的论述。然而部分法官由于死刑案件的社会关注度高等因素，在判决文书中简单模糊地阐述量刑理由，极大影响了判决文书的说服力和可接受性。可以从不同的角度对死刑的量刑因素进行不同的分类，以法律有无规定可以分为法定因素与酌定因素；以因素发生的作用可以分为积极因素与消极因素。上述因素对于法官适用死刑发挥不同的作用，它们之间往往会存在并存的情况，因此它们会出现吸收与选择适用的情形，最终对量刑产生或消极或积极作用，得到不同的修正刑期。法官在死刑判决中对死刑量刑的积极因素和消极因素、法定因素和酌定因素应进行详细、具体的说理。

二、加强指导性案例的发布

案例指导制度以公布汇编的案例的方式，让法官能够较为全面地了解近

---

[1] 季卫东：《法治秩序的建构》，商务印书馆2000年版，第53页。

期全国各地审判机关所遇到的新型的、突出的前沿问题[1]，使法官在审理案情相近案件时有可靠的参照，防止量刑失衡，也能弥补法官在量刑时的法律知识不足，对量刑规范化具有重要意义。这也是英美判例法系值得借鉴的部分，尤其是美国的量刑指南制度，建立在其判例制度的基础上之所以能够做到既翔实又切合司法实践，是因为有大量的司法案例作为实证基础。有一种电脑量刑法，并非一无是处，只是不能让其主导量刑，但可以作为量刑方法的配套制度。而人工智能辅助类案例系统便于法官查询参考资料和相似案例，拓宽法官的裁判思路，对于法官量刑具有一定的“参考性”，是避免量刑不公的一种方法，也是实现量刑规范化的一种途径。

（一）完善案例指导制度

“法律的生命从来不是逻辑，而是经验。”[2] 汇编量刑判例可以为量刑活动提供必要参考，是审判经验的总结，有助于规范同类案件的裁判尺度。中央政法委协调公检法自2010年开始推行案例指导制度，现已试点多年，最高人民法院应在总结经验的基础上，筛选典型性案例，辅之以专家的学理解释，集思广益，编辑成书，以此来指导法院的量刑活动，使法官能够更全面更深入地理解《量刑指导意见》的精神实质。

当前案例指导制度存在的主要问题有三。一是发布数量较少。从2011年12月至2019年12月31日，9年间，最高人民法院仅发布了24批共计139例指导性案例，年均15例左右[3]。二是相关案例被援引的比例偏低。截至2019年年底，上述发布的指导案例，已被应用于司法实践的共计有91例，仍48例未被引用。[4] 三是指导案例没有独立性。已发布的指导性案例中，政策宣示型的案例、重申司法解释型的案例占了很大一部分。从已发布的指导

[1] 郑培炀：《论量刑规范化——以量刑指导意见为切入点》，载《法制与经济》2019年第4期。

[2] 沈宗灵：《现代西方法理学》，北京大学出版社1992年版，第310页。

[3] 郭叶、孙妹：《最高人民法院指导性案例2019年度司法应用报告》，载《中国应用法学》2020年第3期。

[4] 郭叶、孙妹：《最高人民法院指导性案例2019年度司法应用报告》，载《中国应用法学》2020年第3期。

性案例的体例及相关规定可以看出，最高人民法院在进行此项制度设计时，更多的是从指导性案例中提取、抽象出裁判要点用于指导实践。而在司法实践中，法官也更愿意直接选取指导性案例中的裁判要点作为一项具体规则加以应用。

为进一步完善案例指导制度，笔者认为应从三个方面入手。一是改变指导性案例的生成模式，从“权力输出型”向“权威生成型”转变。最高人民法院应当逐步转变过去通过行政权力去筛选下级法院有价值的案例的形式，转而更多的通过诉讼程序来发挥其在法律解释、法律适用中的指导作用。二是弱化裁判要点的作用，突破与司法解释规则供给的同质化。指导性案例提供不应是简单的、机械的规则，而更多的是一种启发、思考，其通过内在自洽的逻辑推理所形成的“说服力”对以后的判决产生影响，在类案所蕴含的的司法规则成熟后，将其转化为司法解释进而上升为立法，这样更符合司法式的法律生长的逻辑。三是推进指导性案例发布与更新常态化，提高指导性案例发布的灵活度。应当改变现在集中一段时间再统一发布的模式，依托大数据技术，根据司法实践需要和司法运行实际及时推出指导性案例。同时建立指导性案例退出机制以便及时更新案例，让案例指导制度“动起来”“活起来”。

（二）改进类案类判智能系统

电脑量刑方法是指综合运用现代系统论、控制论和信息论的理论成果，采用数学模型的技巧和电子计算机技术，集法律有关规定和专家型法官的经验以及他们正确适用法律定罪量刑的案例于一体的产物。它根据法官提供的案情，运用系统存储的法律和有关知识进行推理判断，为法官审理刑事案件提供准确定罪与最佳量刑的方案。[1] 现行研发的智能系统的设计并不符合法官理想参考案例的要求，受众面主要集中于年轻法官，认可度不高。因此，必须针对智能系统存在的问题进行必要的改进。

[1] 赵秉志、彭新林编著：《量刑情节与量刑方法专题整理》，中国人民公安大学出版社2009年版，第95～96页。

1. 依靠技术发展建立法律案例大数据库

没有法律案例数据作为基础，类案类判智能系统将成为无本之源。必须依赖现有人工智能领域算法的新突破，将人工智能领域先进的算法与法律行业的特性结合起来。❶ 首先，应当推进全国四级法院案件档案电子化工作，将裁判文书数据化的实践尽最大可能向前推进；其次，应当进一步加强裁判文书网上公开率，以公开为原则，不公开为例外；再次，通过建立各种督导督促机制，促使落后法院转变工作思路，加快审判信息化工作进程；最后，通过技术手段对案例库中的案例进行分类，挑选权威案例优先推送。

2. 加强系统本身的建设与管理

系统本身的建设与管理是系统有效运行的基础。一方面，需要经验丰富的法律工作者对纷繁复杂的法律事实进行更清晰明确的界定，梳理搜索关键词，使推送或者检索的结果能够更高效、更精准地匹配法官需求。另一方面，需要对类案系统的案例进行来源、级别与质量的明确标识。标注案例来源，是指导性案例、参阅案例、典型案例，还是普通的案例。此外，还应标注审判流程、上诉与否，效力状况、是否改判等情况。❷ 在此必须要澄清一个问题，改进类案类判智能系统并不应当被简单、片面地等同于“电脑量刑”。

3. 统一类案类判智能系统

目前全国各地法院均在开发研究类案类判智能系统，各自为战，标准和规范并不统一。为了让法官在检索类案时获得相同的案例，避免仅基于各地法院各自法律数据库而产生类案判决结果差异过大的情形，建立统一的大数据库是十分必要的。❸ 统一的类案类判智能系统，以大数据为依托，可以为法官的判决和裁量提供正确的依据，进而提升审判的科学性与正确性，防止裁判结果过大导致的冤假错案的产生。

---

❶ 张富利、郑海山：《大数据时代人工智能辅助量刑的定位、前景及风险防控》，载《广西社会科学》2019 年第 1 期。

❷ 左卫民：《如何通过人工智能实现类案类判》，载《中国法律评论》2018 年第 2 期。

❸ 左卫民：《如何通过人工智能实现类案类判》，载《中国法律评论》2018 年第 2 期。

第六节　小结

本章针对量刑规范化在理论层面与司法运行层面存在的问题，认为我国量刑规范化改革存在片面理解量刑公正、过分强调量刑均衡、不当限制法官自由裁量权等问题。本章在此基础上提出量刑规范化的完善路径，从理念上、规则上对量刑文本进行重构，并就量刑文本以外的影响量刑公正的因素进行论述。一是量刑文本重构的基本理念，从量刑是应规范还是限制、科学还是随意、系统还是局部、精细还是模糊等方面阐述了量刑文本设计的理念，并提出了相应的完善意见。二是《量刑指导意见》文本的修正，即在量刑公正价值目标的指引下，从量刑原则、量刑方法、量刑情节、丰富量刑文本的内容等方面对量刑文本进行修改和重构。三是相应配套制度的完善，包括建立裁判文书充分说理机制、加强指导性案例的发布等以此配套完成我国量刑规范化的重构。量刑规范化完善路径的构想虽然已经提出，但是由此引发的对量刑规范化的总结以及相应思考并未止步，为此笔者将在第七章对量刑规范化改革的过程进行总结，并提炼出推进我国司法改革的经验。

第七章

我国量刑规范化改革的总结及延伸思考

从2008年开始，为了实现量刑公正，我国开启了量刑规范化的改革，十多年过去了，量刑规范化的制度虽然在不断完善，但依然存在诸多问题。为此本书做了深入的理论研究以及大量的实践调研，梳理出相关问题，并提出了完善的建议。量刑规范化公正路径之研究在本书中似乎可以告一段落，但是笔者的思考并未止步，笔者认为有必要对此做进一步的总结，并为我国未来的司法改革提供参考。

第一节　我国量刑规范化改革的总结

一、量刑规范化改革的推进具有一定的应急性

诚如前文所言，量刑规范化改革的动因不仅仅是源于对犯罪与量刑的深入与科学的探讨，也源于社会舆论的压力。21世纪初期，司法公平逐渐成为舆论关注的焦点，公众逐渐对法官是否存在“任性”裁判、是否存在司法腐败等问题产生了质疑，一些典型案件的出现与媒体的大肆宣传，加剧了公众的怀疑。特别是2008年的“许霆案”，一审法院判处被告人无期徒刑，二审经层报最高人民法院在法定刑以下量刑，改判5年有期徒刑。巨大的量刑差异不仅引起学者对该案的定性争议，也导致公众对量刑公正的质疑，加之媒体的广泛宣传，量刑不公、量刑失衡成为当年广受关注的热点问题。在这一

社会背景下，这一案件似乎成为改革的“导火索”。法院基于自我约束、回应舆论，开始了自下而上的量刑改革实践，其目的就是要限制法官的自由裁量权，力争“同案同判”，以此来赢得民众对司法公平的信任，争取公众对法院工作的认可。为此，2008 年最高人民法院开始在少数法院试点“量刑规范化”，到 2009 年又增加了第二批试点法院，试点范围扩展到各个省市；起初只有 5 个罪名的指导意见，随后让各试点法院自行规定另外 10 个罪名的指导意见，边学习边摸索经验，边试点边修改指导意见。从 2008 年开始早期的探索，最高人民法院于 2009 年下半年出台 15 个常见罪名的量刑指导意见，到 2010 年，不到两年时间就在全国范围内全面试行，其应急性可见一斑。量刑规范化最初的目标也主要是定义为“量刑均衡”，表现为推翻原有“定性”的量刑方式，确立“定量”的量刑方法，追求“一刀切”以达到量刑均衡的效果。但是这种改革缺乏科学的论证与实验，应急地在全国推行，看似解决了量刑不均衡的问题，但是并没有思考长期以来量刑不均衡存在的根本原因，并未充分对量刑均衡为目标的量刑规范化的改革后果进行评估，不可避免地带来一系列新问题，使得《量刑指导意见》的文本一改再改。

二、量刑规范化改革的效果呈现波动性

量刑规范化改革在我国的推行并不稳定，对其改革的公正效果呈现出一定波动性。该项改革的波动性体现在三个方面。

第一，被告人对量刑公正的认识呈现波动性。量刑规范化改革初期，各个一审法院尤其是试点法院在量刑改革上投入大量的人力、物力和精力，刑事案件呈现上诉率、抗诉率降低，有些法院甚至实现零上诉、零抗诉，被告人为了得到从宽处理也积极配合，一时间退赃退赔率、调撤率大幅提高，被告人为换取较低刑期主动跟被害人和解、积极赔偿被害人的损失、当庭自愿认罪，创造各种从轻的条件，但是在几年后取得的“公正成果”逐渐开始萎缩，案结事并未了，被告人并没有因为量刑标准公开而增加对量刑的预判，有些被告人甚至“利用”《量刑指导意见》的规定，先认罪得以从轻，再上诉争取减刑，导致上诉率不降反升。

第二，法官对《量刑指导意见》实施后的态度变化呈现波动性。《量刑

指导意见》推行初始，一部分法官非常认同，认为《量刑指导意见》就是代表了刑事司法改革的先进性与公正性，要不折不扣地执行，但是经过一段时间后发现了越来越多的难题。如司法实践中出现了量刑步骤与量刑方法不匹配、部分罪名量刑起点实证基础不足、宣告刑裁量权空间无法满足量刑公正的实质要求、缺乏宣告刑刑种置换规则、“部分连乘”的计算方法不科学等问题，导致实践中部分司法工作者对于《量刑指导意见》的适用也颇有微词。这与《量刑指导意见》出台前并没有做全面的评估与研究有一定关系。甚至有些法官在量刑时依然是按经验办，只是在填写量刑评议表时把量刑情节适用的比例予以倒推，从司法者的角度来看，这也是法官对严格执行《量刑指导意见》即能实现量刑公正的观念的否定。

第三，舆论对于《量刑指导意见》的公正的评价也呈现波动的态势。在《量刑指导意见》出台伊始，对于出现的量刑均衡的现象，媒体与舆论也颇为认可。对于这种全国法院针对一类案件作出的“模具式”的量刑结果，舆论认为真正做到了同案同判，实现了刑法面前人人平等。但是随着时间的推移，一些案件的出现也引起了舆论的热议与反思。如“大学生掏鸟案”“天津老太持枪案”❶ 等案子引发了舆论的极大关注。特别是“天津老太持枪案”，在一审判决 3 年 6 个月后，引起了舆论界的极大关注与热议，很多媒体认为被告人年逾五十，接手射击摊位仅仅是为了提供大众娱乐服务，并没有危害社会且没有人身危险性，量刑为 3 年 6 个月的实刑，谈何公平，难以接受。受舆论的影响，被告人最终被二审法院改判为有期徒刑 3 年，缓刑 3 年。当然如果从绝对的规范化量刑的角度来看，一审判决似乎并没有问题，该案的一审法官是严格依照《刑法》以及《量刑指导意见》等规定裁判案件，定

---

❶ “天津老太持枪案”的案情是：51 岁的赵某华是内蒙古自治区呼伦贝尔市人，和女儿生活在天津，因为想找点事情做，就于 2016 年夏天从他人手中盘下了一套玩具枪打气球的装备，花了 2 000元钱。此后，她每天晚上在大悲院码头摆摊，才干了两个多月，就被查了。经天津市公安局物证鉴定中心鉴定，她摆摊使用的 9 支“玩具枪”中有 6 支为“枪支”。天津市河北区人民法院一审审理认为，赵某华违反国家对枪支的管制制度，非法持有枪支，情节严重，已经构成非法持有枪支罪。考虑到赵某华有坦白情节，系初犯，认罪态度良好，遂以非法持有枪支罪判处其有期徒刑 3 年 6 个月。2017 年 1 月 26 日，天津市第一中级人民法院公开开庭二审赵某华非法持枪案，当庭宣布撤销有期徒刑 3 年 6 个月的一审判决，改判赵某华有期徒刑 3 年，缓刑 3 年，并对其解除了羁押措施。

罪准确，量刑计算无误。但是案件的特殊性，使得严格的公正量刑备受指责。类似的案子随着量刑规范化的推行而不断增加，舆论对于这种“一刀切”“机械化”的量刑也开始持批评态度，不再认为仅仅执行《量刑指导意见》即能实现量刑公正。

三、量刑规范化改革带来立法的联动效应

量刑不仅仅是刑事裁量的一部分，同刑法、刑罚、犯罪的惩罚、犯罪的预防、犯罪人的改造等内容均密切相关。量刑规范化改革后，对其他方面都产生了一定的影响。如2019年10月24日，“两高三部”联合发布了《关于适用认罪认罚从宽制度的指导意见》即是联动性的一个表现。认罪认罚作为一个可适用所有刑法所有罪名的量刑情节引起全社会的广泛关注。认罪认罚从宽制度是中国的诉辩交易的表现形式，其实认罪认罚从宽制度的前身就是《量刑指导意见》中提炼出来的当庭认罪情节的延展，把这样一个酌定的量刑情节从各种量刑情节中抽离出来作为一项制度写入《刑事诉讼法》[1]并在司法实践中大力推行，表明刑事政策对刑事司法制度的引领作用。《量刑指导意见》（2021年版）将认罪认罚纳入常见量刑情节中予以规范，这也说明，量刑规范化改革欲实现公正，需要相关制度的改革予以配合。从某种意义上讲，如果没有十多年的量刑规范化改革实践，可能就没有今天的认罪认罚从宽制度。另外，《量刑指导意见》的出台在一定程度上“修正”了《刑法》的规定，甚至在有些方面与《刑法》的规定存在一定的冲突；从刑罚的角度出发，量刑规范化改变了传统的“估堆”量刑方法，限制了法官的自由裁量权；从对罪犯惩罚的角度出发，除了部分的肯定外，又激发了新的“量刑不公”的讨论等衍生问题。刑罚的整体性使得量刑规范化改革出现了“牵一发而动全身”的效果。

---

[1] 《刑事诉讼法》（2018年修正版）第15条规定：“犯罪嫌疑人、被告人自愿如实供述自己的罪行，承认指控的犯罪事实，愿意接受处罚的，可以依法从宽处理。”首次将认罪认罚从宽制度写入《刑事诉讼法》，并规定了相应的程序。

四、量刑规范化的标准逐渐回归理性

量刑规范化改革初期曾将量刑均衡作为量刑公正的唯一形式。在当时的背景下看，这种改革恰逢其时。但是这种改革略显仓促，对司法实践的调研与试点不够充分，所以全面推行后，各种问题接踵而来。同理，《量刑指导意见》也不得不随时调试以回应司法实践的需要。量刑方法，由 2008 年的“以定量分析为主，定性分析为辅”到 2010 年调整为“定性分析和定量分析相结合”，到 2014 年调整为“以定性分析为基础，结合定量分析”，到 2017 年确定为“以定性分析为主，定量分析为辅”，再到 2021 年依然保留和坚持。主要就是为解决实践中绝对的数据化量刑难以回应复杂的个案等问题，而不断结合实践进行调试。这一变革说明量刑规范化的改革逐渐回归理性，注重与实践的结合。只有经过理论到实践再回归理论的多轮反复，才能使制度更趋于完善。

第二节　研究“量刑规范化改革”的延伸思考

前文对我国量刑规范化改革的总结已经完成，但是相应的思考并未止步。我国司法改革一直在稳步推进，其包含内容广泛，但是无论内容如何，其改革的路径均同量刑规范化改革相似，从试点开始到推向全国。量刑规范化改革中出现的问题在我国司法改革中也具有很强的代表性，有必要提炼出来对我国司法改革的完善提供经验。

一、法治的综合观

无论立法还是司法，都是一个国家法律制度的有机组成部门，一个问题的改革可能会出现司法改革的联动性。改革可能因某一个司法不公正问题而被触发，但如果立法时仅仅考虑解决这一具体的问题，而忽略了法的整体性，就可能出现看似解决了目前的问题，却带来了更多的衍生问题的情况。司法改革的公正不仅要体现在“点”，也要体现在“面”。我国量刑规范化改革

就是其中的一个例子，其似乎是一个杠杆，撬动了我国刑事司法多方面的改革。因此，某一立法或者政策是否成功，不能仅从是否解决了某些具体问题出发，而是必须要有综合观，将立法放置在整个大的法制体系中去评估与论证。没有立法的综合观，忽视立法的整体性，有可能会给整个法制体系带来影响。

除了本书研究的《量刑指导意见》因为法的部分变革引发的制度变迁，此类问题在我国也并不鲜见。例如，我国学界在21世纪初期开始专注于刑事司法人权的研究，特别是关于犯罪嫌疑人的人权保护的研究，积极吸收西方的刑事司法理念，在刑法、刑事诉讼法理论与实务界植入控辩式的诉讼模式，增加“沉默权”[1]“证人出庭”[2]“非法证据排除”[3]等西方刑法的理念与制度。这种改变在一定程度上迎合了国际上司法人权保护的标准，植入这些制度，似乎能够解决某一具体问题。但是在立法移植时，并没有深刻考虑到我国的国情，如对犯罪人的人权高度保护理念与我国的法律文化是否相容；我国现有侦查手段能否在对犯罪嫌疑人的高度人权保护下，实现有罪证据的无瑕疵获取；高标准的刑事证据标准与程序如何解决实现社会治安的矛盾等问题。另外，改革伊始也没有建立诸如“诉辩交易制度”[4]“证人保护

---

[1] 沉默权是指犯罪嫌疑人、被告人在接受警察讯问或出庭受审时，有保持沉默而拒不回答的权利。在西方各国的刑事诉讼中，大都赋予犯罪嫌疑人、被告人沉默权，并且被认为是受刑事追诉者用以自卫的最重要的一项诉讼权利。

[2] 在英美法系，证人出庭作证受到高度重视，具有证人资格的人均负有出庭作证的义务。如果证人拒不出庭作证，将被指控为藐视法庭罪，法官有权力对其判处罚金或监禁。也就是认为证人无正当理由而拒绝出庭作证的行为是犯罪行为。在美国，要求证人出庭作证是天经地义的事情，国家有权力得到任何人的证据，由于继续运用陪审员的审理方式，诉讼过程以证人证言为中心，证据几乎都是证人出庭作证的口头证言。详见史炜：《中美刑事诉讼中证人出庭作证制度的比较分析——兼论完善我国证人出庭作证制度》，载《法制与社会》2011年第17期。

[3] 非法证据排除规则通常是指在刑事诉讼中，侦查机关及其工作人员使用非法手段取得的证据不得在刑事审判中被采纳的规则。非法证据排除规则源自于英美法，于20世纪初产生于美国。

[4] 诉辩交易（Plea Bargaining），又称为诉辩谈判或者诉辩协议，是指在刑事诉讼中法院开庭审理之前，提起控诉的检察官为了换取被告作有罪答辩，提供比原来指控更轻的罪名指控或者减少控诉罪行，或者以允诺向法院提出有利于被告人的量刑建议为条件，与被告方（一般通过律师）在法庭外进行协商谈判而形成的一种司法制度。“国内诉辩交易第一案”为2002年4月11日牡丹江铁路运输法院审理的“孟某虎案”。

制度”❶“交叉询问规则”❷ 等配套的措施。这些问题最终造成了刑事侦查机关侦查成本的提高与侦查风险的增加，很有可能因为某一点纰漏产生证据问题，导致不能定罪甚至侦查人员被追责。刑事侦查机关在行使侦查权时遇到了较大的困难，甚至有些侦查人员畏惧风险，不敢执法。这不利于社会治安环境的维护，导致个别地方出现群众对办案不力的不满，侦查机关与司法机关进退两难。为此我国一些地方又不得不在改革十余年后变相引入“诉辩交易”等制度予以平衡。

现实中，我国法学界对西方法学的研究与借鉴有时会“超越”本国的司法实践与传统文化，针对某些问题，往往寄希望于植入外国法律制度予以解决，甚至希望全面吸收国外制度，导致立法后常会出现“水土不服”与“排异”的现象。因此，即使立法需要综合观已经在理论界达成了共识，但是历史多次提示我们，司法改革时，改革者关注于某一具体问题的解决，而忽视立法整体性与综合性的错误还时常重复出现。这次量刑规范化改革再次向我们证明，司法改革时既要注重相关的具体问题——“点”，也要注重对配套制度的影响——“面”，这应当作为法治改革的基本理念，不可忽视。

二、法治的实践观

法治建设的一个目标是实现公正，但必须结合实践予以评价。司法改革必须与实践相结合，这似乎是一个普世公理，但是在改革的过程中依然会出现与实践相脱节的现象。从量刑规范化的改革就可以看到，改革持续十余年，改革初期，最主要的公正目标是实现“量刑均衡”，摒弃传统的“估堆”量刑方法，在量刑时将量刑情节细化量化，并严格规定其适用比例。改革初期初见成效，回应了舆论关注的司法不公的问题。但是随着量刑改革的全面铺

❶ 美国的证人保护制度是指由政府为出庭作证的人提供必要的保护手段，使他们免遭报复，消除后顾之忧。这个制度是检控程序中不可缺少的一部分。由于受保护的证人在美国政府的帮助下，秘密更改身份隐居，从此从人间“一夜蒸发”，因此美国的证人保护制度也被形象地称为“蒸发密令”。

❷ 交叉询问是由一方当事人或其律师在法庭上对另一方证人进行的盘诘性询问。《布莱克法律词典》对这个概念的解释是：“在审判或听证中由与传唤证人出庭作证的一方相对立的一方对该证人进行的讯问。”

开，各种问题随之而来。特别是改革全面实施后，这种仅提取出案件部分情节进行量化计算，对于案件的其他差异不予关注，严格约束法官的自由裁量权，貌似消灭了司法权力寻租的空间，可以平等适用刑罚的量刑方法，实质上却背离了裁判规律和公正量刑的目的，最终未能完全达到预期的效果。

除了《量刑指导意见》的推行在司法实践中反映出来诸多问题外，《量刑指导意见》也没有很好回应地方司法差异的问题。我国地大物博，民族众多，存在地区差异、城乡差异、文化差异等，立法必须需要结合各地的情况。当然此次量刑规范化改革虽然给地方高级人民法院相应的权限，可以结合本地情况进行立法，但是由于《量刑指导意见》的量刑目的、量刑原则、量刑方法、量刑情节的计算模式的提前设置与统一适用，所以各个地方依然出现了各种各样的地方性的问题，反映出《量刑指导意见》制定与实践结合不足的问题。当然这场还在持续的量刑规范化改革也有积极的意义，它提出的量刑原则、量刑方法，归纳的酌定量刑情节和量刑程序的完善，在一定程度上推动了量刑规范化的发展，使得传统的依附于定罪的量刑变得独立起来，其重要性也得到了学界与实务界的重视，有助于我国刑事司法制度的完善。但是在改革初期，量刑规范化改革对司法实践的关注与调研不足，最终《量刑指导意见》经历多次修改，不得不修正其“量刑均衡”的目的，以公正为最终目标，还司法以一定的弹性。

再如民事诉讼中的“证据规定”的改革也是如此。2002 年最高人民法院通过的《最高人民法院关于民事诉讼证据的若干规定》在学界得到了极大的认可，认为是维护民事诉讼秩序、实现诉讼公正的利器。但是在司法实践中，特别是在广大的基层人民法院的司法实践中，很多当事人难以驾驭这种复杂而又严格的证据规定，出现了很多当事人与法院的争执事例，有的基层人民法院不得不弃之不用。这些事例均说明，我国的立法或者司法解释的出台，仅仅进行学术上的论证与探讨是远远不够的，必须要紧密结合我国的国情与司法实践的情况。司法改革若要达到了预期公正的目标，我国的立法就必须结合我国的国情，这也应当作为我国法治建设的基本理念。

参考文献

普通图书

[1] 苏惠渔，张国全，史建三，等．量刑方法研究专论［M］．上海：复旦大学出版社，1991.

[2] 白建军．罪刑均衡实证研究［M］．北京：法律出版社，2004.

[3] 赵秉志，彭新林．量刑情节与量刑方法专题整理［M］．北京：中国人民公安大学出版社，2009.

[4] 麦高伟，崔永康．法律研究的方法［M］．北京：中国法制出版社，2009.

[5] 张明楷．刑法学［M］．5 版．北京：法律出版社，2016.

[6] 胡学相．量刑的基本理论研究［M］．武汉：武汉大学出版社，1999.

[7] 郑伟．重罪轻罪研究［M］．北京：中国政法大学出版社，1998.

[8] 胡云腾．死刑通论［M］．北京：中国政法大学出版社，1995.

[9] 周少华．刑法之适应性——刑事法治的实践逻辑［M］．北京：法律出版社，2012.

[10] 李洁．罪与刑立法规定模式［M］．北京：北京大学出版社，2008.

[11] 黎宏．刑法学［M］．北京：法律出版社，2012.

[12] 汤建国．量刑均衡方法［M］．北京：人民法院出版社，2005.

[13] 陈兴良．陈兴良刑法学教科书之规范刑法学［M］．北京：中国政法大学出版社，2003.

[14] 季卫东．法治秩序的建构［M］．北京：商务印书馆，2000.

［15］陈兴良．刑法哲学［M］．北京：中国政法大学出版社，1992.

［16］周振想．刑罚适用论［M］．北京：法律出版社，1990.

［17］顾肖荣，吕继贵．量刑的原理与操作［M］．上海：上海社会科学院出版社，1991.

［18］樊凤林．刑罚通论［M］．北京：中国政法大学出版社，1994.

［19］郭健，王利宾．刑法基本原则专题整理［M］．北京：中国人民公安大学出版社，2009.

［20］沈志先．法官自由裁量精义［M］．北京：法律出版社，2014.

［21］周光权．法定刑研究——罪刑均衡的建构与实现［M］．北京：中国方正出版社，2000.

［22］赵廷光．量刑公正实证研究［M］．武汉：武汉大学出版社，2005.

［23］高格．定罪与量刑：上册［M］．北京：中国方正出版社，1999.

［24］臧冬斌．量刑的合理性与量刑方法的科学性［M］．北京：中国人民公安大学出版社，2008.

［25］马克昌．刑罚通论［M］．武汉：武汉大学出版社，1999.

［26］赫希．已然之罪还是未然之罪［M］．邱兴隆，胡云腾，译．北京：中国检察出版社，2001.

［27］吕忠梅．美国量刑指南——美国法官的刑事审判手册［M］．北京：法律出版社，2006.

［28］储槐植．美国刑法［M］．北京：北京大学出版社，2005.

［29］周光权．刑法诸问题的新表述［M］．北京：中国法制出版社，1999.

［30］耶塞克，魏根特．德国刑法教科书［M］．徐久生，译．北京：中国法制出版社，2017.

［31］陈兵，古立峰．量刑正义的程序之维——量刑建议的“眉山模式”［M］．北京：中国检察出版社，2012.

［32］陈卫东．量刑程序改革理论研究［M］．北京：中国法制出版社，2011.

[33] 何秉松．刑法教科书［M］．修订版．北京：中国法制出版社，2000.

[34] 熊选国．《人民法院量刑指导意见》与“两高三部”《关于规范量刑程序若干问题的意见》理解与适用［M］．北京：法律出版社，2010.

[35] 王联合．量刑模型与量刑规范化研究［M］．北京：中国政法大学出版社，2015.

[36] 南英．量刑规范化实务手册［M］．北京：法律出版社，2014.

[37] 李艳玲．量刑方法论研究［M］．北京：中国人民公安大学出版社，2007.

[38] 熊选国．量刑规范化办案指南［M］．北京：法律出版社，2011.

[39] 王利荣．量刑说理机制［M］．北京：中国人民公安大学出版社，2012.

[40] 张苏．量刑根据与责任主义［M］．北京：中国政法大学出版社，2012.

[41] 冯卫国，王志远．刑法总则定罪量刑情节通释［M］．北京：人民法院出版社，2006.

[42] 高铭暄，马克昌．刑法学［M］．7版．北京：北京大学出版社，2016.

[43] 蒋明．量刑情节研究［M］．北京：中国方正出版社，2004.

[44] 李晓林．量刑规范化的理论与实践［M］．北京：人民法院出版社，2015.

[45] 赵秉志．刑罚总论问题探索［M］．北京：法律出版社，2002.

[46] 周金刚．量刑情节研究［M］．北京：法律出版社，2012.

[47] 李玉萍．程序正义视野中的量刑活动研究［M］．北京：中国法制出版社，2010.

[48] 俞江．规则的一般原理［M］．北京：商务印书馆，2017.

[49] 帕多瓦尼．意大利刑法学原理［M］．陈忠林，译．北京：中国人民大学出版社，2004.

［50］皮勇，王刚，刘胜超．量刑原论［M］．武汉：武汉大学出版社，2014.

［51］胡云腾．认罪认罚从宽制度的理解与适用［M］．北京：人民法院出版社，2018.

［52］韩晋萍．受贿罪刑罚制度研究［M］．北京：法律出版社，2019.

［53］马克昌．近代西方刑法学说史［M］．北京：中国人民公安大学出版社，2008.

［54］何群．论罪刑均衡的司法应对［M］．北京：中国人民公安大学出版社，2016.

［55］翟中东．刑罚个别化研究［M］．北京：中国人民公安大学出版社，2001.

［56］许美．酌定量刑情节规范适用研究［M］．哈尔滨：黑龙江人民出版社，2016.

［57］王瑞君．量刑情节的规范识别和适用研究［M］．北京：知识产权出版社，2016.

［58］沈宗灵．现代西方法理学［M］．北京：北京大学出版社，1992.

［59］陈瑞华．量刑程序中的理论问题［M］．北京：北京大学出版社，2011.

［60］石经海．量刑个别化的基本原理［M］．北京：法律出版社，2010.

［61］张明楷．刑法原理［M］．北京：商务印书馆，2011.

［62］苏惠渔，张国全，史建三．量刑与电脑——量刑公正合理应用论［M］．上海：百家出版社，1989.

［63］石经海．量刑研究［M］．北京：法律出版社，2015.

［64］中国政法大学刑事法律研究中心，英国大使馆文化教育处．中英量刑问题比较研究［M］．北京：中国政法大学出版社，2001.

［65］博登海默．法理学：法律哲学与法律方法［M］．邓正来，译．北京：中国政法大学出版社，2004.

［66］赵廷光．中国量刑改革之路［M］．武汉：武汉大学出版社，2014.

[67] 齐文远. 刑法学 [M]. 北京：法律出版社，1999.

[68] 马克昌. 中国刑事政策学 [M]. 武汉：武汉大学出版社，1992.

[69] 陈兴良. 刑事司法研究 [M]. 北京：中国方正出版社，2000.

[70] 泰勒. 人们为什么遵守法律 [M]. 黄永，译. 北京：中国法制出版社，2015.

析出文献

[1] 苏镜祥. 理论与实践之争：量刑规范化改革评析 [J]. 四川师范大学学报（社会科学版），2015（1）.

[2] 房绪兴. 由公正到效益——罪刑均衡到刑罚个别化的价值嬗变 [J]. 黑龙江省政法管理干部学院学报，2005（2）.

[3] 石经海，严海杰. 中国量刑规范化之十年检讨与展望 [J]. 法律科学（西北政法大学学报），2015（4）.

[4] 熊秋红. 中国量刑改革：理论、规范与经验 [J]. 法学家，2011（5）.

[5] 罗灿，刘平. 大数据时代下构建量刑资讯系统的若干设想 [N]. 人民法院报，2014-08-01（5）.

[6] 王晓丽，朱秋卫. 量刑规范化之“刑”的规范化 [J]. 金陵法律评论，2015（1）.

[7] 姜涛. 量刑公正与刑法目的解释 [J]. 法学家，2012（4）.

[8] 潘文博. 德国量刑责任概念的源流、问题与启示 [J]. 政治与法律，2019（4）.

[9] 李冠煜. 量刑规范化改革视野下的量刑基准研究——以完善《关于常见犯罪的量刑指导意见》规定的量刑步骤为中心 [J]. 比较法研究，2015（6）.

[10] 马克昌. 论刑罚的本质 [J]. 法学评论，1995（5）.

[11] 何荣功，段宝平. 不定期刑探讨 [J]. 中国刑事法杂志，2001（4）.

[12] 施特伦. 德国量刑理论的基本问题与最新进展 [N]. 陈学勇，罗

灿，编译．人民法院报，2014－06－06（8）．

［13］邱兴隆．折衷刑的理性反思［J］．法学评论，1999（3）．

［14］徐玉，李瑞生．量刑问题研究［J］．山东审判：山东法官培训学院学报，2004（3）．

［15］罗宾逊．理想的量刑制度［J］．王志远，柳冠名，译．辽宁大学学报（哲学社会科学版），2012（4）．

［16］蔡曦蕾．量刑失衡归因论［J］．法制与社会发展，2015（1）．

［17］龙光伟．论量刑失衡及其对策［J］．吉林大学社会科学学报，2003（2）．

［18］曹利民，郑馨智．对量刑均衡的一些思考［J］．法学杂志，2009（11）．

［19］周军．量刑均衡问题研究［J］．法制与社会，2012（14）．

［20］白云飞．论量刑公正［J］．中国刑事法杂志，2010（2）．

［21］曲新久．试论刑罚个别化原则［J］．法学研究，1987（5）．

［22］张业鹏．量刑规范化改革视角下科学规范法官自由裁量权探索［J］．法制博览，2016（9）．

［23］周少华．刑事案件的差异化判决及其合理性［J］．中国法学，2019（4）．

［24］马嫦云．论刑罚个别化［J］．法制与社会，2017（9）．

［25］李洁．不同罪刑阶段罪与刑设定模式研究［J］．中国法学，2002（3）．

［26］左卫民．如何通过人工智能实现类案类判［J］．中国法律评论，2018（2）．

［27］贾国发．试论刑罚个别化与法官自由裁量权之规范［J］．当代法学，2012（4）．

［28］汪海燕，胡常龙．自由心证新理念探析——走出对自由心证传统认识的误区［J］．法学研究，2001（5）．

［29］李晓明．刑事量刑自由裁量权及其规范［J］．人民检察，

2008 (21).

[30] 彭文华. 布克案后美国量刑改革的新变化及其启示 [J]. 法律科学 (西北政法大学学报), 2015 (4).

[31] 唐亚南. 量刑方法类型化研究 [J]. 人民司法 (应用), 2015 (1).

[32] 张建伟. 怎样看待量刑建议 [N]. 检察日报, 2001 - 09 - 07 (3).

[33] 阮齐林. 中国刑法特点与司法裁量空间 [J]. 国家检察官学院学报, 2008 (3).

[34] 戴长林. 量刑方法及其应用 [J]. 法律适用, 2009 (8).

[35] 李洁. 论量刑规范化应当缓行——以我国现行刑法立法模式为前提的研究 [J]. 吉林大学社会科学学报, 2011 (1).

[36] 黎宏. 试论我国刑法的量刑原则和方法 [J]. 中南政法学院学报, 1990 (2).

[37] 贺卫方. 复转军人进法院 [N]. 南方周末, 1998 - 01 - 02.

[38] 汪贻飞. 中国式 "量刑指南" 能走多远——以美国联邦量刑指南的命运为参照的分析 [J]. 中国检察官, 2011 (3).

[39] 毛乃纯. 日本量刑理论的发展动向 [J]. 海峡法学, 2015 (2).

[40] 阿尔布莱希特. 德国量刑制度: 理论基石与规则演绎 [J]. 印波, 郑肖垚, 译. 人民检察, 2018 (3).

[41] 王林林. 多元刑事司法模式共存语境中的量刑基准研究 [J]. 政法论坛, 2016 (3).

[42] 周佑勇. 在软法与硬法之间: 裁量基准效力的法理定位 [J]. 法学论坛, 2009 (4).

[43] 黄应生. 中国量刑改革的思路和方法 [J]. 中国审判, 2008 (12).

[44] 苏彩霞, 崔仕绣. 中国量刑规范化改革发展研究——立足域外经验的考察 [J]. 湖北大学学报 (哲学社会科学版), 2019 (1).

［45］杨志斌．英美量刑模式的借鉴与我国量刑制度的完善［J］．法律适用，2006（11）．

［46］赵廷光．论“电脑量刑”的基本原理［J］．湖北警官学院学报，2007（2）．

［47］刘春雷，张闻宇．“电脑量刑”：在争议中前行［J］．人大建设，2004（11）．

［48］虞平．量刑与刑的量化——兼论“电脑量刑”［J］．法学家，2007（2）．

［49］张赞华，张赞宁．量刑的数学方法初探［J］．江西社会科学，1995（5）．

［50］崔淑霞．量刑的定量分析方法引论［J］．黑龙江教育学院学报，1999（4）．

［51］段立文，陈殿福．近年来标准化量刑研究概览［J］．政法论坛，1991（5）．

［52］王刚．论基准刑及其裁量方法——以《最高人民法院关于常见犯罪的量刑指导意见》为参照［J］．学术交流，2017（2）．

［53］彭海青．英国量刑证明标准模式及理论解析［J］．环球法律评论，2014（5）．

［54］王敏．标准：基准刑确定的根据［J］．政治与法律，2010（3）．

［55］骆多．规范化量刑方法构建基础之检讨［J］．法商研究，2016（6）．

［56］王恩海．“以定性分析为基础，结合定量分析”量刑方法的理解与适用［J］．法治研究，2016（2）．

［57］周长军．量刑治理的模式之争——兼评量刑的两个指导“意见”［J］．中国法学，2011（1）．

［58］苏忻．量刑规范化引发的思考［J］．法制与经济，2016（11）．

［59］李鹏飞．论量刑规范化视野下法官量刑思维的确立——以《人民法院量刑指导意见》为视角［J］．渭南师范学院学报，2018（15）．

[60] 臧冬斌. 量刑规范化与法官量刑自由裁量权的衡平 [J]. 河北法学，2007 (12).

[61] 曹祜. 论法律的确定性与不确定性 [J]. 法律科学 (西北政法大学学报)，2004 (3).

[62] 严剑飞，陈思佳. 基层法院量刑规范化改革的检视与修正——以法官量刑思维的转变为视角 [J]. 中山大学学报 (社会科学版)，2017 (3).

[63] 周长军，徐嘎. 量刑基准论 [J]. 中国刑事法杂志，2007 (2).

[64] 汪建成. 量刑程序改革中需要转变的几个观念 [J]. 中国检察官，2010 (9).

[65] 刘军. 罪刑之具体均衡：宣告刑的形成与影响因素 [J]. 法律方法，2015 (1).

[66] 郑培炀. 论量刑规范化——以量刑指导意见为切入点 [J]. 法制与经济，2019 (4).

[67] 储槐植，汪永乐. 再论我国刑法中犯罪概念的定量因素 [J]. 法学研究，2000 (2).

[68] 黄楚涵. 酌定量刑情节规范适用的途径研究 [J]. 法制与社会，2016 (26).

[69] 赵廷光. 法定刑中间线是量刑公正的生命线 [J]. 中国刑事法杂志，2010 (2).

[70] 苏力. 问题意识：什么问题以及谁的问题 [J]. 武汉大学学报 (哲学社会科学版)，2017 (1).

[71] 何丹. 缓刑适用的实质条件探析 [J]. 法制与社会，2017 (9).

[72] 王瑞军. 如何规范地识别量刑情节——以实务中量刑情节的泛化和功利化为背景 [J]. 政治与法律，2014 (9).

[73] 高铭暄. 宽严相济刑事政策与酌定量刑情节的适用 [J]. 法学杂志，2007 (1).

[74] 于阳. 量刑规范化之适应性调整研究 [J]. 政法论丛，2018 (4).

[75] 林维. 论量刑情节的适用和基准刑的确定 [J]. 法学家，

2010 (2).

［76］李翔．论我国刑法中情节的概念及其基本特征［J］．理论界，2005 (12).

［77］廖瑜．情节的定义［J］．北京大学学报（哲学社会科学版），2008 (3).

［78］蔡雅奇．罪后情节的定罪功能探究——以 2009 年国家司法考试一道试题为例展开［J］．北京工业大学学报（社会科学版），2011 (1).

［79］敦宁．量刑情节适应的基本原则［J］．河北大学学报（哲学社会科学版），2012 (6).

［80］龚晶．禁止重复评价原则研究——以量刑规范化为视角［J］．法制与社会，2013 (3).

［81］田宏杰．比例原则在刑法中的功能、定位与适用范围［J］．中国人民大学学报，2019 (4).

［82］于改之，吕小红．比例原则的刑法适用及其展开［J］．现代法学，2018 (4).

［83］赵学军．坦白的正当化根据与合法性适用［J］．法律适用，2019 (7).

［84］张明楷．结果与量刑——结果责任、双重评价、间接处罚之禁止［J］．清华大学学报（哲学社会科学版），2004 (6).

［85］孙长永．认罪认罚案件的证明标准［J］．法学研究，2018 (1).

［86］沈惠娣．共同经济犯罪中从犯数额的认定［J］．华东政法学院学报，2002 (4).

［87］孙维．权力约束语境下关于公安机关实践公平正义的认识与思考［J］．公安研究，2014 (1).

［88］曾粤兴．正当防卫的司法误区［J］．中国刑事法杂志，2019 (5).

［89］周应德，周海林．试论罚金刑的缓刑［J］．现代法学，1998 (3).

［90］宋建华．论罚金刑的量刑失衡与对策——以量刑规范化为视角［C］//万鄂湘．建设公平正义社会与刑事法律适用问题研究——全国法院第

24 届学术讨论会获奖论文集：下. 北京：人民法院出版社，2012.

[91] 陈帅. 无限额罚金刑量刑失衡问题与规制——以 S 市 258 篇数额特别巨大诈骗案件判决书为样本 [C] //胡云腾. 司法体制综合配套改革与刑事审判问题研究——全国法院第 30 届学术讨论会获奖论文集：下. 北京：人民法院出版社，2019.

[92] 蔡曦蕾. 量刑失衡的克服：模式与选择 [J]. 中外法学，2014 (6).

[93] 胡学相. 论我国刑法中量刑原则的重构 [J]. 法学评论，2005 (1).

[94] 臧冬斌. 量刑规范化路径选择 [J]. 河南财经政法大学学报，2015 (5).

[95] 王良顺，汪洁. 实现量刑均衡之路径研究——兼析《人民法院量刑指导意见（试行)》[J]. 湖南社会科学，2019 (1).

[96] 孙春雨，李斌. 量刑规范化改革的现状与出路 [J]. 国家检察官学院学报，2013 (5).

[97] 徐宗胜. 量刑情节并存时的适用根据与方法——兼评《量刑指导意见（2017)》中的同向相加、逆向相减方法 [J]. 时代法学，2018 (5).

[98] 陈学勇. 谈量刑情节的适用 [J]. 法律适用，2007 (10).

[99] 朱娴. 论酌定量刑情节法定化 [J]. 法制博览，2017 (20).

[100] 卢建平，朱贺. 酌定量刑情节法定化的路径选择及评析——以我国《刑法》第 383 条第 3 款为例 [J]. 中国检察官，2016 (11).

[101] 莫洪宪，张昱. 酌定量刑情节在死刑案件中的适用及其完善 [J]. 刑法论丛，2014 (2).

[102] 徐萌萌. 生与死的博弈：厘定死刑案件量刑因子适用规则 [J]. 佳木斯职业学院学报，2018 (10).

[103] 彭文华. 量刑说理：现实问题、逻辑进路与技术规制 [J]. 法制与社会发展，2017 (1).

[104] 左卫民. 中国量刑程序改革：误区与正道 [J]. 法学研究，

2010 (4).

[105] 张富利，郑海山. 大数据时代人工智能辅助量刑的定位、前景及风险防控 [J]. 广西社会科学，2019 (1).

[106] 简乐伟. 量刑的证明对象及证明标准——美国量刑实践的启示 [J]. 证据科学，2015 (4).

[107] 王文华. 论我国量刑制度的改革——以美国联邦《量刑指南》为视角 [J]. 法学论坛，2008 (6).

[108] 周光权. 量刑基准研究 [J]. 中国法学，1999 (5).

[109] 张明楷. 责任主义与量刑原理——以点的理论为中心 [J]. 法学研究，2010 (5).

[110] 姜涛. 责任主义与量刑规则：量刑原理的双重体系建构 [J]. 政治与法律，2014 (3).

[111] 姜涛. 再访量刑基准——一个实体性的判断标准 [J]. 当代法学，2011 (4).

[112] 朱孝清. 论量刑建议 [J]. 中国法学，2010 (3).

[113] 陈瑞华. 论量刑程序的独立性——一种以量刑控制为中心的程序理论 [J]. 中国法学，2009 (1).

[114] 陈瑞华. 定罪与量刑的程序分离——中国刑事审判制度改革的另一种思路 [J]. 法学，2008 (6).

[115] 冯卫国，张向东. 被害人参与量刑程序：现状、困境与展望 [J]. 法律科学（西北政法大学学报），2013 (4).

[116] 陈卫东. 定罪与量刑程序分离之辩 [J]. 法制资讯，2008 (6).

[117] 谢佑平，贺贤文. 量刑公正与程序规制 [J]. 政治与法律，2009 (9).

[118] 叶青. 再论庭审中设置独立量刑程序的可行性 [J]. 法学杂志，2010 (3).

[119] 陈珍建. 着眼三个转变　促进缓刑适用规范 [N]. 检察日报，2018-12-07 (3).

［120］史炜．中美刑事诉讼中证人出庭作证制度的比较分析——兼论完善我国证人出庭作证制度［J］．法制与社会，2011（17）．

［121］叶青．量刑公正的诉讼保障机制［J］．华东政法学院学报，2001（5）．

［122］彭文华．量刑的价值判断与公正量刑的途径［J］．现代法学，2015（2）．

［123］罗华．量刑规范化改革困境及破解［J］．人民论坛（中旬刊），2016（8）．

［124］郭叶，孙妹．最高人民法院指导性案例 2019 年度司法应用报告［J］．中国应用法学，2020（3）．

［125］上海市第一中级人民法院课题组．司法责任制背景下统一法律适用标准研究——以类案同判为目标［J］．中国应用法学，2020（5）．

［126］李彦泽．量刑起点、基准刑及宣告刑的确定标准［J］．人民检察，2018（13）．

［127］曾根威彦．量刑基准［M］//西原春夫．日本刑事法的形成与特色：日本法学家论日本刑事法．李海东，等译．北京：法律出版社，2010．

［128］董邦俊，王振．宽严相济的刑事政策初论［M］//赵秉志．和谐社会的刑事法治．北京：中国人民公安大学出版社，2006．

［129］姜涛．量刑基准：原理法则与计算程式［C］//刘远，汤建国．量刑规范化理论探要．北京：中国人民公安大学出版社，2010．

［130］赵廷光．论量刑公正的一般标准［J］．河南省政法管理干部学院学报，2007（4）．

学位论文

［1］白云飞．规范化量刑方法研究［D］．长春：吉林大学，2011．

［2］王利荣．论量刑的合理性［D］．重庆：西南政法大学，2007．

［3］荣月．量刑规则的体系性建构［D］．长春：吉林大学，2017．

［4］刘胜超．中国量刑规范化的基本问题研究［D］．武汉：武汉大学，2015．

［5］房绪兴．刑罚制度的历史阶段演进［D］．北京：中国政法大学，2006.

［6］张向东．基准量刑研究［D］．长春：吉林大学，2011.

［7］郭磊．量刑情节适用研究［D］．长春：吉林大学，2011.

［8］叶圣彬．量刑观研究——基于个案公正的立场［D］．武汉：武汉大学，2015.

［9］赵俊．少年刑法比较总论［D］．武汉：武汉大学，2010.

［10］徐久生．刑罚目的及其实现［D］．北京：中国政法大学，2009.

［11］陆凌．美国联邦定期刑改革研究［D］．长春：吉林大学，2015.

［12］余剑．量刑程序研究［D］．上海：复旦大学，2012.

电子文献

［1］林振通．统一裁判标准　实现“类案类判”［EB/OL］．［2019－08－02］．https：//www. chinacourt. org/article/detail/2019/07/id/4176819. shtml.

附　件

对 2021 年版《关于常见犯罪的量刑指导意见（试行）》的修改建议稿

注：其中用黑体的为新增加内容，斜体为修改内容，删除的用文字标明。

为进一步规范量刑活动，落实宽严相济刑事政策和认罪认罚从宽制度，增强量刑的公开性，实现量刑公正，根据刑法、刑事诉讼法和有关司法解释等规定，结合司法实践，制定本指导意见。

一、量刑的指导原则

量刑应当以事实为根据，以法律为准绳，遵循刑法基本原则，体现宽严相济的刑事政策。用量刑指导原则来指导量刑行为，当量刑规则与量刑规定发生冲突时，要遵循量刑指导原则来公正量刑。

（一）量刑既要考虑被告人所犯罪行的轻重，又要考虑被告人应负刑事责任的大小，做到罪责刑相适应，实现惩罚和预防犯罪的目的。

（二）量刑应当做到罚当其罪，实现个案公正。

（三）量刑要客观、全面把握不同时期不同地区的经济社会发展和治安形势的变化，确保刑法任务的实现；对于同一地区同一时期案情相似的案件，所判处的刑罚应当基本均衡。

二、量刑的基本方法

量刑时，应当以定性分析为主，定量分析为辅，依次确定***量刑区间***、量刑起点、基准刑和宣告刑。

（一）量刑步骤

1. **根据基本犯罪构成事实选择刑法规定的相应量刑区间。**

【说明】增加量刑区间的步骤，使量刑从刑法法条规定出发体现依法量刑的要求，也符合量刑活动的实际规律。

2. 根据基本犯罪构成事实***在量刑指导意见及各省的实施细则规定的量刑幅度内***确定量刑起点。

3. 根据其他影响犯罪构成的犯罪数额、犯罪次数、犯罪后果等犯罪事实，在量刑起点的基础上增加刑罚量确定基准刑。

4. 根据量刑情节调节基准刑，并综合考虑全案情况，依法确定宣告刑。

（二）增加刑罚量的适用规则

增加刑罚量是指对基准刑的第一次调节，使用的是犯罪中的量刑情节，诸如犯罪数额、犯罪次数、犯罪后果等基本犯罪构成以外的犯罪事实，个案差异不好精细对应刑期，应体现刑罚个别化原则，适用酌情增加的规则。

（三）调节基准刑的***规则***

【说明】此处应将“方法”改为“规则”，因为都是量刑方法统领的内容，再用方法表述容易产生歧义。

1. 具有单个量刑情节的，根据量刑情节的调节比例直接调节基准刑。

2. 具有多个量刑情节的，***先确认是否具备免处或减轻或加重情节，并决定是否决定适用***，然后再确定各个量刑情节的调节比例，并采用同向相加、逆向相减的方法调节基准刑。

【说明】删除“具有未成年人犯罪、老年人犯罪、限制行为能力的精神病人犯罪、又聋又哑的人或者盲人犯罪，防卫过当、避险过当、犯罪预备、未遂、中止，从犯、胁从犯和教唆犯等量刑情节的，先适用该量刑情节对基准刑进行调节，在此基础上，再适用其他量刑情节进行调节”的规定。

3. 被告人犯数罪，同时具有适用于个罪的立功、累犯等量刑情节的，先适用该量刑情节调节个罪的基准刑，确定个罪所应判处的刑罚，再依法实行数罪并罚，决定执行的刑罚。

（四）确定宣告刑的***规则***

【说明】此处应将“方法”改为“***规则***”，因为都是量刑方法统领的内容，再用方法表述容易产生歧义。

1. 量刑情节对基准刑的调节结果在法定刑幅度内，且罪责刑相适应的，可以直接确定为宣告刑；具有应当减轻处罚情节的，应当依法在法定最低刑以下确定宣告刑。

2. 量刑情节对基准刑的调节结果在法定最低刑以下，具有法定减轻处罚情节，且罪责刑相适应的，可以直接确定为宣告刑；只有从轻处罚情节的，可以依法确定法定最低刑为宣告刑；但是根据案件的特殊情况，经最高人民法院核准，也可以在法定刑以下判处刑罚。

3. 量刑情节对基准刑的调节结果在法定最高刑以上的，可以依法确定法定最高刑为宣告刑。

4. **综合考虑全案情况，拟宣告刑不符合罪责刑相适应原则的，法官应考虑被告人所犯罪刑的轻重和刑事责任的大小，对拟宣告刑进行调整，依法确定宣告刑。**

5. 综合全案犯罪事实和量刑情节，依法应当判处无期徒刑以上刑罚、拘役、管制或者单处附加刑、缓刑、免予刑事处罚的，应当依法适用。

（五）判处罚金刑，应当以犯罪情节为根据，并综合考虑被告人缴纳罚金的能力，依法决定罚金数额。

（六）适用缓刑，应当综合考虑被告人的犯罪情节、悔罪表现、再犯罪的危险以及宣告缓刑对所居住社区的影响，依法作出决定。

三、常见量刑情节的适用

量刑情节适用规则之一：量刑时要充分考虑各种法定和酌定量刑情节，根据案件的全部犯罪事实以及量刑情节的不同情形，依法确定量刑情节的适用及其调节比例。

量刑情节适用规则之二：对严重暴力犯罪、毒品犯罪等严重危害社会治安犯罪，在确定从宽的幅度时，应当从严掌握；对犯罪情节较轻的犯罪，应

当充分体现从宽。

量刑情节适用规则之三：具体确定各个量刑情节的调节比例时，应当综合平衡调节幅度与实际增减刑罚量的关系，确保罪责刑相适应。

【说明】把量刑情节适用的综述改成三项适用规则，这样更明确、清晰，便于适用。

在遵循上述量刑情节适用规则的基础上，对常见法定和酌定情节的提取与影响力进行规范。

【说明】把18种常见量刑情节归为从宽和从严两类分别表述，对百分比的表述从低百分比至高百分比，统一修改为高百分之下。这样修改，一则与个罪的起刑点的表述协调起来，二则充分释放自由裁量权，只规定裁量权的上限让法官可以根据刑法规定对该情节选择是否适用及适用的比例。

（一）酌定从宽情节

1. 对于未成年人犯罪，应当综合考虑未成年人对犯罪的认识能力、实施犯罪行为的动机和目的、犯罪时的年龄、是否初犯、偶犯、悔罪表现、个人成长经历和一贯表现等情况，应当予以从宽处罚。

（1）已满十二周岁不满十六周岁的未成年人犯罪，最多可减少基准刑的*60%以下*；

（2）已满十六周岁不满十八周岁的未成年人犯罪，最多可减少基准刑的*50%以下*。

对于被告人是主犯的未成年人犯罪案件，从宽的幅度应严格掌握，宣告刑不得低于从犯的量刑。

2. 对于已满七十五周岁的老年人故意犯罪，综合考虑犯罪的性质、情节、后果等情况，可以减少基准刑的40%以下；过失犯罪的，最多可减少基准刑的*50%以下*。

3. 对于又聋又哑的人或者盲人犯罪的，综合考虑犯罪的性质、情节、后果以及聋哑人或者盲人犯罪时的控制能力等情况，可以减少基准刑的50%以下；犯罪较轻的，可以减少基准刑的50%以上或者依法免除处罚。

4. 对于未遂犯，综合考虑犯罪行为的实行程度、造成损害的大小、犯罪未得逞的原因等情况，可以比照既遂犯减少基准刑的50%以下。

5. 对于从犯，综合考虑其在共同犯罪中的地位、作用等情况，应当予以从宽处罚，减少基准刑的*50%以下*；犯罪较轻的，减少基准刑的50%以上*直至*依法免除处罚。**从犯的宣告刑不得高于主犯的量刑。**

6. 对于自首情节，综合考虑自首的动机、时间、方式、罪行轻重、如实供述罪行的程度以及悔罪表现等情况，可以减少基准刑的40%以下；犯罪较轻的，可以减少基准刑的40%以上*直至*依法免除处罚。恶意利用自首规避法律制裁等不足以从宽处罚的除外。

7. 对于坦白情节，综合考虑如实供述罪行的阶段、程度、罪行轻重以及悔罪程度等情况，确定从宽的幅度。

（1）如实供述自己罪行的，可以减少基准刑的20%以下；

（2）如实供述司法机关尚未掌握的同种较重罪行的，可以减少基准刑的*30%以下*；

（3）因如实供述自己罪行，避免特别严重后果发生的，可以减少基准刑的*50%以下*。

8. 对于被告人认罪认罚的，综合考虑犯罪的性质、罪行的轻重、认罪认罚的阶段、程度、价值、悔罪表现等情况，可以减少基准刑的30%以下。构成坦白、自首同时认罪认罚的，应当在法定刑幅度内给予相对更大的从宽幅度。其中抢劫、强奸等严重危害社会治安犯罪以及累犯、再犯，应从严掌握。

对于只认罪不认罚的，可以减少基准刑的10%以下，依法构成坦白、自首的除外。

9. 对于立功情节，综合考虑立功的大小、次数、内容、来源、效果以及罪行轻重等情况，确定从宽的幅度。

（1）一般立功的，可以减少基准刑的20%以下；

（2）重大立功的，可以减少基准刑的*50%以下*；犯罪较轻的，减少基准刑的50%以上*直至*依法免除处罚。

10. 对于退赃、退赔的，综合考虑犯罪性质，退赃、退赔行为对损害结果所能弥补的程度，退赃、退赔的数额及主动程度等情况，可以减少基准刑的30%以下；对抢劫等严重危害社会治安犯罪的应从严掌握。

11. 对于积极赔偿被害人经济损失并取得谅解的，综合考虑犯罪性质、赔偿数额、赔偿能力以及认罪悔罪表现等情况，可以减少基准刑的40%以下；积极赔偿但没有取得谅解的，可以减少基准刑的30%以下；尽管没有赔偿，但取得谅解的，可以减少基准刑的20%以下。对抢劫、强奸等严重危害社会治安犯罪的，应当从严掌握。

12. 对于当事人根据刑事诉讼法第二百七十七条达成刑事和解协议的，综合考虑犯罪性质、赔偿数额、赔礼道歉以及真诚悔罪等情况，可以减少基准刑的50%以下；犯罪较轻的，可以减少基准刑的50%以上或者依法免除处罚。

13. 对于被告人在羁押期间表现好的，可以减少基准刑的10%以下。

14. 对于被告人认罪认罚的，综合考虑犯罪的性质、罪行的轻重、认罪认罚的阶段、程度、价值、悔罪表现等情况，可以减少基准刑的30%以下；具有自首、重大坦白、退赃退赔、赔偿谅解、刑事和解等情节的，可以减少基准刑的60%以下，犯罪较轻的，可以减少基准刑的60%以上或者依法免除处罚。认罪认罚与自首、坦白、当庭自愿认罪、退赃退赔、赔偿谅解、刑事和解、羁押期间表现好等量刑情节不作重复评价。

（二）酌定从严情节

1. 对于累犯，应当综合考虑前后罪的性质、刑罚执行完毕或赦免以后至再犯罪时间的长短以及前后罪罪行轻重等情况，应当增加基准刑的40%以下。（**建议删除一般不少于3个月。**因为适用双重标准了，既规定增加的百分比又有最低刑期的限制）

2. 对于有前科的，综合考虑前科的性质、时间间隔长短、次数、处罚轻重等情况，可以增加基准刑的***10%以下***。前科犯罪为过失犯罪和未成年人犯罪的除外。

3. 对于犯罪对象为未成年人、老年人、残疾人、孕妇等弱势人员的，综合考虑犯罪的性质、犯罪的严重程度等情况，可以增加基准刑的***20%以下***。

4. 对于在重大自然灾害、预防、控制突发传染病疫情等灾害期间故意犯罪的，根据案件的具体情况，可以增加基准刑的***20%以下***。

四、常见犯罪的量刑

（对于常见犯罪量刑的细化，主要体现在各省制定的实施细则的内容中，最高人民法院将个罪的细化权限下放给了各省，这也符合授权各省制定不同数额犯罪的入罪标准的模式，特别要强调的是最高人民法院只是规定了个罪不同量刑区间的起点刑，当然该起点刑也是个动态的变量，应根据大数据的统计结果适时进行调整。以交通肇事罪为例，2010 年版、2014 年版、2017 年版都有所调整，以集资诈骗罪为例，2017 年版、2021 年版也都作出了调整，都是裁量空间进一步加大，起点刑呈上升趋势。）

（一）交通肇事罪

1. 构成交通肇事罪的，根据下列情形在相应的幅度内确定量刑起点：

（1）致人重伤、死亡或者使公私财产遭受重大损失的，在二年以下有期徒刑、拘役幅度内确定量刑起点。

（2）交通运输肇事后逃逸或者有其他特别恶劣情节的，在三年至五年有期徒刑幅度内确定量刑起点。

（3）因逃逸致一人死亡的，在七年至十年有期徒刑幅度内确定量刑起点。

2. 在量刑起点的基础上，根据事故责任、致人重伤、死亡的人数或者财产损失的数额以及逃逸等其他影响犯罪构成的犯罪事实增加刑罚量，确定基准刑。

3. 构成交通肇事罪的，综合考虑事故责任、危害后果、赔偿谅解等犯罪事实、量刑情节，以及被告人的主观恶性、人身危险性、认罪悔罪表现等因素，决定缓刑的适用。

（二）危险驾驶罪

1. 构成危险驾驶罪的，依法在一个月至六个月拘役幅度内确定宣告刑。

2. 构成危险驾驶罪的，根据危险驾驶行为、实际损害后果等犯罪情节，综合考虑被告人缴纳罚金的能力，决定罚金数额。

3. 构成危险驾驶罪的，综合考虑危险驾驶行为、危害后果等犯罪事实、量刑情节，以及被告人主观恶性、人身危险性、认罪悔罪表现等因素，决定缓刑的适用。

（三）非法吸收公众存款罪

1. 构成非法吸收公众存款罪的，根据下列情形在相应的幅度内确定量刑起点：

（1）犯罪情节一般的，在一年以下有期徒刑、拘役幅度内确定量刑起点。

（2）达到数额巨大起点或者有其他严重情节的，在三年至四年有期徒刑幅度内确定量刑起点。

（3）达到数额特别巨大起点或者有其他特别严重情节的，在十年至十二年有期徒刑幅度内确定量刑起点。

2. 在量刑起点的基础上，根据非法吸收存款数额等其他影响犯罪构成的犯罪事实增加刑罚量，确定基准刑。

3. 对于在提起公诉前积极退赃退赔，减少损害结果发生的，可以减少基准刑的40%以下；犯罪较轻的，可以减少基准刑的40%以上或者依法免除处罚。

4. 构成非法吸收公众存款罪的，根据非法吸收公众存款数额、存款人人数、给存款人造成的直接经济损失数额等犯罪情节，综合考虑被告人缴纳罚金的能力，决定罚金数额。

5. 构成非法吸收公众存款罪的，综合考虑非法吸收存款数额、存款人人数、给存款人造成的直接经济损失数额、清退资金数额等犯罪事实、量刑情节，以及被告人主观恶性、人身危险性、认罪悔罪表现等因素，决定缓刑的适用。

（四）集资诈骗罪

1. 构成集资诈骗罪的，根据下列情形在相应的幅度内确定量刑起点：

（1）达到数额较大起点的，在三年至四年有期徒刑幅度内确定量刑起点。

（2）达到数额巨大起点或者有其他严重情节的，在七年至九年有期徒刑幅度内确定量刑起点。依法应当判处无期徒刑的除外。

2. 在量刑起点的基础上，根据集资诈骗数额等其他影响犯罪构成的犯罪事实增加刑罚量，确定基准刑。

3. 构成集资诈骗罪的，根据犯罪数额、危害后果等犯罪情节，综合考虑被告人缴纳罚金的能力，决定罚金数额。

4. 构成集资诈骗罪的，综合考虑犯罪数额、诈骗对象、危害后果、退赃退赔等犯罪事实、量刑情节，以及被告人主观恶性、人身危险性、认罪悔罪表现等因素，决定缓刑的适用。

（五）信用卡诈骗罪

1. 构成信用卡诈骗罪的，根据下列情形在相应的幅度内确定量刑起点：

（1）达到数额较大起点的，在二年以下有期徒刑、拘役幅度内确定量刑起点。

（2）达到数额巨大起点或者有其他严重情节的，在五年至六年有期徒刑幅度内确定量刑起点。

（3）达到数额特别巨大起点或者有其他特别严重情节的，在十年至十二年有期徒刑幅度内确定量刑起点。依法应当判处无期徒刑的除外。

2. 在量刑起点的基础上，根据信用卡诈骗数额等其他影响犯罪构成的犯罪事实增加刑罚量，确定基准刑。

3. 构成信用卡诈骗罪的，根据诈骗手段、犯罪数额、危害后果等犯罪情节，综合考虑被告人缴纳罚金的能力，决定罚金数额。

4. 构成信用卡诈骗罪的，综合考虑诈骗手段、犯罪数额、危害后果、退赃退赔等犯罪事实、量刑情节，以及被告人主观恶性、人身危险性、认罪悔罪表现等因素，决定缓刑的适用。

（六）合同诈骗罪

1. 构成合同诈骗罪的，根据下列情形在相应的幅度内确定量刑起点：

（1）达到数额较大起点的，在一年以下有期徒刑、拘役幅度内确定量刑起点。

（2）达到数额巨大起点或者有其他严重情节的，在三年至四年有期徒刑幅度内确定量刑起点。

（3）达到数额特别巨大起点或者有其他特别严重情节的，在十年至十二年有期徒刑幅度内确定量刑起点。依法应当判处无期徒刑的除外。

2. 在量刑起点的基础上，根据合同诈骗数额等其他影响犯罪构成的犯罪事实增加刑罚量，确定基准刑。

3. 构成合同诈骗罪的，根据诈骗手段、犯罪数额、损失数额、危害后果等犯罪情节，综合考虑被告人缴纳罚金的能力，决定罚金数额。

4. 构成合同诈骗罪的，综合考虑诈骗手段、犯罪数额、危害后果、退赃退赔等犯罪事实、量刑情节，以及被告人主观恶性、人身危险性、认罪悔罪表现等因素，决定缓刑的适用。

（七）故意伤害罪

1. 构成故意伤害罪的，根据下列情形在相应的幅度内确定量刑起点：

（1）故意伤害致一人轻伤的，在二年以下有期徒刑、拘役幅度内确定量刑起点。

（2）故意伤害致一人重伤的，在三年至五年有期徒刑幅度内确定量刑起点。

（3）以特别残忍手段故意伤害致一人重伤，造成六级严重残疾的，在十年至十三年有期徒刑幅度内确定量刑起点。依法应当判处无期徒刑以上刑罚的除外。

2. 在量刑起点的基础上，根据伤害后果、伤残等级、手段残忍程度等其他影响犯罪构成的犯罪事实增加刑罚量，确定基准刑。

故意伤害致人轻伤的，伤残程度可以在确定量刑起点时考虑，或者作为调节基准刑的量刑情节。

3. 构成故意伤害罪的，综合考虑故意伤害的起因、手段、危害后果、赔偿谅解等犯罪事实、量刑情节，以及被告人的主观恶性、人身危险性、认罪悔罪表现等因素，决定缓刑的适用。

（八）强奸罪

1. 构成强奸罪的，根据下列情形在相应的幅度内确定量刑起点：

（1）强奸妇女一人的，在三年至六年有期徒刑幅度内确定量刑起点。

奸淫幼女一人的，在四年至七年有期徒刑幅度内确定量刑起点。

（2）有下列情形之一的，在十年至十三年有期徒刑幅度内确定量刑起点：强奸妇女、奸淫幼女情节恶劣的；强奸妇女、奸淫幼女三人的；在公共场所当众强奸妇女、奸淫幼女的；二人以上轮奸妇女的；奸淫不满十周岁的幼女或者造成幼女伤害的；强奸致被害人重伤或者造成其他严重后果的。依法应当判处无期徒刑以上刑罚的除外。

2. 在量刑起点的基础上，根据强奸妇女、奸淫幼女情节恶劣程度、强奸人数、致人伤害后果等其他影响犯罪构成的犯罪事实增加刑罚量，确定基准刑。

强奸多人多次的，以强奸人数作为增加刑罚量的事实，强奸次数作为调节基准刑的量刑情节。

3. 构成强奸罪的，综合考虑强奸的手段、危害后果等犯罪事实、量刑情节，以及被告人的主观恶性、人身危险性、认罪悔罪表现等因素，从严把握缓刑的适用。

（九）非法拘禁罪

1. 构成非法拘禁罪的，根据下列情形在相应的幅度内确定量刑起点：

（1）犯罪情节一般的，在一年以下有期徒刑、拘役幅度内确定量刑起点。

（2）致一人重伤的，在三年至五年有期徒刑幅度内确定量刑起点。

（3）致一人死亡的，在十年至十三年有期徒刑幅度内确定量刑起点。

2. 在量刑起点的基础上，根据非法拘禁人数、拘禁时间、致人伤亡后果等其他影响犯罪构成的犯罪事实增加刑罚量，确定基准刑。

非法拘禁多人多次的，以非法拘禁人数作为增加刑罚量的事实，非法拘禁次数作为调节基准刑的量刑情节。

3. 有下列情节之一的，增加基准刑的10% ~20%：

（1）具有殴打、侮辱情节的；

（2）国家机关工作人员利用职权非法扣押、拘禁他人的。

4. 构成非法拘禁罪的，综合考虑非法拘禁的起因、时间、危害后果等犯罪事实、量刑情节，以及被告人的主观恶性、人身危险性、认罪悔罪表现等因素，决定缓刑的适用。

（十）抢劫罪

1. 构成抢劫罪的，根据下列情形在相应的幅度内确定量刑起点：

（1）抢劫一次的，在三年至六年有期徒刑幅度内确定量刑起点。

（2）有下列情形之一的，在十年至十三年有期徒刑幅度内确定量刑起点：入户抢劫的；在公共交通工具上抢劫的；抢劫银行或者其他金融机构的；抢劫三次或者抢劫数额达到数额巨大起点的；抢劫致一人重伤的；冒充军警人员抢劫的；持枪抢劫的；抢劫军用物资或者抢险、救灾、救济物资的。依法应当判处无期徒刑以上刑罚的除外。

2. 在量刑起点的基础上，根据抢劫情节严重程度、抢劫数额、次数、致人伤害后果等其他影响犯罪构成的犯罪事实增加刑罚量，确定基准刑。

3. 构成抢劫罪的，根据抢劫的数额、次数、手段、危害后果等犯罪情节，综合考虑被告人缴纳罚金的能力，决定罚金数额。

4. 构成抢劫罪的，综合考虑抢劫的起因、手段、危害后果等犯罪事实、量刑情节，以及被告人的主观恶性、人身危险性、认罪悔罪表现等因素，从严把握缓刑的适用。

（十一）盗窃罪

1. 构成盗窃罪的，根据下列情形在相应的幅度内确定量刑起点：

（1）达到数额较大起点的，二年内三次盗窃的，入户盗窃的，携带凶器盗窃的，或者扒窃的，在一年以下有期徒刑、拘役幅度内确定量刑起点。

（2）达到数额巨大起点或者有其他严重情节的，在三年至四年有期徒刑幅度内确定量刑起点。

（3）达到数额特别巨大起点或者有其他特别严重情节的，在十年至十二年有期徒刑幅度内确定量刑起点。依法应当判处无期徒刑的除外。

2. 在量刑起点的基础上，根据盗窃数额、次数、手段等其他影响犯罪构成的犯罪事实增加刑罚量，确定基准刑。

多次盗窃，数额达到较大以上的，以盗窃数额确定量刑起点，盗窃次数可以作为调节基准刑的量刑情节；数额未达到较大的，以盗窃次数确定量刑起点，超过三次的次数作为增加刑罚量的事实。

3. 构成盗窃罪的，根据盗窃的数额、次数、手段、危害后果等犯罪情节，综合考虑被告人缴纳罚金的能力，在一千元以上盗窃数额二倍以下决定罚金数额；没有盗窃数额或者盗窃数额无法计算的，在一千元以上十万元以下判处罚金。

4. 构成盗窃罪的，综合考虑盗窃的起因、数额、次数、手段、退赃退赔等犯罪事实、量刑情节，以及被告人的主观恶性、人身危险性、认罪悔罪表现等因素，决定缓刑的适用。

（十二）诈骗罪

1. 构成诈骗罪的，根据下列情形在相应的幅度内确定量刑起点：

（1）达到数额较大起点的，在一年以下有期徒刑、拘役幅度内确定量刑起点。

（2）达到数额巨大起点或者有其他严重情节的，在三年至四年有期徒刑幅度内确定量刑起点。

（3）达到数额特别巨大起点或者有其他特别严重情节的，在十年至十二年有期徒刑幅度内确定量刑起点。依法应当判处无期徒刑的除外。

2. 在量刑起点的基础上，根据诈骗数额等其他影响犯罪构成的犯罪事实增加刑罚量，确定基准刑。

3. 构成诈骗罪的，根据诈骗的数额、手段、危害后果等犯罪情节，综合考虑被告人缴纳罚金的能力，决定罚金数额。

4. 构成诈骗罪的，综合考虑诈骗的起因、手段、数额、危害后果、退赃退赔等犯罪事实、量刑情节，以及被告人的主观恶性、人身危险性、认罪悔罪表现等因素，决定缓刑的适用。对实施电信网络诈骗的，从严把握缓刑的适用。

（十三）抢夺罪

1. 构成抢夺罪的，根据下列情形在相应的幅度内确定量刑起点：

（1）达到数额较大起点或者二年内三次抢夺的，在一年以下有期徒刑、拘役幅度内确定量刑起点。

（2）达到数额巨大起点或者有其他严重情节的，在三年至五年有期徒刑幅度内确定量刑起点。

（3）达到数额特别巨大起点或者有其他特别严重情节的，在十年至十二年有期徒刑幅度内确定量刑起点。依法应当判处无期徒刑的除外。

2. 在量刑起点的基础上，根据抢夺数额、次数等其他影响犯罪构成的犯罪事实增加刑罚量，确定基准刑。

多次抢夺，数额达到较大以上的，以抢夺数额确定量刑起点，抢夺次数可以作为调节基准刑的量刑情节；数额未达到较大的，以抢夺次数确定量刑起点，超过三次的次数作为增加刑罚量的事实。

3. 构成抢夺罪的，根据抢夺的数额、次数、手段、危害后果等犯罪情节，综合考虑被告人缴纳罚金的能力，决定罚金数额。

4. 构成抢夺罪的，综合考虑抢夺的起因、数额、手段、次数、危害后果、退赃退赔等犯罪事实、量刑情节，以及被告人的主观恶性、人身危险性、认罪悔罪表现等因素，决定缓刑的适用。

（十四）职务侵占罪

1. 构成职务侵占罪的，根据下列情形在相应的幅度内确定量刑起点：

（1）达到数额较大起点的，在一年以下有期徒刑、拘役幅度内确定量刑起点。

（2）达到数额巨大起点的，在三年至四年有期徒刑幅度内确定量刑起点。

（3）达到数额特别巨大起点的，在十年至十一年有期徒刑幅度内确定量刑起点。依法应当判处无期徒刑的除外。

2. 在量刑起点的基础上，根据职务侵占数额等其他影响犯罪构成的犯罪事实增加刑罚量，确定基准刑。

3. 构成职务侵占罪的，根据职务侵占的数额、危害后果等犯罪情节，综合考虑被告人缴纳罚金的能力，决定罚金数额。

4. 构成职务侵占罪的，综合考虑职务侵占的数额、手段、危害后果、退赃退赔等犯罪事实、量刑情节，以及被告人的主观恶性、人身危险性、认罪悔罪表现等因素，决定缓刑的适用。

（十五）敲诈勒索罪

1. 构成敲诈勒索罪的，根据下列情形在相应的幅度内确定量刑起点：

（1）达到数额较大起点的，或者二年内三次敲诈勒索的，在一年以下有期徒刑、拘役幅度内确定量刑起点。

（2）达到数额巨大起点或者有其他严重情节的，在三年至五年有期徒刑幅度内确定量刑起点。

（3）达到数额特别巨大起点或者有其他特别严重情节的，在十年至十二年有期徒刑幅度内确定量刑起点。

2. 在量刑起点的基础上，根据敲诈勒索数额、次数、犯罪情节严重程度等其他影响犯罪构成的犯罪事实增加刑罚量，确定基准刑。

多次敲诈勒索，数额达到较大以上的，以敲诈勒索数额确定量刑起点，敲诈勒索次数可以作为调节基准刑的量刑情节；数额未达到较大的，以敲诈勒索次数确定量刑起点，超过三次的次数作为增加刑罚量的事实。

3. 构成敲诈勒索罪的，根据敲诈勒索的数额、手段、次数、危害后果等犯罪情节，综合考虑被告人缴纳罚金的能力，在二千元以上敲诈勒索数额的二倍以下决定罚金数额；被告人没有获得财物的，在二千元以上十万元以下判处罚金。

4. 构成敲诈勒索罪的，综合考虑敲诈勒索的手段、数额、次数、危害后果、退赃退赔等犯罪事实、量刑情节，以及被告人的主观恶性、人身危险性、认罪悔罪表现等因素，决定缓刑的适用。

（十六）妨害公务罪

1. 构成妨害公务罪的，在二年以下有期徒刑、拘役幅度内确定量刑起点。

2. 在量刑起点的基础上，根据妨害公务造成的后果、犯罪情节严重程度等其他影响犯罪构成的犯罪事实增加刑罚量，确定基准刑。

3. 构成妨害公务罪，依法单处罚金的，根据妨害公务的手段、危害后果、造成的人身伤害以及财物毁损情况等犯罪情节，综合考虑被告人缴纳罚金的能力，决定罚金数额。

4. 构成妨害公务罪的，综合考虑妨害公务的手段、造成的人身伤害、财物的毁损及社会影响等犯罪事实、量刑情节，以及被告人的主观恶性、人身危险性、认罪悔罪表现等因素，决定缓刑的适用。

（十七）聚众斗殴罪

1. 构成聚众斗殴罪的，根据下列情形在相应的幅度内确定量刑起点：

（1）犯罪情节一般的，在二年以下有期徒刑、拘役幅度内确定量刑起点。

（2）有下列情形之一的，在三年至五年有期徒刑幅度内确定量刑起点：聚众斗殴三次的；聚众斗殴人数多，规模大，社会影响恶劣的；在公共场所或者交通要道聚众斗殴，造成社会秩序严重混乱的；持械聚众斗殴的。

2. 在量刑起点的基础上，根据聚众斗殴人数、次数、手段严重程度等其他影响犯罪构成的犯罪事实增加刑罚量，确定基准刑。

3. 构成聚众斗殴罪的，综合考虑聚众斗殴的手段、危害后果等犯罪事实、量刑情节，以及被告人的主观恶性、人身危险性、认罪悔罪表现等因素，决定缓刑的适用。

（十八）寻衅滋事罪

1. 构成寻衅滋事罪的，根据下列情形在相应的幅度内确定量刑起点：

（1）寻衅滋事一次的，在三年以下有期徒刑、拘役幅度内确定量刑起点。

（2）纠集他人三次寻衅滋事（每次都构成犯罪），严重破坏社会秩序的，在五年至七年有期徒刑幅度内确定量刑起点。

2. 在量刑起点的基础上，根据寻衅滋事次数、伤害后果、强拿硬要他人财物或任意损毁、占用公私财物数额等其他影响犯罪构成的犯罪事实增加刑罚量，确定基准刑。

3. 构成寻衅滋事罪，判处五年以上十年以下有期徒刑，并处罚金的，根据寻衅滋事的次数、危害后果、对社会秩序的破坏程度等犯罪情节，综合考虑被告人缴纳罚金的能力，决定罚金数额。

4. 构成寻衅滋事罪的，综合考虑寻衅滋事的具体行为、危害后果、对社会秩序的破坏程度等犯罪事实、量刑情节，以及被告人的主观恶性、人身危险性、认罪悔罪表现等因素，决定缓刑的适用。

（十九）掩饰、隐瞒犯罪所得、犯罪所得收益罪

1. 构成掩饰、隐瞒犯罪所得、犯罪所得收益罪的，根据下列情形在相应的幅度内确定量刑起点：

（1）犯罪情节一般的，在一年以下有期徒刑、拘役幅度内确定量刑起点。

（2）情节严重的，在三年至四年有期徒刑幅度内确定量刑起点。

2. 在量刑起点的基础上，根据犯罪数额等其他影响犯罪构成的犯罪事实增加刑罚量，确定基准刑。

3. 构成掩饰、隐瞒犯罪所得、犯罪所得收益罪的，根据掩饰、隐瞒犯罪所得及其收益的数额、犯罪对象、危害后果等犯罪情节，综合考虑被告人缴纳罚金的能力，决定罚金数额。

4. 构成掩饰、隐瞒犯罪所得、犯罪所得收益罪的，综合考虑掩饰、隐瞒犯罪所得及其收益的数额、危害后果、上游犯罪的危害程度等犯罪事实、量刑情节，以及被告人的主观恶性、人身危险性、认罪悔罪表现等因素，决定缓刑的适用。

（二十）走私、贩卖、运输、制造毒品罪

1. 构成走私、贩卖、运输、制造毒品罪的，根据下列情形在相应的幅度内确定量刑起点：

（1）走私、贩卖、运输、制造鸦片一千克，海洛因、甲基苯丙胺五十克或者其他毒品数量达到数量大起点的，量刑起点为十五年有期徒刑。依法应当判处无期徒刑以上刑罚的除外。

（2）走私、贩卖、运输、制造鸦片二百克，海洛因、甲基苯丙胺十克或者其他毒品数量达到数量较大起点的，在七年至八年有期徒刑幅度内确定量

刑起点。

（3）走私、贩卖、运输、制造鸦片不满二百克，海洛因、甲基苯丙胺不满十克或者其他少量毒品的，可以在三年以下有期徒刑、拘役幅度内确定量刑起点；情节严重的，在三年至四年有期徒刑幅度内确定量刑起点。

2. 在量刑起点的基础上，根据毒品犯罪次数、人次、毒品数量等其他影响犯罪构成的犯罪事实增加刑罚量，确定基准刑。

3. 有下列情节之一的，增加基准刑的10% ~30%：

（1）利用、教唆未成年人走私、贩卖、运输、制造毒品的；

（2）向未成年人出售毒品的；

（3）毒品再犯。

4. 有下列情节之一的，可以减少基准刑的30%以下：

（1）受雇运输毒品的；

（2）毒品含量明显偏低的；

（3）存在数量引诱情形的。

5. 构成走私、贩卖、运输、制造毒品罪的，根据走私、贩卖、运输、制造毒品的种类、数量、危害后果等犯罪情节，综合考虑被告人缴纳罚金的能力，决定罚金数额。

6. 构成走私、贩卖、运输、制造毒品罪的，综合考虑走私、贩卖、运输、制造毒品的种类、数量、危害后果等犯罪事实、量刑情节，以及被告人的主观恶性、人身危险性、认罪悔罪表现等因素，从严把握缓刑的适用。

（二十一）非法持有毒品罪

1. 构成非法持有毒品罪的，根据下列情形在相应的幅度内确定量刑起点：

（1）非法持有鸦片一千克以上、海洛因或者甲基苯丙胺五十克以上或者其他毒品数量大的，在七年至九年有期徒刑幅度内确定量刑起点。依法应当判处无期徒刑的除外。

（2）非法持有毒品情节严重的，在三年至四年有期徒刑幅度内确定量刑起点。

（3）非法持有鸦片二百克、海洛因或者甲基苯丙胺十克或者其他毒品数量较大的，在一年以下有期徒刑、拘役幅度内确定量刑起点。

2. 在量刑起点的基础上，根据毒品数量等其他影响犯罪构成的犯罪事实增加刑罚量，确定基准刑。

3. 构成非法持有毒品罪的，根据非法持有毒品的种类、数量等犯罪情节，综合考虑被告人缴纳罚金的能力，决定罚金数额。

4. 构成非法持有毒品罪的，综合考虑非法持有毒品的种类、数量等犯罪事实、量刑情节，以及被告人主观恶性、人身危险性、认罪悔罪表现等因素，从严把握缓刑的适用。

（二十二）容留他人吸毒罪

1. 构成容留他人吸毒罪的，在一年以下有期徒刑、拘役幅度内确定量刑起点。

2. 在量刑起点的基础上，根据容留他人吸毒的人数、次数等其他影响犯罪构成的犯罪事实增加刑罚量，确定基准刑。

3. 构成容留他人吸毒罪的，根据容留他人吸毒的人数、次数、违法所得数额、危害后果等犯罪情节，综合考虑被告人缴纳罚金的能力，决定罚金数额。

4. 构成容留他人吸毒罪的，综合考虑容留他人吸毒的人数、次数、危害后果等犯罪事实、量刑情节，以及被告人主观恶性、人身危险性、认罪悔罪表现等因素，决定缓刑的适用。

（二十三）引诱、容留、介绍卖淫罪

1. 构成引诱、容留、介绍卖淫罪的，根据下列情形在相应的幅度内确定量刑起点：

（1）情节一般的，在二年以下有期徒刑、拘役幅度内确定量刑起点。

（2）情节严重的，在五年至七年有期徒刑幅度内确定量刑起点。

2. 在量刑起点的基础上，根据引诱、容留、介绍卖淫的人数等其他影响犯罪构成的犯罪事实增加刑罚量，确定基准刑。

3. 旅馆业、饮食服务业、文化娱乐业、出租汽车业等单位的主要负责人，利用本单位的条件，引诱、容留、介绍他人卖淫的，增加基准刑的 10%～20%。

4. 构成引诱、容留、介绍卖淫罪的，根据引诱、容留、介绍卖淫的人数、次数、违法所得数额、危害后果等犯罪情节，综合考虑被告人缴纳罚金的能力，决定罚金数额。

5. 构成引诱、容留、介绍卖淫罪的，综合考虑引诱、容留、介绍卖淫的人数、次数、危害后果等犯罪事实、量刑情节，以及被告人主观恶性、人身危险性、认罪悔罪表现等因素，决定缓刑的适用。

五、附则

（一）本指导意见规范上列二十三种犯罪判处有期徒刑的案件。其他判处有期徒刑的案件，可以参照量刑的指导原则、基本方法和常见量刑情节的适用规范量刑。

（二）各省、自治区、直辖市高级人民法院、人民检察院应当结合当地实际，共同制定实施细则。

（三）本指导意见自××××年××月××日起实施。最高人民法院、最高人民检察院《〈关于常见犯罪的量刑指导意见〉的通知》（法发〔2021〕21 号）同时废止。

后　记

本书是我历时八年的学术研究成果，与其说是作品，不妨说是难产的“孩子”。萌生研究量刑规范化这个司法难题，源于工作需要，2009 年我作为上级主管有幸与下辖的徐水县法院一起参与了量刑规范化改革第二批试点工作，以最高法院出台的《量刑指导意见（试行）》为蓝本，起草了《河北省量刑指导意见的实施细则》中的部分罪名的量刑细则，以实证的方式来验证了量刑指导意见及实施细则的优劣。寒来暑往，转眼到了 2014 年，最高法院的《量刑指导意见》也由试点、试行转入全面实行，量刑规范化探索也进入深水区，五年的实践使我对这“新鲜事物”的认识也由盲目乐观转向理性，并产生了诸多疑惑，对《量刑指导意见》及其实施细则是否能起到全面规范量刑、实现司法公正打了问号。好奇是学习研究的动力，基于此，我将寻找实现量刑公正作为博士研究课题。

对于从事审判工作三十余年的法官而言，熟练的应用法律是基本功，对此我信心满满。但是在法学研究方面，起初我并不得法，法律应用是以解决实践难题为目的，提倡删繁化简；法学研究则是将一个小问题说深讲透，讲究的是点到面，深耕细作，即从一个法律现象入手，讲清楚其背后的原理，提炼归纳法律规律，这对我来讲是个难题。

从 2012 年 10 月开始攻读博士学位到 2020 年 12 月提交论文，历时八年。经历了找资料，消化、吸收他人研究成果，形成文章的骨架结构的过程，其背后是无数个夜晚的苦思冥想，论文大纲修改了无数次，文章也数易其稿，在顾敏康、何天翔两位指导老师的悉心教诲之下，经过一次次的自我否定，我渐渐摸到门道，2021 年三月初，论文评审组的全体成员签字认可了我的论文，七月份我拿到法学博士证书，终于为我的香港求学生涯画上了句号。

人生的一大乐趣是干自己喜欢干的事，终身学习也许对许多从事司法实务的人而言是件自讨苦吃的差事，但我却甘之若饴，我喜欢在学中干，在干中学。1990 年大学毕业参加工作后，我的两段求学动因都是基于遇到司法难题，为求解，我先后攻读了法律硕士和法学博士，这种学习动机在常人眼中也许是冲动之举，但却使我收获良多。让我体会到山重水复疑无路的苦楚，也使我体会到山外有山的豁然开朗，更重要的是让我结识了诸多良师益友并受益终身。硕士论文在取得学位当年发表，博士论文也将成书发行。这本书是我参与量刑规范化改革实践心得，归纳的问题都是实践中困扰法官量刑的难题，解决问题的方法和途径也是我思考的综述，但愿能起到抛砖引玉的作用。希望有更多的司法实践者和理论研究者对量刑问题进行更加深入系统研究，各自发力探索出一套适合中国国情的量刑规范体系，如此即达到我的目的。

另外需要特别说明的是，正值本书交付审校之际，最高人民法院、最高人民检察院联合出台《关于常见犯罪的量刑指导意见（试行）》，将 2017 版的《关于常见犯罪的量刑指导意见》（包含十五种罪名）和《关于常见犯罪的量刑指导意见（二）（试行）（包含八种罪名）》合二为一，于 2021 年 7 月 1 日起全面实施。对比新旧《量刑指导意见》，我发现 2021 年版《量刑指导意见》并未进行根本性修改。修改的内容归纳起来为三个方面，一是对《刑法修正案（十一）》对应内容进行修改，如将需最高人民检察院核准的情节恶劣的严重暴力犯罪的刑事责任年龄由 14 岁调整为 12 岁；二是增加了常见量刑情节及一些新的表述，明确了一些不清晰的表述。如在“常见量刑情节适用”部分增加黑恶势力犯罪和性侵未成年人犯罪作为危害严重的犯罪，应从严掌握从宽幅度，增加“年满七十五周岁以上的老年人故意犯罪”“对于又聋又哑的人或者盲人犯罪的”“羁押期间表现好”“认罪认罚”作为常见量刑情节；如增加确保裁判政治效果、法律效果和社会效果的统一的表述；再如明确减轻处罚的量刑标准，“具有应当减轻处罚情节的，应当依法在法定最低刑以下确定宣告刑，有数个量刑幅度的，应当在法定量刑幅度的下一个量刑幅度内确定宣告刑”；还有，对宣告刑刑种内容进行补充，增加“拘役”

和“免于刑事处罚”，并在量刑基本方法及常见犯罪量刑中增加罚金刑及缓刑的适用标准；三是文字表述更加精炼，如删除“各”“如果”等字词，对“可以”和“应当”的表述更加精准。总之，我认为这次修改只是技术性的修改，并未涉及量刑原则、量刑方法等根本性问题。这更坚定了出版此书的信心，因为我提出的观点并未为2021版《量刑指导意见》所覆盖，仍有拿出来讨论的价值，为配合此次文本的修改，我又对附录的内容进行了相应的完善，供大家批评指正，是为后记。

感谢为出此书付出辛勤工作的诸位编辑，你们的认真敬业让我钦佩。我要特别提到齐梓伊老师，虽未谋面，每次通话都能让我感受到你的热情，心升暖意。

梁　旭

二〇二二年一月一日